国家出版基金项目
NATIONAL PUBLICATION FOUNDATION

全面建设社会主义现代化国家研究丛书（第1辑）

丛书主编　颜晓峰

国家治理现代化视阈中的权力制约和监督

王寿林　著

天津大学出版社
TIANJIN UNIVERSITY PRESS

图书在版编目(CIP)数据

国家治理现代化视阈中的权力制约和监督 / 王寿林著. -- 天津 : 天津大学出版社, 2021.8（2022.1重印）

（全面建设社会主义现代化国家研究丛书 / 颜晓峰主编. 第1辑）

ISBN 978-7-5618-7016-7

Ⅰ. ①国… Ⅱ. ①王… Ⅲ. ①国家行政机关－行政权力－权力制约－研究－中国②国家行政机关－行政权力－监督－研究－中国 Ⅳ. ①D630.1

中国版本图书馆CIP数据核字(2021)第170599号

策划编辑：田　菁
责任编辑：徐　阳
装帧设计：谷英卉

GUOJIA ZHILI XIANDAIHUA SHIYU ZHONG DE QUANLI ZHIYUE HE JIANDU

出版发行	天津大学出版社
地　　址	天津市卫津路92号天津大学内(邮编:300072)
电　　话	发行部:022-27403647
网　　址	www.tjupress.com.cn
印　　刷	北京盛通印刷股份有限公司
经　　销	全国各地新华书店
开　　本	169mm×239mm
印　　张	14
字　　数	237千
版　　次	2021年8月第1版
印　　次	2022年1月第2次
定　　价	36.00元

总　序

2020年是全面建成小康社会的决战决胜之年，也是从全面建成小康社会向全面建设社会主义现代化国家迈进的历史转折之年。“继续在人类的伟大时间历史中创造中华民族的伟大历史时间”，这是习近平总书记在2020年春节团拜会上为当代中国共产党人标定的时代坐标、确定的时代使命。全面建设社会主义现代化国家，就是中华民族在这一“伟大历史时间”进行的伟大历史实践。2020年初突如其来的新型冠状病毒肺炎疫情（以下简称新冠肺炎疫情）给中国和世界其他国家的发展带来前所未有的冲击，但中华民族从来都是在磨难中成长、从磨难中奋起的，人类社会从来都是在危机中嬗变、从危机中转型的，现代化的潮流势不可挡、青山难遮。由天津大学社会主义现代化研究中心组织撰写、天津大学马克思主义学院院长颜晓峰担任丛书主编、天津大学出版社出版的“全面建设社会主义现代化国家研究丛书”（第1辑）正是配合开启全面建设社会主义现代化国家新征程，探索新课题、服务新实践，为全面建设社会主义现代化国家提供理论支持的研究成果。

现代化是资本主义产生以后，在科技革命、产业革命、社会革命、思想革命的推动下，一些国家出现的从社会生产到社会生活、从社会结构到社会机制、从社会精神到社会文化的整体性转型，是世界近代以来持续推进、逐步拓展、不断深化的“历史向世界历史转变”的进程，同时又是在矛盾积累、危机孕育、时局动荡中调整变革的进程。马克思、恩格斯深刻揭示了资本驱动的现代化内在的尖锐矛盾，批判了现代化进程中对生产力的破坏和对工人的奴役，同时也肯定了资本主义生产第一次创造出为实现社会全面进步、人的全面发展所必需的财富和生产力。在马克思、恩格斯看来，社会主义是在继承资本主义文明成果的基础上对资本主义的否定和改造，是在各个领域创造出高于和优于资本主义现代化的新型现代化。马克思在《哥达纲领批判》中阐述的共产主义社会高级阶段，包含消灭旧式分工，消灭脑力劳动和体力劳动对立，劳动成为生活的第一需要，个人的全面发展，集体财富的源泉充分涌流等，这些都是社会主义现代化的本质内涵。十月革命后，苏联等社会主义国家在各自的社会主义建设过程中，探索了社会主义的高级阶段或发达阶段（即现代化阶段）的目标、标准和途径，开始了社会主义现代化实践和思想的双重进程，但因种种历史原因，有的遭遇挫折，有的半途而废。

建设社会主义现代化国家，是中华人民共和国成立后我们党的不懈追求。中华人民共和国成立后，我们党把科学社会主义理论同中国现代化实际相结合，多次提出社会主义现代化的建设目标、主要内容和实现步骤，开始了建设社会主义现代化的艰辛探索。改革开放以来，几代中国共产党人开拓创新、接力攀登，持续探索“建设什么样的社会主义现代化国家，怎样建设社会主义现代化国家”的问题，把科学社会主义理论同建设社会主义现代化实际相结合，开创了中国特色社会主义现代化道路。中国特色社会主义现代化道路，从世界历史的坐标看，是在世界现代化几百年的历程中，在主要资本主义国家现代化进程已经完成的基础上开辟的一条新型现代化道路。从当代世界的坐标看，是在广大发展中国家追求现代化的艰难起飞中，从中国国情出发开辟的一条新路，从而给世界上那些既希望加快发展又希望保持自身独立性的国家和民族提供了全新选择，贡献了中国智慧和中国方案。中国的现代化道路不仅是自己的道路，而且具有世界意义；不仅具有中国特色，而且反映世界趋势。更为重要的是，我们要建成的是社会主义现代化国家，是有着独特本质、内涵、优势、特色的社会主义现代化国家。再经过 30 年左右的奋斗，我国全面建成富强民主文明和谐美丽的社会主义现代化强国，其世界历史意义不亚于十月革命，是中国共产党对科学社会主义的最重要贡献。

党的十九大开启了全面建设社会主义现代化国家的新征程，这是马克思主义指引中国共产党近百年历程新的伟大革命，是科学社会主义在中国新的伟大创举，是马克思主义基本原理同新时代具体实际相结合新的伟大实践。面对新的使命任务，必须进行从历史到未来、从理论到实践、从全局到局部、从战略到方法的系统深入研究。习近平新时代中国特色社会主义思想，从理论和实践的结合上系统回答了“新时代坚持和发展什么样的中国特色社会主义、怎样坚持和发展中国特色社会主义”这一重大时代课题。“全面建设什么样的社会主义现代化国家、怎样全面建设社会主义现代化国家”，则是对这一重大时代课题的深入和展开。深入研究这一课题，需要从以下三个方面整体推进。

一是社会主义现代化的历史研究。社会主义现代化是世界现代化进程的客观要求，特别是社会主义历史进程的必然趋势。历史研究是社会主义现代化研究的基础，包括实践史和思想史。党的十九大开启了全面建设社会主义现代化国家新征程，必将把社会主义现代化的实践和思想提到一个前所未有的历史高度。随着习近平新时代中国特色社会主义思想不断发展，社会主义现代化思想在其理论体系中必然具有更加突出的地位。

二是社会主义现代化的领域研究。现代化是全面的现代化。全面建设社会主义现代化国家，本身就要求现代化的总体性，不能单打独斗。同时，社会主义现代化是由各个领域的现代化构成的，需要将总体研究与局部研究相结合，从各个领域的现代化研究入手，深化对全面建设社会主义现代化规律的探讨。我们党在追求现代化的进程中，曾提出“四个现代化”的构想。随着党对建设中国特色社会主义总体布局认识的拓展，“四个现代化”显然已不足以涵盖现代化的基本领域。因此，要深入研究社会主义经济、科技、政治、国家治理、文化、社会、教育、生态、国防、党建、人的全面发展乃至公共卫生治理等领域的现代化建设。

三是社会主义现代化的问题研究。社会主义现代化研究离不开大量的实证研究，运用数据分析，构建科学模型，提供决策支持。同时，理论是研究的纲和魂，实证研究离不开理论研究。要以社会主义现代化为对象，对其中的重大问题作出理论说明和论证，从而逐步加深对社会主义现代化建设规律的认识。理论研究越严谨扎实、深刻彻底，对社会主义现代化建设规律的认识就越全面准确，全面建设社会主义现代化国家的进程就越顺利，目标就越有把握实现。全面建设社会主义现代化国家的新征程，是中华民族伟大复兴的壮丽篇章，是马克思、恩格斯设想的人类社会美好前景在中国大地的生动展现，是马克思主义在新的伟大实践中大发展的极好契机。

天津大学与中国现代化的历史紧密相连。天津大学建校于1895年，前身为北洋大学堂，是中国近代高等教育史上建校最早的高等学府。第二次鸦片战争后，学校所在地天津被开辟为通商口岸，近代工业、贸易、金融、交通、教育发展起来，天津成为中国开始现代化的先行地、近代城市的领先者。这为学校吸收世界现代化的文明成果提供了丰厚土壤，同时学校也是天津乃至中国近代教育、科技、思想、文化发展的贡献者。北洋大学堂开办之初即设立工程、矿务、机器和律例四门学科，以兴学强国为使命，以培养现代人才为目标。学校创建早期培养出的人才中，王宠佑成为中国现代炼锑技术的开创者，马寅初成为著名经济学家、教育家、人口学家，刘瑞恒成为中国近代公共卫生事业的创建者，秦汾成为中国著名数学家，齐壁亭成为中国近代知名的教育家、女子师范教育奠基人，等等。中国共产党早期的重要领导人之一、中国共产主义青年团的创始人之一张太雷，1915年考入北洋大学法科。中华人民共和国成立后，1959年党中央公布了第一批16所全国重点大学，天津大学名列其中。改革开放后，1995年学校成为“211工程”首批重点建设大学，2000年学校被确定为国家“985工程”重点建设的高水平研究型大学。进入新时代，2017年学校成为首批“双一流”建设高校。学校围绕建设“综合性、研究型、开放式、国际化”的世界一流大学总体目标，秉持“中国特色、世界一流、天大品格”的核心理念，传承“兴学强国、实事求是、严谨治学、爱国奉献、矢志创新”的天大品格，努力培养一流人才、建设一流队伍、打造一流学科、贡献一流学术、营造一流环境，推进“强工、厚理、振文、兴医”学科布局，聚焦国家重大战略需要，聚焦世界科技发展前沿，面向国民经济主战场，培养全面发展的高素质创新人才，为全面建设社会主义现代化国家作出天大的贡献。这些贡献就包括依托学校的历史传统、学科优势、人才资源，充分利用天津大学社会主义现代化研究中心这个平台和基地，创作出更有质量水准、更符合全面建设社会主义现代化国家理论需要的多学科成果。

“全面建设社会主义现代化国家研究丛书”（以下简称“丛书”），自党的十九大后开始策划、组织撰写，经各位作者和编辑的共同努力，第 1 辑现出版发行。“丛书”（第 1 辑）的选题主要围绕全面建设社会主义现代化国家的系统布局，对全面建设社会主义现代化国家的主要领域进行全面深入、通俗易懂的描述，为高校师生、党员干部、理论工作者及广大读者提供系列理论读物。“丛书”是开放式、渐进式的，将跟踪全面建设社会主义现代化国家新征程的进展，依据主创者、出版方、作者对这一新的伟大社会实践的新认识，拓展范围、深化研究，丰富题材、提高品位，继续推出新的选题，出版新的著作，与实现第二个百年奋斗目标的发展阶段同行，与全面建设社会主义现代化国家实践中的重大问题共生，与国内外相关研究的前沿成果互鉴。我们诚邀校内外的专家学者一起参与这套丛书的撰写，一起推进社会主义现代化的研究，不负时代、不负使命。

李家俊　天津大学党委书记

金东寒　天津大学校长

2020 年 6 月

目　录

导　言 ………………………………………………………… 1

第一章　权力的基本理论………………………………………… 8

第一节　权力的内涵外延………………………………………… 8
第二节　权力的作用方式………………………………………… 11
第三节　权力的双重特性………………………………………… 15
第四节　权力的正负效应………………………………………… 21

第二章　权力制约监督的基本理论……………………………… 28

第一节　权力制约监督的本质要求……………………………… 28
第二节　权力制约监督的框架结构……………………………… 31
第三节　权力制约监督的作用机理……………………………… 35
第四节　权力制约监督的基本功能……………………………… 39

第三章　完善权力科学配置机制………………………………… 43

第一节　权力配置的科学内涵…………………………………… 43
第二节　权力配置的主要原则…………………………………… 44
第三节　权力配置的具体准则…………………………………… 47
第四节　权力配置的基本结构…………………………………… 51

第四章　完善权力合理运行机制………………………………… 63

第一节　严明的规则……………………………………………… 63
第二节　规范的程序……………………………………………… 64
第三节　清晰的界限……………………………………………… 66
第四节　明确的责任……………………………………………… 69

第五节 公开的信息……………………………………………………………… 71

第五章 完善权力有效制约机制……………………………………………… 75

第一节 以权利制约权力……………………………………………………… 75
第二节 以法律制约权力……………………………………………………… 79
第三节 以权力制约权力……………………………………………………… 84
第四节 以责任制约权力……………………………………………………… 86

第六章 完善权力周延监督机制……………………………………………… 90

第一节 健全监督体系………………………………………………………… 90
第二节 持续惩治腐败……………………………………………………… 103

第七章 完善权力制约监督机制的重点问题……………………………… 121

第一节 构建中国特色权力制约监督模式的总体思路……………… 121
第二节 构建中国特色权力制约监督模式的制度基础……………… 124
第三节 构建中国特色权力制约监督模式的运行机制……………… 130

第八章 完善权力制约监督机制的难点问题……………………………… 142

第一节 强化权力集中岗位的制约监督机制………………………… 142
第二节 完善资源密集领域的制约监督机制………………………… 147
第三节 打造运用信息技术驾驭权力的制约监督机制……………… 152

第九章 完善权力制约监督机制的探索问题……………………………… 157

第一节 建立政党法律制度………………………………………………… 157
第二节 完善协商民主制度………………………………………………… 163
第三节 健全违宪审查制度………………………………………………… 166
第四节 改革案件审理制度………………………………………………… 171

第十章 完善权力制约监督机制的实践要求……………………………… 174

第一节 坚持党的领导、人民民主、依法治国的统一……………… 174
第二节 坚持不忘本来、吸收外来、面向未来的统一……………… 183

第三节 坚持干部清正、政府清廉、政治清明的统一…………………… 199

参考文献……………………………………………………………………………… 204

后　　记……………………………………………………………………………… 210

导　言

作为私有观念和政治权力的伴生物，腐败是一种超越历史、超越国度的现象，人类社会自从出现私有观念和政治权力，腐败便无时不有、无处不在。影响腐败滋生蔓延的因素很多，但最终都可以归结为对权力的滥用。实践昭示我们：一切有权力的人都容易滥用权力，这是万古不易的一条经验。要防止滥用权力，就必须以权力约束权力①。完善权力配置和运行制约机制，是党的十九届四中全会明确提出的要求，是坚持和完善中国特色社会主义制度、推进国家治理体系和治理能力现代化的重要内容和可靠保障。国家治理关键在于治权，切实消除法律以外的权力、过分集中的权力、不受制约的权力。只有完善权力配置和运行制约机制，才能有效驾驭权力，使权力运行有序有度，确保党的路线方针政策和各项决策部署贯彻落实，确保党和人民赋予的权力始终用来为人民谋利益。

一、研究的理论视阈

国家现代化离不开治理现代化。国家治理现代化作为整个国家现代化的重要条件和有机组成部分，包括治理主体民主化、治理决策科学化、治理方式法治化、治理手段信息化、治理过程高效化、治理行为廉洁化等方面的内容。其中治理行为廉洁化既有赖于其他方面的发展，又为其他方面的发展提供可靠保障。而要实现治理行为廉洁化，就必须完善权力配置和运行制约机制，强化对权力运行的制约和监督。

我们党历来高度重视党风廉政建设，从成立之日起，就把反对腐败、保持党的先进性和纯洁性作为自己的重要任务，并把党风廉政的要求贯穿于革命、建设、改革的各个历史阶段。党的十八大以来，以习近平同志为核心的党中央从党和国家生死存亡的高度，把全面从严治党纳入党和国家的战略布局，把党风廉政建设和反腐败斗争作为全面从严治党的重要内容摆在更加突出的位置，以抓铁有痕的态度、猛药去疴的决心、刮骨疗毒的

① 孟德斯鸠：《论法的精神》，张雁深译，商务印书馆，1982，第154页。

勇气、重典治乱的意志，打出一系列组合拳，坚持战略谋划，顶层推动，形成了反腐败斗争的高压态势；坚持有腐必反，有案必查，取得了反腐败斗争的明显成效；坚持多管齐下，形成合力，积聚了反腐败斗争的强大能量；坚持惩防并举，标本兼治，完善了反腐败斗争的体制机制；坚持发展民主，健全法治，营造了反腐败斗争的良好环境，从而使反腐败斗争进入一个崭新的阶段。

从实际情况看，尽管反腐败斗争取得了压倒性胜利，但滋生腐败的土壤依然存在，突出表现在：权力配置和权力结构不尽科学，一些机构设置和职责划分不够合理，职能交叉、边界模糊、权责脱节问题比较突出，决策权、执行权、监督权之间还没有形成相互制约的机制；一些法规制度不够健全，权力运行不够规范，暗箱操作和违规用权问题依然存在；一些领域权力制约监督机制不够完善，各种形式的制约监督合力有待加强；一些单位的权力过分集中于主要领导干部，少数主要领导干部凌驾于组织之上，为自己或亲友谋取私利等。这些问题的存在，使权力尚未得到切实有效的制约监督，致使一些腐败现象时有发生。例如，权力集中、资源密集、改革滞后、监管薄弱的领域仍然是违纪违法的重灾区，主要领导干部腐败案件多发的态势还没有得到根本扭转，一些腐败案件涉案金额巨大、作案手段隐蔽，一些基层干部违纪违法案件增多，小官巨贪问题比较突出等，要真正形成弊绝风清的政治生态，我们还有很长的路要走。

我国现实中存在的问题，对完善权力制约监督机制提出了明确的要求：在厘清权力的基本概念和权力制约监督的基本范畴基础上，坚持以职权法定、权责一致、人事相宜、权能均衡、结构合理、协同高效为准则，完善权力科学配置机制；坚持以严明的规则、规范的程序、清晰的界限、明确的责任、公开的信息为尺度，完善权力合理运行机制；坚持以权利制约权力、法律制约权力、权力制约权力、责任制约权力为路径，完善权力有效制约机制；坚持以健全监督体系、持续惩治腐败为取向，完善权力周延监督机制。以构建中国特色权力制约监督模式为目标，以强化权力集中岗位的制约监督机制、完善资源密集领域的制约监督机制、打造运用信息技术驾驭权力的制约监督机制为依托，以建立政党法律制度、完善协商民主制度、健全违宪审查制度、改革案件审理制度、发展中国特色社会主义军事制度为支撑，对完善权力制约监督机制的重点、难点、热点问题进行探索性研究。以坚持党的领导、人民民主、依法治国的统一，坚持不忘本来、吸收外来、面向未来的统一，坚持干部清正、政府清廉、政治清明的统一为根本，明确完善权力制约监督机制的实践要求。通过对这些问题的思考与阐发，使完善权力制约监督机制问题的研究得到不断深化和拓展。

二、研究的目标取向

对权力制约监督机制研究的深化和拓展，目的在于形成一套系统、严密、规范的权力制约监督理论框架：从客观实际出发，对权力制约监督机制提出的各种问题做出系统的回答；这种回答能够使经验概念化、概念规范化，进而对权力制约监督机制的要素与层次、结构与功能、本质与特征做出科学揭示，并保持自身的完整统一，从而形成一个有机的整体；这个整体按其逻辑内在地包含着一定的价值取向和目标模式；这种取向和模式能够得到经验事实的印证、现行制度的认同，从而为学术研究和社会实践奠定基础、提供铺垫。例如，本书把我国权力制约监督机制的基本特征概括为多元一体，指出在坚持中国共产党领导的前提下，构建政党、国家、社会多元一体的中国特色权力制约监督模式，不仅在政党、国家、社会之间形成多元一体的权力制约监督关系，而且在政党、国家、社会内部也形成多元一体的权力制约监督关系。多元一体正如一支乐队，每个人都操持着不同的乐器，演奏出的却是一个和谐的乐章。

目标取向的科学性。①反映中国国情，体现时代特征。研究当代中国权力制约监督机制的问题，必须具有战略头脑和世界眼光，把完善权力制约监督机制放在广阔的宏观视野中进行考察。如果离开纵横的时空孤立地研究问题，就难以洞悉权力制约监督机制建设的普遍规律，难以体察当代中国权力制约监督机制建设的利弊得失。实践表明，不了解中国国情，就不懂得权力制约监督机制的现实基础；不认清时代特征，就不知道权力制约监督机制的发展走向。②与我国根本政治制度和基本政治制度相契合，与我国政治体制改革和民主法治建设相协调。权力制约监督机制要体现中国特色，就必须在静态上与我国根本政治制度和基本政治制度相契合，在动态上与我国政治体制改革和民主法治建设相协调。我国根本政治制度和基本政治制度是中国人民在中国共产党领导下依据中国实际做出的正确抉择，是与中国国情相适应的，如果背离我国根本政治制度和基本政治制度，权力制约监督机制就会失去中国特色；我国政治体制改革和民主法治建设是社会主义制度的自我完善和发展，是完善权力制约监督机制的历史机遇和必由之路，如果离开我国政治体制改革和民主法治建设，权力制约监督机制就会停滞不前，就无法适应不断发展变化着的中国国情，这同样会失去中国特色。③在党的领导下，在民主的框架内，在法治的轨道上，在稳定的环境中有计划、有步骤、有秩序地推进权力制约监督机制。完善权力制约监督机制作为一场深刻的社会变革，必然伴随着利益调整、体制转换和观念更新，因而不可能没有阻力和风险，客观上要求我们高瞻远瞩，审时度势，坚决果断，审慎稳妥，做到先运筹后运作，由知到行逐步展开；先示范后遵行，由上到下逐步推进；先突破后普及，由点到面逐步拓宽；先调整后完善，由易到难逐步深化。

目标取向的可行性。①我们党关于完善权力制约监督机制的重要论述为研究提供了指导思想。在我国改革开放初期，邓小平就深刻指出：制度带有根本性、全局性、稳定性和长期性。制度好可以使坏人无法任意横行，制度不好可以使好人无法充分做好事，甚至会走向反面。因此，要发展社会主义民主，健全社会主义法治。在党的十四大至十六大报告中，江泽民分别提出：建立有效防范以权谋私和行业不正之风的约束机制；完善监督制度，建立健全依法行使权力的制约机制；建立结构合理、配置科学、程序严密、制约有效的权力运行机制。在党的十七大和十八大报告中，胡锦涛分别提出：建立健全决策权、执行权、监督权既相互制约又相互协调的权力结构和运行机制；健全权力运行制约和监督体系。在党的十九大报告中，习近平总书记强调：要加强对权力运行的制约和监督，让人民监督权力，让权力在阳光下运行，把权力关进制度的笼子。我们党关于完善权力制约监督机制的重要论述，是中国特色社会主义理论体系的重要组成部分，为完善权力制约监督机制指明了前进方向。②我们党在完善权力制约监督机制方面的具体实践为研究提供了经验参考。如：积极探索权力制约监督机制的客观规律，加强完善权力制约监督机制方面的实践创新，建立教育、制度、监督三位一体的惩治和预防腐败体系；加强上级党委对下级党委及其领导成员的巡视监督，加强纪检监察派驻机构对驻在部门领导班子及其成员的监督；建设统一规范的公共资源交易市场；推进行政审批制度改革，深化干部人事制度和司法、财税、金融、投资体制改革；坚持问题导向，突出重点领域，落实责任分工，在确定权力归属、划清权力边界、明确权力流程的基础上推行权力清单制度。这一切为完善权力制约监督机制奠定了坚实基础。③国内外学术界关于完善权力制约监督机制的理论探讨为研究提供了文献参考。我国理论工作者和实际工作者通过对权力的本质与特征、腐败的根由与危害、制约的疏漏与对策等问题的探讨，相继提出以权力制约权力即以立法、行政、监察、司法等国家权力制约国家权力，以人民群众、社会团体、新闻媒介等社会权力制约国家权力；以权利制约权力即以公民的选举罢免权、批评建议权、检举揭发权等公民权利制约国家权力；以法律制约权力即以国家宪法、法律、法规制约国家权力；以责任制约权力即以道德责任、政治责任、法律责任制约国家权力。随着研究的深入，改革政治体制、完善民主法治、健全制约机制，使制约和监督相互补充并形成合力，从源头上清除腐败，已成为学术界的广泛共识，为完善权力制约监督机制开辟了广阔的驰骋空间。

三、研究的方法手段

本书所采用的方法主要是系统的方法、历史的方法、比较的方法和模拟的方法，其中以系统的方法为主。运用系统的方法，就是从系统的观点出发，着重在整体与部分、部分与部分、整体与环境的相互关系中揭示权力制约监督机制的系统性质和运动规律，以达到最佳处理问题的目的。之所以采用系统的方法，是由权力制约监督机制整体性、动态性、开放性和可控性的特征决定的。

①整体性是指权力制约监督机制中的各个组成部分相互结合而产生新质的特征。它表现在三个方面：一是权力制约监督机制的各个要素不是孤立的，而是结成了一个有机的整体。如权力监督机制、法律规范机制、权力制衡机制、责任约束机制的各个要素和各个环节只有在空间上匹配，在时间上衔接，其运行才能进入最佳状态。二是权力制约监督机制的性质和功能不是各个要素性质和功能的简单相加，通常它可以超出各个要素性质和功能之和。如制衡离开分权将形同虚设，监督离开问责将名存实亡。三是权力制约监督机制的功能不是一成不变的，它将随着系统结构的变化而

改变。如监督机关与执行机关的排列结构是并列式还是从属式，其效能将大相径庭。

②动态性是指权力制约监督机制为实现整体优化和持续发展而不断调整自身结构和功能，以适应不断变化着的环境的特征。作为一种系统和过程的集合体，完善权力制约监督机制是一项复杂的社会系统工程，从平衡动态意义上讲，它要与民主政治发展相一致，与法治国家建设相契合，与政治体制改革相协调，与政治文明提升相适应；从演化动态意义上讲，它要由过度集权向适度分权转变，由单向制约向双向制约转变，由实行人治向厉行法治转变。只有从动态上把握权力制约监督机制的发展轨迹，才能洞悉其内在的本质的必然联系，从中得出带有规律性的结论。

③开放性是指权力制约监督机制不断与周围环境进行物质、能量、信息交换的特征。权力制约监督机制不可能离开周围环境而独立存在和发展。作为这种环境的各种类型权力制约监督机制之间既存在着共性，又存在着个性，通过对不同类型权力制约监督机制的比较，包括中国与外国的比较、现实与历史的比较，既可以加深我们对不同类型权力制约监督机制共性的认识，又可以加深我们对不同类型权力制约监督机制个性的认识；既可以提高我们的政治鉴别能力，又可以扩大我们的政治选择幅度，从而使权力制约监督机制在与周围环境的互动中不断吸收有利于自身发展的因素而走向自我完善。

④可控性是指对权力制约监督机制施加影响和作用，可以保持或改变其运行状态的特征。权力制约监督机制的可控性源于其现象的可重复性、结构的可分解性、时序的可排列性，运用模拟的方法对反映这种机制的概念与概念之间相互关系的描述，可以形成一定的逻辑模型。以腐败为例，经济开放程度越低，政务透明程度越小，政府干预经济越多，官员裁量权力越大，腐败严重程度就越高；腐败被揭露的比率越高，腐败被处罚的力度越大，腐败严重程度就越低；官员薪金待遇越低，腐败动机就越强。由此可以得出一个简单的模型：产生腐败动机的条件是从腐败中得到的好处－被发现的机会 × 所受到的处罚 > 现有的待遇。

在具体问题的研究上，本书主要采用文献研究法、调查研究法、案例分析法等方法。其中运用文献研究法，搜集和整理来自国内外的相关文献资料，了解和把握权力制约监督机制研究的来龙去脉、目前达到的水准、有待深化的问题，通过分析比较，形成对权力制约监督机制的科学认识。运用调查研究法，通过深入实地考察和调查等形式，有计划有目的地采集相关数据，了解和掌握权力制约监督机制的真实情况，然后对获取的数据进行加工整理和综合分析，以形成对权力制约监督机制本质和规律的认识。运用案例分析法，对搜集的权力制约监督机制的典型案例进行深入剖析，从中提炼理论观点，得出科学结论，以便丰富权力制约监督理论。

第一章　权力的基本理论

作为一种强制力量，权力不是凭空产生的，而是以国家为载体、为依托的。拥有权力并行使权力，是国家的根本特征。从历史发展进程看，权力曾给人类社会带来巨大的利益，故人们需要权力，文明选择了权力；也曾给人类社会造成深重的灾难，故人类政治生活不仅面临着权力分配问题，而且面临着权力控制问题。完善权力制约监督机制的要旨，正在于解决这两个问题。

第一节　权力的内涵外延

权力制约监督机制的逻辑起点是权力，其整个框架结构都是建立在权力的基石之上的。因此，要完善权力科学配置机制、权力合理运行机制、权力有效制约机制、权力周延监督机制，首先必须深化权力制约监督机制的基础理论研究，切实厘清权力的基本概念，为相关应用理论和对策理论研究奠定坚实基础。

一、权力的内涵

权力随着国家的产生而产生，因而权力的概念是古老的。然而对于它的内涵至今尚未有一个得到人们普遍认同的表述。如果把众说纷纭的定义加以归纳，其要义就是权力主体通过把自己的意志强加于客体，使客体行为发生改变来实现自己的意志[①]。这无疑切中了权力的要害。由此可以推论，既然权力能够支配客体，使客体服从，那么支配者与服从者双方一定都有意志，因而权力关系只能发生在人与人之间。由于这种支配无论是否

① 张光博认为：权力是一种强制性的社会力量，支配权力的主体利用这一力量驾驭客体并迫使客体服从自己（张光博主编《社会学词典》，人民出版社，1989，第 153 页。）；马克斯·韦伯认为：权力是一个人即使在被别人反对的情况下仍然具有以其意志左右他人行为的能力，是一种人对人的支配力量，支配与服从关系是权力关系的本质特征。（马克斯·韦伯：《经济与社会》，林荣远译，商务印书馆，1997，第 81 页。）

得到被支配者的认可都必须服从，因而权力这种支配力量一定具有强制性。权力要实现这种支配上的强制没有一定的凭借是不行的，只有凭借物质财富和暴力机器这样的资源，才能达到预期目的。由此可以得出结论，所谓权力，就是主体凭借某种资源对客体施加影响、调控和支配的强制力量。

由于权力是由不同要素构成的，如果将这些要素加以排列，可以形成一个简单的模型，得出一个简单的公式：权力＝支配意志＋强制力量，其中强制力量＝物质财富＋暴力机器。在这里，强制力量是权力的基础，支配意志是权力的灵魂。强制力量主要指物质财富和以物质财富为后盾的暴力机器，暴力机器不过是物质财富的转化形式。诚如马克思所说："政治权力只不过是经济权力的产物。"[①] 如果强制力量掌握在个人手里，那么与之相适应的支配意志就是个人的意志，由此形成的权力就是专制的权力；如果强制力量掌握在人民手里，那么与之相适应的支配意志就是人民的意志，由此形成的权力就是民主的权力。可见，强制力量在权力中具有决定的意义，谁掌握了强制力量，谁就掌握了权力本身，谁的意志就处于支配地位。因此，权力只能来源于对强制力量的占有——主权，或来源于强制力量占有者的委托——治权。

在日常生活中，人们对权力与权利往往不加区分地予以混用。其实，二者的区别是很明显的。所谓权利，就是以法律认可为保障，以获取利益为目的，以行为自由为特征的一种资格。而权力不仅是一种资格，而且是一种能力，是具备一定资格的主体要求客体做出一定行为的能力。二者的主要区别在于：一是行为主体不同。权力主体是国家机关及其工作人员；权利主体是公民和法人。二是内部关系不同。在权力关系中，权力主体的政治地位是不平等的；在权利关系中，权利主体的法律地位是平等的。三是价值取向不同。权力主体在行使权力时必须服务于公益，不得谋取私利；而权利是以获取利益为目的的，权利主体加入一定的法律关系中，正是为了获取合理合法的利益。四是对应范畴不同。权力与责任是一对范畴，责任制约着权力；权利与义务是一对范畴，义务制约着权利。五是明示程度不同。权利通常并不限于法律的规定，法律所规定的只是基本权

---

① 中共中央马克思恩格斯列宁斯大林著作编译局编译《马克思恩格斯全集》，第12卷，人民出版社，1998，第80页。

利；而权力则严格以法律的规定为限，超出法律规定的权限即为非法。六是处置方式不同。权利主体在法律允许的范围内可以自由处置权利；而权力主体不能自由处置权力，更不允许随便转让或放弃权力。

二、权力的外延

由于权力存在于广泛的领域，因而又可以分为不同的种类。从调整范围和对应关系看，主要有政治权力与经济权力或国家权力与社会权力。政治权力通常是指政治主体基于合法的政治资源而产生的一种强制力量。政治权力包括国家权力、政党权力和团体权力。国家权力是通过依照宪法和法律程序组成的政权机关的活动来实现的；政党和团体权力则是通过发挥组织领导作用、监督保证作用和参政议政作用来实现的。从某种意义上讲，政党和团体权力只是一种参与国家意志形成的权力，要使这种权力为整个社会所接受，还需要通过国家政权机关将其政治主张转化为国家意志。因此，国家权力在政治权力中始终处于中心地位，是政治权力的最高表现形式。

作为社会物质财富的转化形式，国家权力是政治统治和社会管理的一种强制力量，主要包括立法权、行政权、监察权和司法权。在实际生活中，国家权力总是与一定的组织机构相联系，离开了一定的组织机构，其存在就失去了凭借，其运行就失去了载体。由于社会领域不断拓展，社会分工日益细密，社会交往逐步扩大，各种权力关系也变得越来越复杂。为了使各种权力关系得以明确，并获得相对的稳定性，机构和职位的设置就变得必不可少。人们处于一定机构的某个职位上，就意味着掌握一定的权力，就可以合法地行使自己的权力。这种由组织机构赋予的，与特定的职位相联系的权力，就是人们通常所说的职权。职权与公职密切相连，若无公职，则无职权。这同时决定了公职人员对其职权只能行使，而不能占有和处置。公职人员一旦与职务相分离，便不再拥有此项权力。

社会权力是指社会主体以其所拥有的社会资源而产生的影响力和支配力。社会资源既包括物质资源和精神资源，也包括社会组织、社会群体和社会势力。这些社会资源可以形成某种统治社会、支配社会进而左右国家权力的巨大力量①。按照马克思主义观点，国家与社会的关系可以分为三种

① 郭道晖：《论国家权力和社会权力：从人民与人大的法权关系谈起》，《法制与社会发展》1995年第2期。

状态：一是社会对国家的依附状态。国家权力控制着社会的各领域各方面，官员的行为缺乏来自社会的制约监督。二是社会对国家的独立状态。社会对国家权力具有一定的制约监督作用，能够在一定程度上抑制腐败现象的滋生蔓延。三是社会对国家的制约状态。社会能够对国家权力形成较强的制约监督作用，能够将腐败现象控制在一个较低的程度上。而决定社会能否有效制约监督国家权力的关键，在于社会拥有各种资源的多少。社会拥有各种资源越多，对国家权力的依附性就越小，对国家权力的制约性就越强。

正如国家权力可以归结为政治权力，经济权力也可以归结为社会权力，属于社会权力的核心部分。作为经济主体基于对经济资源的支配权而派生的对政治生活的影响力和对社会生活的调控力，经济权力对民主政治和权力制约产生着深刻的影响。社会发展的客观逻辑表明，“政治权力只不过是经济权力的产物”①。在实际生活中，政治主体必须具有独立的政治人格，独立的政治人格取决于独立的经济人格，独立的经济人格又依赖于独立的经济关系。“正是由于生产资料掌握在许多个独立行动的人的手里这个唯一的缘故，才没有人有控制我们的全权，我们才能够以个人的身份来决定我们要做的事情。如果所有的生产资料都落在一个人手里，不管它在名义上是属于整个‘社会’，或是属于独裁者，谁操有这个管理权，谁就有全权控制我们。”② 对于社会成员来说，只有掌握了一定的经济资源，拥有了独立的经济人格和政治人格，才能参与政治生活并制约国家权力。

第二节　权力的作用方式

权力的运行和作用具有明确的目标指向，它总是针对不同的客体发挥不同的作用，以便达到预期的目的。权力发挥作用的过程也就是权力主体利用各种手段影响、调控和支配权力客体，使权力的意志和能量转化为现实的过程。权力关系不同的性质决定了权力主体不同的作用方式。

---

① 中共中央马克思恩格斯列宁斯大林著作编译局编译《马克思恩格斯全集》，第 12 卷，人民出版社，1998，第 80 页。

② 弗雷德里希·奥古斯特·哈耶克：《通往奴役之路》，王明毅、冯兴元等译，中国社会科学出版社，1997，第 101 页。

暴力的方式。暴力的方式是指权力主体直接运用暴力的手段施于权力客体的方式。这种方式通常作用于根本对立的政治力量之间，如势不两立的国家之间、民族之间、派别之间等。在没有根本利害冲突的政治力量之间，当矛盾激化而呈现对抗状态时，这种方式也可能被采用。暴力的方式是权力运用的极端方式，在实施中需要付出较大的代价。其主要包括战争冲突、武装起义、军事政变、武力镇压、恐怖袭击等。战争作为政治集团之间、民族之间、国家之间矛盾斗争的最高表现形式，是使用暴力手段对某种秩序的破坏与重建。从历史上看，战争既对人类文明的发展和进步起着催化和促进作用，又时刻威胁着人类自身的生存。法西斯统治下的德、意、日三国，悍然发动了人类历史上规模最大的世界战争，使九千多万人丧生。据联合国统计，战后在全世界发生的局部战争和武装冲突中，死亡人员总数相当于第一次世界大战死亡人数的两倍、第二次世界大战死亡人数的一半。因此，无论对于小国还是大国，战争和冲突都是一种灾难。

威慑的方式。威慑的方式是指权力主体运用强制手段对权力客体的心理预期产生震慑作用的方式。这种方式通常作用于对立的利益关系之中。通过发挥震慑作用，使权力客体意识到违背权力意志的政治后果——肉体遭受痛苦，精神遭受折磨，甚至自由被限制，生命被剥夺，从而按照权力主体的要求做出相应的行为选择，以达到降服权力客体的目的。这是权力的一种潜在作用方式。在实际生活中，经常采用的威慑方式主要有政治警告、政治威吓、政治恐怖、政治戒严等。为充分发挥刑罚对犯罪分子的震慑作用，我国实行保留死刑、严格控制死刑、逐步减少死刑等刑事司法政策。死刑是行刑者基于法律所赋予的权力，剥夺一个犯人生命的刑罚。死刑对严重危害他人和社会安全的犯罪分子予以处决，在严惩犯罪者、威慑犯罪企图者，安抚受害者亲属、保护公民的合法权益、维护社会的正常秩序等方面，拥有特殊的作用。为确保死刑只适用于极少数罪大恶极的犯罪分子，我国刑法修正案（九）将适用死刑的罪名由 55 个减少到 46 个。

命令的方式。命令的方式是指权力主体通过明示自己的意志要求权力客体按照具体指令行动的方式。这种方式简捷明快，便于操作，有利于提高效率，通常作用于根本利益一致的权力关系之中，尤其是同一组织内部的上下级关系之中。命令的方式是建立在权力客体令行禁止、绝对服从的基础之上的，以上有政策、下有对策，有令不行、有禁不止，阳奉阴违、口是心非的方式消极抵抗将受到应有的制裁。命令的方式主要表现为政治指令和行政命令。命令的特点通常表现在三个方面。一是强制性。命令是行政管理中最具强制性的行为，一经发布，受命者必须无条件地服从，并迅速而坚决地执行。二是权威性。上级机关对下级机关有着法定的权威性，命令则集中体现了发令机关的权威性。三是指挥性。命令具有指挥下级机关或相关人员行动的功能，不管受命者思想上是否认同，行动上都必须与命令的要求保持一致。

规范的方式。规范的方式是指权力主体通过制定或借助某些约定俗成的规范来规制权力客体行为的方式。规范的方式具体实施通常以权力意志为取向，以制度规范为准则，以强制力量为依托。规范的方式主要用于具有共同利益的政治关系之中，而制度规范本身就是共同利益的有机构成，因此，规范的方式只有在稳定的政治状态下才能得到有效运用。其特点在于权力主体与权力客体之间按照事先的约定行事，双方措置言行皆以规范为据。因此，这种方式对权力主体也有一定的约束作用。规范的方式主要有法律规范、制度规范以及纪律规范等。在实际生活中，规范的方式体现了法律面前人人平等的原则：公民平等地享有宪法和法律规定的权利，平等地履行宪法和法律规定的义务；任何人不得凌驾于宪法和法律之上，任何人不得超越于宪法和法律之外；公民在遵守法律上一律平等，公民在适用法律上一律平等；任何人不得强制公民承担法外义务，任何人不得强制公民接受法外处罚。

说服的方式。说服的方式是指权力主体依据主导的价值理念和可行的实施方案与权力客体进行沟通并使其信服的方式。说服的方式通常作用于具有共同利益的权力关系之中，例如上级与下级的关系、干部与群众的关系等。这种方式在实施过程中需要一定的条件，其成功与否主要取决于权力主体所拥有的语言的力量、人格的力量以及方法的科学性、劝导的艺术性等因素。说服的方式是把人的思想作为对象来加以塑造的工作。人的思想具有高度的自主性，决定了对人的思想的塑造具有不同于对物的塑造的特点，即权力主体不能直接完成对权力客体的塑造，权力主体对权力客体的塑造是通过权力客体自身的积极反应来完成的。这就是说，要转变人的思想，提高人的觉悟，需要权力主体去说服，然而权力主体可以帮助一个人说透法理、说明事理、说通情理，却不能代替一个人觉悟，更不能代替一个人实践。因此，说服的方式实际上包含两个环节，一个是外在的引导，一个是内在的觉悟。说服的目的能否实现及实现程度如何，取决于外在的引导能否转化为内在的觉悟及转化程度高低。

奖励的方式。奖励的方式是指权力主体运用各种价值和资源对权力客体进行奖赏和鼓励的方式。奖励可以是物质的，也可以是精神的，通过奖励权力客体以往的行为来引导其今后的行为，以鼓舞或激励其按照预定的目标作为。这种方式主要作用于同一组织内部的上级与下级之间、干部与群众之间。奖励的方式以奖赏和鼓励为特征，是一种积极的权力作用方式。奖励的方式包括授以荣誉、付以酬金、委以重任等。奖励的方式作为一种激励机制，能够有效地作用于组织系统内部，对组织成员符合组织期望的行为具有强化作用，使组织机能处于一种积极的状态，并影响组织的生存和发展。充分发挥激励机制对组织成员行为的激励作用，要求权力主体认准组织成员的需要，并将满足组织成员需要的措施与组织目标的实现有机联系起来，坚持突出重点与照顾全面相结合、有形激励与无形激励相结合、公平合理与注重时效相结合、奖勤罚懒与奖优罚劣相结合的原则。

处罚的方式。处罚的方式是指权力主体依据某种规范对权力客体的越轨行为予以惩戒和制裁的方式。这种方式旨在使权力客体承担由不当或不法行为造成的后果，以追究责任的方式纠正过失。处罚的方式是以权力主体对权力客体相关利益的剥夺为特征的，是一种消极的权力作用方式。这种方式对权力客体今后的行为具有较强的警示作用，是一种必不可少的权力手段。处罚的方式可以是物质的，也可以是精神的；可以是纪律的，也可以是法律的。在实际政治生活中，对于社会成员的自由权利和生命权利的限制或剥夺，只有社会公共权力才有其正当性和合法性①。从对领导干部问责的相关规定看，处罚的方式主要包括以下四种。一是通报。进行严肃批评，责令做出书面检查、切实整改，并在一定范围内通报。二是诫勉。以谈话或书面方式进行诫勉。三是组织调整或组织处理。对失职渎职、危害较重，不适宜担任现职的，根据实际情况采取停职检查、调整职务、责令辞职、免职降职等措施。四是纪律处分。对失职渎职、危害严重，应给予纪律处分的，依照纪律处分条例追究相应责任。

---

① 王浦劬主编《政治学基础（第二版）》，北京大学出版社，2006，第 85-87 页。

吸引的方式。吸引的方式是指权力主体依靠自身卓越的品德、才能、素质和功绩所形成的公认的威望和影响来吸引和支配权力客体的方式。这种方式通常以一定的政治组织或权力结构为后盾，以广泛的社会认同为基础，以出众的人格魅力为依托，以稳定的政治影响力、凝聚力和感召力为凭借，以社会共同的价值理念为导向，影响和引导权力客体自觉服从，因而是一种最具效能的权力作用方式。党的十八大以来，以习近平同志为核心的党中央在治国理政中所展示的高瞻远瞩的战略视野、坚如磐石的政治定力、直面问题的勇于担当、标本兼治的思路举措、抓铁有痕的执行力度、纲举目张的大势把控、纵横捭阖的领导艺术、举重若轻的雄才大略、率先垂范的人格魅力，不仅得到了全党全国各族人民的真诚拥护、高度信赖和衷心爱戴，而且赢得了国际社会的普遍认同和广泛赞誉。这是我们党作为领导核心的内在根据，也是我们党发挥领导作用的现实条件，极大地增强了党和国家的向心力和亲和力。

第三节　权力的双重特性

同任何事物一样，权力也有自己的特性，包括强制性、等级性、整合性、工具性和有限性等固有特性以及扩张性、侵犯性、排他性、诱惑性和腐蚀性等衍生特性。这种特性使权力与其他社会现象区别开来，并呈现出独到的价值，同时也为强化权力制约和监督提供了客观依据，提出了明确要求。

一、权力的固有特性

按照马克思主义观点，管理具有二重性：一方面，管理是由许多人进行协作劳动而产生的，是有效组织共同劳动所必需的，具有同社会化大生产相联系的自然属性；另一方面，管理又体现着生产资料所有者指挥劳动、监督劳动的意志，因而又具有同生产关系和社会制度相联系的社会属性。一切社会活动都需要管理，一切管理都离不开权力。管理的二重性不仅反映了管理的必要性和目的性，也使权力的本质特性得到了充分的显现。

强制性。权力作为主体影响、调控和支配客体的一种强制力量，是主体意志与物质载体的统一体，是精神力量与物质力量的结合体，因而它无须借助外部力量，只要凭借自身的力量就可以实施权力行为。换言之，权力以组织化实体、制度化规则以及合法化制裁手段为依托，影响、调控和支配他人，使他人的意志服从自己的意志，而且这种服从无须事先征得他人的同意。在各种权力中，国家权力的强制性特点最为明显，这是因为国家拥有军队、警察、监狱等合法的暴力机器，支配权力的主体能够利用这种力量驾驭客体并迫使客体服从自己。同时，国家权力通过各种方式明示自己的意志：什么是国家赞成的，是应当做的；什么是国家反对的，是禁止做的；什么是国家允许的，是可以做的。由此，人们能够从国家的意志中推断出国家的政策导向、价值取向和发展方向，使自己的言行与国家权力的指向保持一致。

等级性。在实际生活中，由于权力总是存在于有序结构之中，因而居于不同层次的权力也就有了等级之别、大小之分，并沿着命令服从的轨迹发挥作用，呈现出自上而下单向运行的特点。在权力的等级序列中，上级以下级为自己存在的基础，权力主体以权力客体为自己存在的基础，但权力关系一旦形成，上级之对下级、权力主体之对权力客体就具有了相对独立的意义，并形成彼此之间的支配与服从关系。在我国政治生活中，干部与群众的关系是仆人与主人的关系。干部是人民的仆人，是受人民委托，代表人民管理国家和社会事务的公仆，因而要对人民负责，受人民监督。然而当干部履行自己的职责时，同群众的关系又是领导与部属的关系，群众应该支持干部的工作，服从干部的领导。这种服从本质上不是对干部个人的服从，而对人民意志的服从。领导与部属的关系，只是社会分工的不同，没有高低贵贱之分。如果干部只知道自己是领导者，忘记自己是人民公仆，把自己凌驾于人民群众之上，那就从根本上颠倒了自己与群众的关系，发展下去就会由人民公仆蜕变为骑在人民头上作威作福的老爷，从而为人民所抛弃。

整合性。权力之所以能够凌驾于社会之上，独立地执行政治统治和社会管理的职能，是因为它掌握着公共价值和资源。通过主导公共价值和资源的分配，权力主体或者给予权力客体一定的物质与精神利益，或者剥夺权力客体一定的物质与精神利益，以此迫使权力客体服从自己的支配、调控和影响。因此，权力能够使分散的社会力量一体化，使社会秩序维持在权力意志的范围之内。从我国实际看，确保社会制度连续，社会关系协调，社会取向一致，社会变革有序，是党和人民的根本利益所在，因而统筹协调好各种利益关系至关重要。一要统筹协调个人利益和集体利益。个人利益和集体利益从根本上是一致的。只有实现人民群众的个人利益，才能促进整个社会的发展；只有不断夯实壮大集体利益，实现个人利益才会有切实的保障。二是统筹协调局部利益和整体利益。通过统筹协调地区利益、部门利益、行业利益与国家利益的关系，使地区利益、部门利益、行业利益与国家利益同步发展。三是统筹协调当前利益和长远利益。既要注重经济社会的当前发展，努力实现维护人民群众的现实利益，又要注重经济社会的未来发展，努力实现维护人民群众的长远利益。

工具性。在各种社会因素相互作用的链条中，权力是作为主体达到一定目的的手段而存在的，因而其产生和运行总是与一定的目的相联系，这种目的既构成了权力自身的存在价值，又构成了权力运行的内在动力，使权力主体的支配意志不断转化为支配行为而施加于权力客体，以实现、维护和发展特定的利益[①]。诚如马克思和恩格斯所说："人们为之奋斗的一切，都同他们的利益有关。"[②]"政治权力不过是用来实现经济利益的手段。"[③] 那种与利益没有任何联系的权力在实际生活中是不存在的。按照通行的观点，所谓政就是众人之事，治理众人之事就是政治。而利益是众人之事的根本所在，治理众人之事重在协调各种利益关系。从这种意义上说，政治的实质就是对公共利益的权威性分配。在阶级社会中，谁处于支配地位，谁的利益就可得到保障；谁处于从属地位，谁的利益就会受到损害。千百年来，为了赢得和巩固政权，无数仁人志士绞尽了脑汁，无数英雄豪杰洒尽了鲜血。人们之所以为了政权不惜一切，是因为在政权的背后蕴含着一定的经济利益以及与经济利益相联系的政治利益，正是这种利益驱动着人们为赢得和巩固政权而不懈奋斗。在阶级社会中，国家权力是统治阶级利

---

① 中国大百科全书总编辑委员会《政治学》编辑委员会、中国大百科全书出版社编辑部编《中国大百科全书·政治学》，中国大百科全书出版社，1992，第 498 页。

② 中共中央马克思恩格斯列宁斯大林著作编译局编译《马克思恩格斯全集》，第 1 卷，人民出版社，1995，第 187 页。

③ 中共中央马克思恩格斯列宁斯大林著作编译局编译《马克思恩格斯选集》，第 4 卷，人民出版社，1995，第 250 页。

益的政治表现，是维护统治阶级利益的政治工具。

有限性。各种权力都有其特定的时空界限和行使范围，无限的到处都适用的权力在现实生活中是不存在的。这种界限和范围或者是依据客体而确定，或者是依据职能而确定，或者是依据法律而确定。在特定的界限和范围之内，权力可以充分发挥其作用，一旦超出特定的界限和范围，权力就会失去合法的地位，失去应有的效力。在现实生活中，权力清单制度为权力的有限性做了最好的脚注。所谓权力清单制度，就是政府及其工作部门在对其所行使的公共权力进行全面梳理的基础上，依法界定每个部门、每个岗位的职责与权限，然后将职权目录、实施主体、相关法律依据、具体办理流程等以清单方式进行列举，并公之于众，使隐性权力公开化、显性权力规范化，切实做到清单之外无职权。通过权力清单制度规范政府与市场的关系、政府与社会的关系，使政府对外的职责边界清晰；规范政府层级之间的关系、部门之间的关系，使政府对内的职责边界清晰；规范权力运行步骤、方式、次序和时限，使政府运行的职责边界清晰。政府及其工作部门实施行政管理、开展行政执法、提供行政服务，都要在法定范围内进行，切实杜绝权力越界行使。

二、权力的衍生特性

权力除了具有强制性、等级性、整合性、工具性和有限性之外，还隐含着一定的扩张性、侵犯性、排他性、诱惑性和腐蚀性。在实际生活中，这两个方面不是截然分开的、毫不相干的，而是如影随形，紧密地联系在一起，共同对权力的运行产生影响。权力的这些特性不仅为说明其何以偏离正常轨道提供了客观依据，而且为强化权力制约监督机制提出了明确要求。因此，要有效防止权力的滥用，就不能不认真对待这些特性。

扩张性。由权力的强制性所决定，掌权者在不受制约的情况下，往往会凭借已有的权力无限地扩张权力，竭力地聚敛权力。这种扩张和聚敛就是权力扩张性的表现。孟德斯鸠在揭示权力扩张性时指出："他越是有权力，就越是拼命想取得权力；正是因为他已经有了很多，所以要占有一切。"[1] 在实际生活中，尽管没有倡导和维护个人集权、个人专断的制度，

① 孟德斯鸠：《罗马盛衰原因论》，婉玲译，商务印书馆，1962，第 61 页。

但权力潜在的扩张性往往会自发地滋生出个人集权、个人专断。在历史上，我们党鉴于苏联斯大林的教训，曾较早意识到发展党内民主和人民民主，加强党内监督和人民监督的重要性，但由于权力过分集中，缺乏必要的分权，以致出现了个人的权力不受限制，甚至凌驾于领导集体之上的状况，致使一些正确主张没有得到有效贯彻，有的虽然在实践中得到了贯彻，但却没有始终如一地坚持下来。结果仍然未能摆脱这样一种局面：党和国家政治生活正常与否主要取决于主要领导人的思想作风而不是制度，倘若主要领导人的思想作风好，党和国家的政治生活就可保持正常；倘若主要领导人的思想作风出了问题，就会滋生个人集权和个人专断，使党内民主和人民民主形同虚设，使民主集中制和集体领导制名存实亡。

侵犯性。权力在作用层次和作用范围方面的无限扩张，必然要超越既定的界限，侵犯其他权力，甚至危及公民权利。因此，权力的扩张性和侵犯性是相伴而生的。由权力的侵犯性所决定，如果权力失去有效的制约，社会的公仆就有可能异化为社会的主人，人民的权力就有可能异化为压迫人民的工具，公共利益的代表者就有可能异化为公共利益的蚕食者。而要防止权力的异化，就必须强化对权力的制约监督。在实际生活中，侵犯公民权利的行为主要来自两个方面：一是国家权力的侵权行为；二是私人之间的侵权行为。保障公民权利的关键是杜绝国家权力的侵权行为。如果国家权力能够有效地维护公民权利，私人之间的侵权行为就比较容易得到纠正；如果国家权力发生偏差而侵犯公民权利，私人之间的侵权行为就会愈演愈烈。因此，一要依法保障公民权利，对于公民在国家政治生活中的地位、同这种地位相适应的权利、行使权利所应遵循的程序、违反程序所应承担的责任，都要通过法律来确认，并通过国家强制力保证实施；二要保持国家权力与公民权利之间的平衡关系，使国家权力在保障公民权利的同时，能够受到公民权利的有效制约。

排他性。如果说权力的侵犯性是权力扩张在空间结构上的表现，那么权力的排他性则是权力扩张在时间结构上的表现，扩张的结果必然要排他，排他的过程也正是扩张的过程。罗素曾指出：爱好权力……是一种强烈的动机，对于大多数人的行为所产生的影响往往超过他们自己的想象①。权力的排他性不仅可以导致终身制，甚至可以导致世袭制，以致把掌握权

① 伯特兰·罗素：《权力论》，吴友三译，商务印书馆，1991，第189页。

力的时间跨度延续到生命的最大极限，使权力的民主化和社会化步履艰难。从苏共的情况看，由于高度集权，国家和社会的一切权力都归于党，而党的领导人又从党的手中得到巨大的权力，以致党的集权变成了个人集权，个人集权变成了个人专断，最终形成党的领导人可以把个人意志凌驾于党和人民的意志之上的局面。由于高度集权，党的领导人大多实行终身制，其权力的交替凭借的不是制度，而是自然法则；其职务变动要么因自然死亡，要么因被迫下台，很少按既定的程序正常离任。党的其他高级职务，名义上是由选举产生，而实际上少数领导人的内定起着决定作用，从而使党管干部的原则变成了个别领导人一锤定音，使组织机构内部形成了相互依附的关系，使党的领导集体失去了制约监督党的领导人的实际可能。这其中的深刻教训值得认真汲取。

诱惑性。由多数人统治与少数人掌权的矛盾所决定，权力虽然同整个社会的公共需要和公共利益相联系，但它毕竟是由社会中少数人所直接掌握，因而又同掌权者的集团利益和个人利益相联系。在实际生活中，权力的运行过程也就是公共价值与资源的分配过程，分配公共价值与资源的过程就为一些处于近水楼台的人利用手中的权力谋取私利提供了机会和条件，因而权力对掌权者具有强烈的诱惑性。纵观中国历史，封建社会很早就建立了一套等级森严、尊卑有序的官位、官权、官员三位一体的官僚制度。在这种制度下，与通过创造活动来寻求财富积累的机会相比，政治权力能够更容易地获取财富。“三年清知府，十万雪花银”就是最好的写照。中国“升官发财”和“争权夺利”等成语，反映了权力和财富之间的内在联系。在“高官厚禄”的社会导向作用下，士人寒窗苦读的终极目标不是为了探求真理，而是“学而优则仕”。读书就是为了做官，做了官就什么都有了，正所谓“书中自有黄金屋，书中自有千钟粟，书中自有颜如玉”。这种传统观念对人们思想的毒化作用不言而喻，它必然导致社会政治心理的扭曲，形成追求等级特权的心理定式。

腐蚀性。一方面由于掌权者在分配社会资源中处于卖方市场的地位，别人往往有求于他们；另一方面由于权力本身就是作为一种资源而存在的，能够给掌权者带来普通人所难以享有的地位、荣誉和利益，并可同其他资源进行交换，因而对人具有本能的自发的腐蚀作用，使人们以为有权就可以享有特殊利益，权力越大享有特殊利益越多，以致驱使人们竭力地角逐权力，拼命地争夺权力，从而使尔虞我诈、钩心斗角等官场上的腐败行为粉墨登场，兴风作浪。在权力对掌权者的腐蚀中，金钱又起了某种催化作用，这在市场经济条件下表现得尤为突出。市场经济以商品等价交换为基础，人与人之间的关系是通过物与物之间的关系来体现的，而金钱则是联系人与人之间关系的纽带。任何事物，无论其性质如何，在市场上都表现为量的差别，而金钱作为一般等价物，是衡量人的劳动成果的价值尺度。这样一来，无论人们对事物的价值作如何判断，只要处于市场关系之中，金钱就作为价值尺度左右着人们的行为。在金钱的作用下，掌权者心灵一旦发生扭曲，权力与金钱一旦联姻，腐败的滋生就会变成现实。一些领导干部在权力和金钱的诱惑下利欲熏心，利令智昏，与腐败同流合污，不仅自己身败名裂，而且给党和国家造成了无法挽回的损失。

第四节　权力的正负效应

权力无论是作为政治上的强制力量，还是作为职权上的支配力量，都具有双向发展的可能性，它既可以被用于治国安邦，也可以被用于祸国殃民；既可以给人类社会带来巨大的利益，也能够给人类社会造成严重的灾难。因此，权力在实际运行中往往会产生两种截然不同的效果，即正效应和负效应。

一、权力的正效应

社会不是单个人的简单相加，而是由众多人组成的一个有机整体，是人们之间交互作用的产物。就内容而言，它包含着经济、政治、文化等各个方面；就层次而言，它包含着理论、规划、操作等各个层次；就向度而言，它包含着过去、现实和未来等各个向度。因此，社会的存在和发展离不开有效的管理。权力的正效应，就是权力顺应时代的要求和人民的意愿，在正常的轨道上合理运行，推进社会经济政治文化事业的发展。确保国家稳定而高效地运转，实现社会发展合规律性与合目的性的统一，是文明需要权力、历史选择权力的根本原因，也是权力正效应的实质所在。正因为权力具有正效应，因而尽管不同的权力有着不同的运行目的，但在运用权力维护现存政治规范和理念的有效性与稳定性，增强民众对这些规范和理念的认同感；维护现存政治组织和机构的合法性与权威性，提高民众对这些组织和机构的信任度；缓解社会的利益冲突，维护社会的正常秩序；保证国家各项政策法令的顺利贯彻，促进社会的全面发展和文明的持续进步方面则是共同的。

按照亨廷顿的观点，没有权力，就没有秩序；没有秩序，就没有人类文明。权力是建立人类有序而文明生活的前提。对于人类生存和发展来说，“首要的问题不是自由，而是建立一个合法的公共秩序。人当然可以有秩序而无自由，但不能有自由而无秩序”[①]。纵观人类社会发展史，任何国家都要建立和维护稳定的社会秩序。没有秩序，人类的公共活动就不可能正常进行。秩序通常指事物的有序状态，是自然进程和社会进程中所具有的某种程度的一致性、连续性和确定性的结构、过程和变化模式。社会秩序是指人们交互作用的结构、过程和变化模式，是人们的互动状态和结果。它包含着行为秩序和状态秩序，也包含着经济秩序、政治秩序、文化秩序乃至生产秩序、工作秩序、生活秩序等。秩序的确立总是同权力的运行和规则的实施紧密相连。人类社会是人与人结合的产物，由于人类群体存在着利益的差异和冲突，如何使这种差异和冲突保持在一定秩序的范围内，就成为人类生存和发展所必须解决的问题，以实现社会关系的稳定性、社会行为的规范性、社会进程的连续性以及社会环境的安全性[②]。而权力作为一种支配力量，其目的正在于建立和维护一定的秩序。

改革开放以来，我国社会生产力水平显著提高，国内生产总值居世界第二位，对外贸易总额居世界第一位，220 多种主要工农业产品生产能力居世界第一位，高速铁路总里程、高速公路总里程和港口吞吐量均居世界第一位。这些成就的取得与我们党在治国理政中所采取的一系列具体步骤是分不开的。一是科学分析国内状况和世界大势，准确把握时代主题和人民意愿，牢固确立解放思想、实事求是的思想路线。解放思想、实事求是的思想路线是中国共产党人全部科学理论和实践活动的思想基础，是中国特色社会主义的思想精髓和内在品质，也是发展中国特色社会主义必须始

---

① 塞缪尔·P. 亨廷顿：《变化社会中的政治秩序》，王冠华等译，生活·读书·新知三联书店，1989，第 7 页。

② 《法理学》编写组编《法理学》，人民出版社、高等教育出版社，2010，第 79 页。

终坚持的思想原则和科学精神。二是正确界定我国社会主义的发展阶段、主要矛盾和根本任务，把党和国家的工作中心转移到社会主义现代化建设上来，义无反顾地做出实行改革开放的伟大决策，形成党在社会主义初级阶段的基本路线，吹响了走自己的路、建设中国特色社会主义的时代号角。改革开放是我们党在新的历史条件下带领人民进行的一次新的伟大革命，是决定当代中国命运的关键抉择，是发展中国特色社会主义、实现中华民族伟大复兴的必由之路。三是明确提出把马克思主义基本原理与中国具体实际相结合，建设中国特色社会主义的重大命题。中国特色社会主义是科学社会主义基本原则与当代中国具体实际相结合的伟大创造。其中，社会主义是共同规律和本质特征，中国特色是社会主义共同规律和本质特征在当代中国的实现形式，是科学社会主义基本原则在当代中国的具体表现和生动实践。四是确立中国特色社会主义总体布局，全面推进社会主义经济建设、政治建设、文化建设、社会建设、生态文明建设。其中经济建设是中心，为中国特色社会主义事业提供雄厚的物质基础；政治建设是方向，为中国特色社会主义事业提供可靠的政治保证；文化建设是灵魂，为中国特色社会主义事业提供强大的精神动力；社会建设是支撑，为中国特色社会主义事业提供和谐的社会环境；生态文明建设是根基，为中国特色社会主义事业提供良好的生态条件。五是增强道路自信、理论自信、制度自信、文化自信，持续推进实践创新、理论创新、制度创新、文化创新。自信是一个国家、一个民族、一个政党对自身价值的充分肯定，对自身生命力的坚定信念。我们对中国特色社会主义的自信，来源于实践的检验、来源于人民的认同、来源于真理的力量、来自创新的驱动。六是树立人民主体的历史观、人民至上的权力观、人民中心的发展观、人民为本的价值观，一切为了人民，一切依靠人民。这充分体现了中国共产党人对人民创造历史作用的深刻认识，对人类社会发展规律的科学把握，对保持党的先进性和纯洁性的自觉追求。七是统筹国际国内两个大局，统筹发展安全两件大事，为改革发展营造和平的国际环境和稳定的国内环境。中国坚定不移走和平发展道路，把中国国内发展与对外开放统一起来，把中国的发展与世界的发展联系起来，把中国人民的根本利益与世界人民的共同利益结合起来，推动构建以合作共赢为核心的新型国际关系，打造人类命运共同体，始终做世界和平的建设者、全球发展的贡献者、国际秩序的维护者。

八是运用基本理论、基本路线、基本方略武装人民、指导实践、推动工作，带领全党全国各族人民进行伟大斗争，建设伟大工程，推进伟大事业，实现伟大梦想，为把我国建设成为富强民主文明和谐美丽的社会主义现代化强国、实现中华民族伟大复兴而努力奋斗。我们党在治国理政中所采取的这些具体步骤，不仅开辟了一条中国特色社会主义道路，使中国大踏步赶上时代潮流，为中华民族伟大复兴迎来了光明前景，也为权力的正效应提供了一个经典范例。

二、权力的负效应

从人类社会发展史看，任何社会的公共资源都是由公共权力来分配的。公共资源是一种稀缺资源，追之者众，得之者寡。取得公共资源的使用权，就意味着获得了相应的收益权。在我国体制转轨、社会转型过程中，政府职能转变滞后，政府与市场的关系还没有理顺，各级政府机关或者掌握着立项、审批、监管权力，或者掌握着工程发包、招标采购、成本价格核定权力，或者掌握着资金投资、划拨、收缴、审计权力，或者掌握着干部人事方面的提名、考察、任免、处理的权力，或者掌握着编制核定、职位设置、职称评定的权力。这些权力所蕴含的利益是显而易见的[①]。因此，无论是认识失误还是行为失范，无论是权力腐蚀还是金钱诱惑，都会使权力的运行偏离正常轨道，对社会发展和公共利益产生负面影响。权力的负效应，是指权力偏离正常的运行轨道，对公共目标和公共利益造成危害，阻碍社会经济政治文化事业的发展。权力的负效应又表现为两个方面：一是权力行使者把私人目标渗透到决策过程之中，引起权力的异变；二是权力的行使者把个人的好恶渗透到决策过程之中，导致决策的失误。权力异变和决策失误虽然性质不同，但两者都会对社会发展产生相应的破坏作用，其中作为权力异变的腐败对社会发展所产生的危害更为严重。

腐败在经济上大肆吞噬国家和社会财富，使广大人民的利益受到严重侵害。腐败以权钱交易为主要特征，权钱交易并非无本万利，只不过这个本不是个人的本，而是国家和人民的本罢了。从理论上讲，无论是国有经济还是集体经济，都昭示了广大人民对生产资料的所有权。但由于在运行

① 本书编写组编《反腐倡廉热点 34 题》，中国方正出版社，2005，第 93-94 页。

过程中，广大人民并不直接对生产资料行使权力，而是委托政府及其任命的官员代为行使，这样，权力主体实际上就成了支配与控制生产资料和社会财富的主体。根据市场交换的原则，交换双方必须是商品的所有者，因而权力主体在市场上实际是拿着国家或集体的产品以一个商品所有者的身份来进行交换。在这种情况下，一旦失去有效的约束，市场交换就会以这种方式进行，即以满足权力主体的私人利益为转移，至于这种交换会给国家或集体带来什么利益，权力主体可以考虑，也可以不考虑。权力行使者将公共权力变为个人权力，实质上是将谋取公共利益的手段变为谋取个人利益的工具。权力购买者通过利用这种权力所提供的方便，将社会普遍享有的、通过平等竞争赢得的利益，转变为个人利益。这种利益实质上是对公共利益的一种无偿占有。因此，腐败并不创造社会财富，只是改变社会财富的分配比例，将一部分公共资源转变为少数腐败分子的个人资源。正如官员的升迁不取决于政绩而取决于与领导者的特殊关系将导致人们无心努力工作而拉帮结派将靡然成风一样，权钱交易的盛行将导致市场主体失去生产动力而使市场竞争变成寻租竞争，人们往往不是通过扩大生产、降低成本的方式来增加利润，而是把大量的人、财、物用于争取公共权力所能给予的种种优惠上，因而对市场经济的发展有百害而无一利。

腐败在政治上败坏党和政府在人民群众心目中的形象，损害党和政府同人民群众的血肉联系，甚至动摇社会主义政治根基的稳固。就其本质而言，腐败是一种剥削，是一种特殊形式的剥削，其特殊性就在于腐败不是凭借对生产资料的垄断所进行的剥削，而是凭借手中的权力所进行的剥削，即权力剥削。一些人手中掌握着权力，通过权力支配国家的物质财富，利用国家的物质财富换取金钱是腐败现象发展的一般逻辑。而金钱代表一定的价值——一般人类劳动的等价物，掌权者无偿攫取金钱，这不是剥削吗？在社会主义条件下，国家的物质财富属于全体人民，掌权者利用国家的物质财富换取金钱，这不是剥削人民吗？能够利用国家的物质财富来换取金钱，是因为掌权者拥有国家物质财富的支配权，这不是以权力剥削人民吗？由于腐败行为的主体总是掌握一定公共权力的主体，因而其滥用权力的行为客观上总是仰仗着国家权力的支撑。因为任何人只有在成为掌握一定公共权力的集团的成员，或者在得到了这个集团的授权的情况下，才有可能从一个只享有宪法和法律所规定的公民基本权利的权利人，变为一个同时拥有一定公共权力并得到国家权力保障其行使权力的权力人①。正因为如此，腐败现象虽然发生在少数人身上，但它所造成的恶劣影响却具有全局性。事实表明：权力对人乃至整个社会肌体的腐蚀及其引起的灾难性后果是金钱的腐蚀作用所无法比拟的。金钱对人的腐蚀所导致的个人腐化，仅仅使当事者个人毁灭，而权力对人的腐蚀所导致的政治腐败，则可以毁掉一个政权、一个国家。诚如有的学者分析的那样：一个政府的腐败意味着另一个政府的诞生②。

苏联之所以发生剧变，与权力过分集中、缺乏有效制约的政治体制密切相关。在权力和金钱的迷宫面前，苏共逐渐丧失了警惕性和免疫力，没有形成一套行之有效的拒腐防变机制，在官僚集权体制的侵蚀下，逐渐衍生出官僚特权阶层，并形成了自己的特殊利益，严重地损害了党的代表性和合法性。其结果使党的威信下降，在人民群众的不满、失望、冷漠和抗议的逻辑中腐化变质，一步一步走向自我毁灭。这是苏联解体过程如此迅速而又如此平稳的真正原因。早在斯大林时期，苏联党和国家领导人就享受营养食堂、特供商品、高级轿车、豪华别墅，并实行高薪制。高级官员可从“党内工资袋”制度中获得相当于正常工资的额外收入；还有所谓“克里姆林宫津贴”，使某些官员正常工资收入显得微不足道。这些在当时都是苏共党内少数人的秘密，普通群众对具体情况并不了解。叶利钦在《我的自述》中写道：“当人们了解到这令人愤怒的社会不公，并看到党的领袖不采取任何措施以制止党的高层人物对财富的这种不知羞耻的掠夺，就会失去最后一丁点的信任。”③在特权的腐蚀下，党内一些人关心的已经不是人民，而是自己的官运、自己的地位、自己的享受、自己的待遇。在高级官僚中已经形成一个特定的阶层，甚至是一个由那些具有自己的准则、习惯和社会心理的人们所构成的集团。在这种情况下，任何一个官员即使具有最好的个人禀赋，也几乎都成为官僚主义者，如果某个官员没有发生这种蜕变，那么这个集团就会把他排挤掉。雷日科夫曾引用过一句名言：“权力应当成为一种负担。当它是负担时就会稳如泰山，而当权力变成一种乐趣时，那么一切也就完了。”苏共特权问题不仅削弱了苏共的领

---

① 杜钢建、陈欣新：《关于腐败问题的若干理论问题》，《兰州学刊》1994年第1期。

② 乔治·霍兰·萨拜因：《政治学说史》，商务印书馆，1986，第562页。

③ 鲍里斯·叶利钦：《我的自述》，朱启会、荣合译，东方出版社，1992，第135页。

导能力，也让其失去了民众的信任和拥护。反对派充分利用了这一点，通过对苏共特权制度的渲染和攻击，为自己捞取大量政治资本，并成功地从苏共手中夺取了政权。

按照马克思主义观点，人的本质与人的本性是不同的。人的本质是由特定的社会关系决定的，是人之所以为人的根据；而人的本性则是由人的肉体决定的，是人所固有的规定性，是决定着人的行为的原始根据。由于一个担任公职的官员同时是一个有血有肉的生命，一个存在七情六欲的生灵，一个具有食色本性的自然人，因而决定了他与其他人一样，都具有产生各种贪婪和欲望的潜质，不会因为担任了公职就自然变得神圣起来。从人类社会发展史看，无论任何国家、任何组织、任何个人，凡权力不受制约监督，无不饱尝了苦果、受到了惩罚、付出了代价。事实向人们昭示这样一个真理：正如不应有绝对的自由，也不应有绝对的权力，凡权力都应受到制约监督。在现实社会条件下，只有尚未建立起有效制约监督机制的权力，没有根本不必接受任何制约监督的特殊权力。为了减少乃至杜绝权力的负效应，人们从古到今对此进行了长期的追寻与探索。建立在这种追寻与探索基础上的马克思主义承认基于客观物质存在而产生的人的本性的存在，即人作为单独的个体和社会的成员所具有的自然属性和社会属性。由这些属性所决定，人既非天使也非野兽，如果是这两者之一，就根本不需要什么制约监督了。制约监督并没有使人成为天使的神奇法术，它只是在假定人性弱点的前提下，提供一种制度安排，使掌权者有充分的权力去增进公益，但要搞起腐败，便会被疏而不漏的法网缚住手脚。

第二章　权力制约监督的基本理论

权力制约监督作为人们基于对权力的特性及其正负效应的认识而建立起来的一种关系，就是对权力的限制与约束、监察与督促。其要旨是使权力体系中各权力机构之间、各权力机构内部不同部门之间、各权力机构不同层级之间以及各权力机构运行的不同环节之间形成既相互制约和监督，又相互配合和支持的权力结构和运行机制。

第一节　权力制约监督的本质要求

权力制约监督是通过一定的机制发挥作用的。机制是不同主体之间相互联系和相互作用的方式，表现为一种动态过程。权力制约监督机制之所以具有限制与约束、监察与督促权力的功能，是由其内在的本质要求决定的。换言之，权力制约监督机制只有符合其内在的本质要求，才是货真价实的，其运行才能达到预期的目的，否则，就是有名无实的，徒劳无益的。

主体的独立性。制约监督主体依法独立行使制约监督权，不受其他任何机关、组织和个人的非法干涉。制约监督作为一种外在的强制，表现为主体对客体的限制和约束、监察与督促，客观上要求制约监督主体具有超脱的利益和超然的地位，只向赋予其制约监督权的组织负责，独立地行使自己的职权，包括组织机构依法设置的独立性，工作人员依法任命的独立性，办公条件依法保障的独立性，制约监督依法实施的独立性。如果将制约监督主体的生存空间置于对方的控制之下，那么制约监督主体就会蜕变为权力的附庸，制约监督就会失去应有的效力。从制约监督机构的设置看，通常有两种方式：一种是设置在权力中心的内部，受权力中心的节制，这种体制可称之为从属型体制；一种是设置在权力中心的外部，实行自成一体的垂直领导，这种体制可称之为独立型体制。两种体制各有利弊。从属型体制的优点是制约监督机构受到权力中心的直接控制，对权力中心的诉求能够及时回应。其致命缺陷是容易受权力中心的利益牵制。例如，对于权力中心采取不法手段谋取私利的行为，制约监督机构往往无能为力[1]。诚如汉密尔顿所说："就人类天性之一般情况而言，对某人的生活有控制权，等于对其意志有控制权。"[2]很难想象，一个人能够有效制约监督另一个对其生存有控制权的人的行为。正因为如此，从世界范围看，独立型体制已成为制约监督机构设置的主流。

对象的公开性。依法公开国家的政治事务和施政活动，使之广泛置于广大人民的关注之下。由于暗箱操作藏污纳垢，大量的腐败行为都是在信息高度垄断的情况下进行的，因而确保权力合理行使，必须让权力在阳光下运行。腐败现象之所以猖獗，很大程度上是利用了信息不对称，解决这个问题的根本举措就是信息公开，把国家机关与公众利益密切相关的立法活动、政策制定、财政预算、公共开支以及工作规则、办事程序、审批条件、收费标准等信息如实公布于众；对公开的政务信息，公众有权查阅，国家机关应为公众查阅提供便利条件。只有公开权力的信息，使之处于众目睽睽之下、众口评说之中，才能使优秀人才显露才华，得到重用；使贪婪之辈无处藏身，受到制裁。如果决策与施政不公开，公众不能及时了解实情，那么选举就失去了基础，监督就失去了前提，罢免就失去了依据，制约监督就会形同虚设。因此，应强化这样一种观念：公开是常态，保密是例外。与此同时，疏通和拓宽下情上达和上情下达的渠道，保证人民代表能够准确表达选民的意志，社会团体能够充分反映群众的意见，新闻媒体能够及时传递民众的意愿，各方面的呼声能够顺利地反馈到国家机关中来。

关系的对等性。对权力的赋予与对权力制约监督的赋予对应对等。按照这个要求，只要赋予掌权者以一定范围和强度的权力，就应同时赋予制约监督者以相应范围和强度的权力，使权力与所承担的责任对应，与所受到的约束对等。腐败现象之所以猖獗，很大程度上是利用了权力不对称，解决这个问题的根本举措就是强化制约监督权。实践表明，权力随意行使，没有制约监督不行；制约监督者处于被制约监督者单方面支配和控制之下，没有与被制约监督者对等的地位和权力也不行。在制约监督关系

① 王明高等：《中国新世纪惩治腐败对策研究》，湖南人民出版社，2002，第 206 页。

② 汉密尔顿、杰伊、麦迪逊：《联邦党人文集》，程逢如等译，商务印书馆，1980，第 396 页。

上，普通公民与国家机关工作人员的平等在于，前者有权依法对国家机关工作人员进行监督，后者有权依法对普通公民实施管理；监督机关与执行机关的平等在于，二者共同对产生它们的权力机关负责，各司其职，各行其权，相互没有组织上的隶属关系。从美国的政治实践看，总统的权力是很大的，既是国家元首、政府首脑、三军总司令，又是执政党党魁，但与此同时制约总统的因素也很多，例如上有宪法的制约，下有选民的制约，左有国会两院的制约，右有联邦法院的制约，前有在野党的制约，后有新闻界的制约。因此，尽管美国总统权力有增无减，但权力结构并没有失衡，尼克松弹劾案、克林顿弹劾案就是例证。可见，权力一定程度的集中并不可怕，可怕的是在集中的同时制约监督关系失衡。

手段的强制性。制约监督主体的活动具有权与法的强制力量作保证。确定权力的行使界限不仅要有一定的规范，而且要有强制力量作为实施规范的坚强后盾。权力之间是互为界限的，缺乏以强制力量为实施保证的规范很难对权力起到约束作用。由于权力总是作为一种强制力量而存在，制约监督如果离开了同样的强制，就会变得软弱无力。只有以权与法的强制力量为手段，才能迫使制约监督对象无论愿意与否都能接受制约监督主体的约束，才能保证制约监督主体不管制约监督对象愿意与否都能正常行使其职权。在实际生活中，权力总是作为一种体现主体意志的强制力量而存在的，要使制约监督收到实效，就必须以同样的强制力量与之相抗衡。法之所以能够有效地约束权力，是因为它具有两个显著特征：一是法的普遍性，二是法的至上性。法的普遍性要求任何权力都要受到法律约束，不仅经济权力如此，政治权力也要纳入法的轨道。这就需要有完备的法律。但仅有完备的法律还不足以实现对权力的有效制约，因为它会遇到各种各样的挑战，包括来自权力的挑战。为了使法律在各种挑战面前仍然能够得以贯彻，就必须以法的至上性来保证。法律离不开权力，但法律优位于权力，当法律与权力发生矛盾时，权力必须服从法律。法的至上性要求任何政党组织、国家机关、社会团体和公民个人都不得凌驾于法律之上，任何政党组织、国家机关、社会团体和公民个人违犯法律都要受到应有的追究。

第二节　权力制约监督的框架结构

权力制约监督的框架结构是指权力体系中各权力机构之间、各权力机构内部各部分之间、各权力机构与外部环境之间以及不同制约监督手段之间相互联结、相互作用而形成的一种约束关系。其主要包括直接与间接相结合、横向与纵向相结合、内部与外部相结合、刚性与柔性相结合。这些结构在空间上并存，在功能上互补，共同构成了权力制约监督的总体框架。

一、直接与间接相结合

直接与间接相结合，是就制约监督主体与制约监督对象之间的关系而言的。前者是公民以自己的权利直接制约监督掌权者，后者是公民将自己的权利凝结为人民权力间接制约监督掌权者。直接制约监督与间接制约监督是同人民的直接参与和间接参与相适应的。直接参与指人民直接参与国家和社会事务的管理，包括通过批评、意见和建议影响政府决策，通过举报、申诉和控告监督政府官员。间接参与是由人民选出自己的代表，组成国家权力机关，制定政策法律，决定重大事项，并产生其他国家机关，对国家和社会事务进行管理。

在我们国家，人民是国家的主人，享有宪法和法律所赋予的各项权利，公民可以直接行使这些权利，直接选举和罢免人民代表，直接对国家机关及其工作人员进行监督和评议，直接对国家大政方针的制定发表意见和建议。在这里，权利充当权力所有者与权力行使者之间联系的桥梁。人民通过选举委托自己的权力，又以自身所拥有的公民权利对委托的权力进行直接的调控。这就形成了对权力的直接制约监督，也可称之为公民权利对公共权力的制约监督。在社会主义条件下，国家的一切权力属于人民，人民通过选举的方式产生各级国家权力机关，并通过各级国家权力机关产生各级国家执行机关，以实现对国家和社会事务的管理。为了保证委托的权力能够按照人民的意志行使，人民还要继续运用国家政权的力量，通过人民代表机关对其进行必要的调控。这就形成了对权力的间接制约监督，也可称之为人民权力的制约监督。

人民权力对由它赋予的各种权力的制约监督十分重要，离开了人民权力的制约监督，公民权利的制约监督就失去了可靠的依托，失去了有力的保障。但这并不否定公民权利制约监督的基础作用。因为各种权力的具体运行直接表现为国家机关工作人员的各种管理活动，从这些管理活动投射出来的大大小小的权力，直接深入到人民群众的生产生活之中。而某些掌权者的以权谋私行为往往游移于社会之中，以便逃避国家权力机关的制约监督，这就需要公民运用自己的权利对掌权者的活动进行必要的监控，以弥补国家权力机关制约监督之不足。

二、横向与纵向相结合

横向与纵向相结合，是就各种权力的纵横关系而言的。前者是同一层次不同性质权力之间的平行制约监督，后者是同一性质不同层次权力之间的垂直制约监督。横向制约监督与纵向制约监督协调一致，形成合力，可以填补真空，堵塞漏洞，全面提高权力制约监督的整体效能。

在当今国家体制中，不仅有国家机关，还有政党组织、社会团体；在国家机关中，不仅有立法机关，还有行政机关、监察机关、司法机关。这些组织、机关和团体的性质不同，在国家政治生活中的地位不同，所担负的职能也不同，但却存在着密切的联系。在它们之间，既存在着领导与被领导、管理与被管理的关系，又存在着制约与被制约、监督与被监督的关系。在权力的横向配置上，只有使不同的权力主体之间既保持集中统一，又具有一定的张力，才能达到以权力制约监督权力的目的。各级国家机关，主要是中央与地方、地方与基层之间，既存在着自上而下的领导关系，也存在着自下而上的监督关系，这两种关系共同构成了国家权力制约监督的纵向结构。在社会主义现阶段，正确处理中央与地方、地方与基层之间的纵向制约监督关系，重点在于解决中央对地方、地方对基层权力过分集中的问题，使之该管的管好，该放的放开，既不失职，也不越权，从而保证地方和基层拥有一定的自主权。

在横向与纵向结构中，制约监督的关系是双向的，是互为主体与客体，这与制约监督的本质要求是一致的，但其效果却未必尽如人意。如果双方的力量不均衡，一方处于强势地位，一方处于弱势地位，强势地位一方控制弱势地位一方，制约监督同样达不到预期的目的。解决这个问题，出路不是消除强势、扶持弱势，而是在完善体制机制和法规制度的基础上，形成这样一种制约监督机制：无论是强势还是弱势，只要违犯了法度就寸步难行。

三、内部与外部相结合

内部与外部相结合，是就权力体系内部与外部关系而言的。前者是同一权力体系内部各组成部分之间的相互制约监督，后者是不同权力体系之间的相互制约监督。在实际操作中，只要制约主体与制约客体处于同一权力体系之中，二者之间存在着一定的利害关系，就属于内部制约监督。相反，只要制约主体与制约客体处于不同的权力体系之中，二者之间不存在直接的利害关系，就属于外部制约监督。

从我国国家机关序列看，行政机关所占比重最大，拥有部门最多，行政管理的范围涉及国家和社会生活的各个层面，承担着推动经济发展、管理社会事务、服务人民群众的重大职责。在我国的法律体系中，有 80% 以上的法律法规是由行政机关执行的，行政执法活动具有多样性、广泛性、直接性等特点，在整个执法活动中处于举足轻重的地位，如果离开了行政机关依法行政，依法治国就失去了主要支柱。因此，强化制约监督，实现依法行政，是建设法治国家的关键所在。为此，必须对行政机关和行政人员的违法与不当行政行为进行必要的控制。控制行政行为有两种方式：内部控制即行政控制，主要通过行政复议的方式来实现；外部控制即司法控制，主要通过行政诉讼的方式来实现[①]。前者属于内部制约监督，后者属于外部制约监督。

内部制约监督的主体与对象处于同一权力体系之中，彼此的行为很难避开对方的耳目，因而对于遏制滥用权力的行为具有一定的优势。但内部制约监督的一个致命弱点，就是处于同一权力体系的制约监督主体与客体，在权力上往往存在着牵连，在利益上往往存在着牵挂，从而影响制约监督的效果。外部制约监督其主体与客体分别处于两个系统，彼此之间没

---

① 孙国华主编《社会主义法治论》，法律出版社，2002，第 538 页。

有直接的利害关系，而且在法律面前一律平等，因而外部制约监督有利于公正执法，是强化权力制约监督的一种有效途径。

四、刚性与柔性相结合

刚性与柔性相结合，是就不同制约监督手段之间的关系而言的。前者主要通过加强法律制度建设，用强制的手段迫使掌权者在行使权力时严格遵守各种行为规范；后者主要通过加强思想教育，使掌权者在社会舆论的调控下，自觉秉公用权。

在刚性制约监督中，法规制度决定人的行为，决定制约监督的取向。其主要表现在两个方面：一是在判断是非时，不是依据掌权者的意志，而是依据公认的尺度和普适的准则即法规制度。当一个人违犯了法规制度时，人人都知道这是需要矫正的行为，而不需要由掌权者来判定。二是克服消极腐败现象，依靠的是法规制度建设，使克服消极腐败现象成为一项常态性工作，而不是依靠掌权者发动政治运动。柔性制约监督的主要手段是思想道德教育。思想道德教育与思想道德境界和思想道德评价紧密相连。其中思想道德教育具有禁止与倡导双重作用，思想道德境界具有思想和行为双重特质，思想道德评价具有社会评价与自我评价双重形式。社会评价主要靠社会舆论，自我评价主要靠道德良知，二者对行为动机具有审查作用，对行为过程具有监督作用，对行为后果具有反省作用。通过思想道德教育和思想道德评价，不断提高掌权者的思想道德境界，是达到柔性制约监督目的的必由之路。

在刚性制约监督与柔性制约监督之间，刚性制约监督以行为认同为标准，即使掌权者思想不到位，行为也必须到位，否则就违背了法规制度，就要受到惩处，因而具有强制性的特点；柔性制约监督以思想认同为基础，通过发挥思想道德教育和社会舆论导向作用，使掌权者牢固树立公仆意识，自觉为人民履职尽责，因而具有劝导性的特点。刚性制约监督与柔性制约监督尽管作用不同，但两者都不可偏废。

第三节　权力制约监督的作用机理

权力制约监督作为人们基于对权力的特性及其双重效应的认识而自觉建立起来的一种关系，就是对权力的限制与约束、监察与督促。其目的是建立决策权、执行权、监督权既相互制约又相互协调的权力结构和运行机制，从体制上改变权力过分集中、不受制约监督的状况。权力制约监督作为一种机制，是由分权、制衡、限任三个环节所构成，以解决权力的界限、权力的关系、权力的时限等问题。

一、分权

权力和责任是对等的，一个组织机构拥有过多的权力，是很难承担起相应的责任的。只有把国家治理责任分配给不同的主体，使每个主体由无限责任变为有限责任，才能保证国家治理责任的真正兑现。这样一来，按照权责一致的准则，将权力分解和分配到国家管理的各个部门、各个层面、各个环节就成为必然的抉择。从某种意义上讲，国家权力结构的分化与功能的专门化是人类政治文明发展进步的一个重要标志。分权是权力制约的前提。所谓分权，就是依其职能对国家权力进行划分和分配。其实质是优化权力结构与权力配置，使权力关系明晰化、规范化。实行分权不仅要界定不同职能的权力，而且要界定不同层级的权力和不同环节的权力，依法明确各种权力的地位、职责和权限，以实现权力的合理配置；依法明确各种权力的行使规则、程序和界限，以保证权力的合理运行；依法确立各种权力之间的沟通方式和制约关系，以促进不同权力之间的互补与牵制。正因为国家权力体系中存在着不同性质的权力，这些权力拥有大致平衡的力量，这种平衡的力量由宪法和法律加以确认，权力制约机制才得以建立。如果国家权力没有分化，完全集中在一个机构甚至一个人手里，那就很容易导致个人集权和个人专断。

实行分权的客观依据是人们在管理国家方面适应社会分工的需要而进行的权力分工，这对于仍然存在社会分工的社会主义国家来说同样是适用的。我国的一切权力属于人民，人民的权力集中于人民代表大会，即使如此，国家的行政权、监察权、审判权、检察权仍然由人大授予其他国家机关分别行使。分权通常包括以下四个相互联系的方面：一是国家与社会之间的分权；二是中央与地方之间的分权；三是政党与政府之间的分权；四是组织机构内部职能、层级、环节、岗位和人员上的分权。在实际生活中，任何一个领导机构、任何一个领导成员，都有其特定的职责和权限。超出了特定的职责和权限，就会越轨和侵权。就政党而言，执政党掌握着国家的执政权，但也只能在宪法和法律范围内活动，超出了宪法和法律范围，就是违法，就是违宪。就国家政权机关而言，有权力机关、行政机关、监察机关、司法机关的分工与制约，其职责和权限是明确的、不可逾越的，否则，就会带来政治秩序的混乱，不仅会影响管理效率，而且会滋生政治腐败。即使在领导机构内部的领导成员之间也必须有明确的分工，如果谁超越了自己的职责和权限，越位或错位，轻则影响关系，重则妨碍工作。总之，无论是组织机构之间的分权，还是领导成员之间的分工，目的都是防止权力过分集中以及由此导致的权力滥用，以利于加强对权力的制约监督，确保各项权力都在法治的轨道上合理运行。

二、制衡

分权是实现权力制约的必要条件，但不是充分条件。只有明确不同权力的各自权限并使之相互平衡，不使其中任何一种权力拥有超乎其他权力之上的特权，才能在国家权力结构内部形成一种自我调控机制，达到以权力制约权力的目的。因此，制衡是权力制约的实质。所谓制衡，就是通过职能分解、机构分设和人员分工，实现对权力的赋予与对权力制约的赋予对应对等，以便当一种权力偏离正常轨道时，与它相对应的权力能够自行予以制止。制衡包括以立法、行政、监察、司法、审计等国家权力制约国家权力，以人民群众、社会团体、新闻媒介等社会权力制约国家权力。制衡具有两种含义：一是在授权意义上一种权力对另一种权力的限制与约束，如权力机关对执行机关的限制与约束；二是在授权既定的前提下一种权力与另一种权力在领导、管理、监督意义上的相互限制与约束，如政党组织、国家机关、社会团体之间的相互限制与约束。

在实际生活中，权力是主体意志与物质载体的统一体，是精神力量与物质力量的结合体，是主动的；法律制度是被动的，其本身并不能使自己发挥作用，它必须以一定的强制力量为支撑、为依托才能发挥作用。按照马克思主义观点，法律制度是由国家强制力保证实施的统治阶级的意志。离开了一定的强制力量，法律制度就会变成一纸空文。而能够支撑法律制度发挥作用的强制力量主要来自权力。由于法律制度制约的是权力，依托的也是权力，如果政治体制内部权力高度集中，缺乏必要的分权，那么当一种权力与法律制度产生冲突时，又何来另一种权力支撑和保证法律制度贯彻执行呢？可见，法治在形式上是以法律规范权力，实质是以权力制约权力。我们党反复强调，必须围绕授权、用权、制权等环节，完善及时发现问题的防范机制、精准纠正偏差的矫正机制、强化责任担当的问责机制，把制度的笼子扎紧扎牢，这一切都离不开权力。由于权力的合理运行有赖于法律制度的规范，法律制度的有效实施又有赖于权力的支撑，而能够支撑法律制度有效实施的权力必定是具有内在的制约机制的权力，因此，权力只能因权力而被关进制度的笼子。

作为权力制约监督的作用机理，分权制约不仅适用于国家治理，而且适用于现代社会许多领域的治理，公检法机关在办理刑事案件中的相互关系就是例证。我国宪法规定："人民法院、人民检察院和公安机关办理刑事案件，应当分工负责，互相配合，互相制约，以保证准确有效地执行法律。"这一原则，是中国人民司法实践的经验总结。所谓分工负责，是指在刑事诉讼活动中，公安机关、检察院、法院应依法各司其职，各负其责，不能互相包办，也不能互相推诿。具体说来，刑事案件的侦查、拘留、执行逮捕等，由公安机关负责；检察、批准逮捕、提起公诉，由人民检察院负责；审判由人民法院负责。分工是公检法机关相互配合、相互制约，以保证办案质量的前提。如果将侦查、起诉、审判集中于一个机关办理，就会缺少制约和监督，就有可能发生种种弊端。所谓互相配合，是指公安机关、检察院、法院在分工负责基础上通力合作，互相支持，互通情报，充分发挥集体智慧和整体力量，共同办好刑事案件。所谓互相制约，是指公安机关、检察院、法院互相牵制约束，共同防止和纠正办案过程中可能或者已经出现的偏差。这是公检法机关内部关系的关键所在。公安机关、检察院、法院在办理刑事案件过程中分工负责、互相配合、互相制约，可以使整个司法程序成为一个自我调节、自我完善的工作系统，有利于实现公正处理案件，保护人民、惩罚罪犯的功能①。

三、限任

所谓限任就是对掌权者的任职时间加以限制。社会主义的历史和现实昭示我们，对掌权者的任职时间加以限制，不仅有利于国家领导层切实贯彻民主集中和集体领导原则，防止个人崇拜和个人专断的发生，而且有利于防止国家领导层年龄结构的老化，以便从组织上确保党和国家大政方针的连续性和稳定性②。以往我们讲限任，主要是就限届限期而言的，如果每任两届，每届五年，那么每位领导人在一定岗位上任职最多不超过十年。应当说这是合理的、必要的，但又是不够的。把限任制贯彻到底，不仅应当限制届期，而且应当限制权位。所谓限制权位，就是对再任同一层次不同性质法定职务的限制。其要旨在于彻底废除终身制。因为倘若不加限制地轮流担任同一层次的各种职务，那么即使限制届期也难以避免终身制。只有使限制届期与限制权位相互配合，彼此补充，才能不折不扣地实现限任，并从根本上废除终身制。为此，要依法明确规定任期制的适用范围，对选任制领导职务坚持实行任期制；依法明确规定届期和权位限制，领导职务除特殊需要并经过法定程序得到认可外，每届任期 5 年，任职期满可以连选连任，但在同一职位上连续任职不得

---

① 浦兴祖主编《中华人民共和国政治制度》，上海人民出版社，1999，第 500 页。

② 在苏共党内政治生活中，党的主要领导人始终不能按照法定程序正常更替。斯大林逝世不久，赫鲁晓夫凭借“宫廷政变”，清除了贝利亚。后来，马林科夫等人又试图采用同样方式将赫鲁晓夫赶下台，结果未能成功，反而被赫鲁晓夫打成“反党集团”，从政治舞台上消失。而赫鲁晓夫躲过初一却没有躲过十五，最终还是被勃列日涅夫用“宫廷政变”的方式所取代。之后，苏联又形成了勃列日涅夫后期老人治国、病夫治国的现象，以致勃列日涅夫、安德罗波夫、契尔年科三任总书记死在任上。20 世纪 80 年代初，勃列日涅夫与卡特单独会晤时，竟因反应迟钝而干脆一言不发；安德罗波夫接任才几个月肾脏便失去功能，他去世前五个月一直是在病床上领导着这个庞大的国家；在他的葬礼上，重病缠身的契尔年科作为接班人，每说一句话都要喘几口气。这种状况严重损害了苏共在人民心目中的形象，也为国际敌对势力攻击社会主义制度提供了口实。

超过两届，在同一层次上连续任职不得超过两位；要依法明确规定领导干部的任期目标，严格实行任期目标责任制，并相应地控制领导干部在任期内的职务变动，选任制领导干部原则上应任满一届。如果说分权是在空间结构中对权力主体进行制约的话，那么限任则是在时间过程中对权力主体的制约。

第四节　权力制约监督的基本功能

众所周知，一辆机车要有动力系统、传动系统、工作系统、制动系统；一个国家要有咨询系统、决策系统、执行系统、监控系统。机车没有制动系统，一旦偏离轨道，就会有倾覆的危险；国家没有监控系统，一旦出现失误，就会因得不到及时纠正而酿成灾难性后果。可见，权力制约监督作为一种功能，如同机车上的制动器，是对权力正常运行的维护和保障，是对权力偏离正轨的防范和矫正，因此，它不是对权力的削弱，而是对权力的补充，不是对权力的抵消，而是对权力的完善。这种补充和完善，正是权力制约监督基本功能之所在。

一、导向功能

引导权力始终按照人民的意志合理运行。作为权力运行的实际操作者，领导干部生活在人民群众之中，其行使权力的过程既是在不同层次、不同范围内与人民群众发生联系的过程，也是接受人民群众制约监督的过程。在办事权限公开、办事依据公开、办事过程公开、办事结果公开的基础上，建立健全有效的制约监督机制，使民主选举制度、竞争上岗制度、任前公示制度、群众评议制度、信任投票制度规范化、程序化，不仅可以形成能者上、庸者下，得民心者上、失民心者下的选择机制，而且可以使领导干部充分感受到人民的力量与权威，引导其忠实地按照人民的意志办事，真正把人民群众的情绪作为第一信号，把人民群众的需要作为第一选择，把人民群众的利益作为第一考虑，把人民群众的满意作为第一标准，全心全意为人民服务，使其心中的天平回归到群众第一、人民至上这个正位上来，使各级领导岗位成为优秀人才施展才华、造福人民的广阔舞台。

这可谓制约监督的导向功能。

二、防范功能

预防和遏制滥用权力的行为发生发展。解决腐败问题和治病一样，预防代价较小，效果较好；事后治理代价较大，而且也不易根治。实践表明，集体决策制度、专家咨询制度、情况通报制度、社会听证制度的实行，对于个人独断、一锤定音的行为将是一种有效的牵制。公务开销制度的实行，对于动用公款吃喝、旅游、出国的行为将是一种有效的控制。亲属回避制度的实行，对于封妻荫子、任人唯亲，为配偶、子女入党、提干、经商大开方便之门的行为将是一种有效的限制。干部交流制度的实行，对于因长期在一地任职所受到的权力关系、金钱关系、人情关系的诱惑将是一种有效的节制。职务任期制度的实行，对于因在位时间过长所滋生的家长制、裙带风、关系网等政治流弊将是一种有效的抑制。通过法规制度严格规定掌权者必须做什么、允许做什么、禁止做什么，以指导掌权者的言行举止，使其能够预测到自己权力行为的利害得失，由此达到治患于已然，防患于未然之效。这可谓制约监督的防范功能。

三、矫正功能

对偏离正轨的权力行为予以及时的矫正和补救。权力制约监督机制的存在意味着掌权者的可选择性，这一点虽然不能保证掌权者一定精明、贤明、清明，但却可以矫正其腐败，并在其腐败时予以撤换；缺乏有效权力制约监督机制的弊端并不在于掌权者一定腐败，而在于其腐败时不能按预定的程序及时予以撤换。实行离任审计制度、责任追究制度、职务罢免制度的目的，正在于及时矫正权力腐败。权力制约监督机制的存在还意味着决策的可修正性，这一点虽然不能保证决策完全正确，但却可以保证错误的决策一经发现便得到及时纠正，由此灵敏反馈，使之逐步趋于正确；缺乏有效权力制约监督机制的弊端并不在于每次决策都错误，而在于出现错误时，不能按预定程序及时予以纠正。实行决策咨询制度、科学评估制度、信息反馈制度的目的，正在于及时纠正决策失误。因此，要有效遏制腐败现象的发生，防止重大决策的失误，就必须建立健全权力制约监督机制。这可谓制约监督的矫正功能。

四、惩戒功能

对滥用权力的行为及其责任者予以必要的制裁。有效的制约监督必然以严明的法纪与之相适应。如果对腐败行为不能给予及时而必要的惩治，总是让其得逞或只付出微不足道的代价，那事实上就等于在鼓励这种行为[①]。因此，无论什么人，只要违犯了党纪，就要受到党纪处分；违犯了政纪，就要受到政纪处分；违犯了法律，就要受到法律制裁。依法依纪惩治腐败分子，可以对抱有腐败动机的人发挥三个方面的威慑作用：一是使其恐惧名誉地位的丧失；二是使其恐惧既得利益的丧失；三是使其恐惧人身自由的丧失[②]。由此使掌权者形成不敢腐败的心理约束，以期达到有效遏制腐败的目的。同时，通过查办案件，不仅使违纪违法者得到应有的惩处，以遏制腐败现象滋生蔓延的势头，还可以针对案件中暴露出来的倾向性问题，及时制定防范措施，堵塞漏洞，铲除腐败现象滋生蔓延的土壤和条件。这可谓制约监督的惩戒功能。

意大利刑法学家切萨雷·贝卡利亚认为，对于犯罪最有力的约束力量不是刑罚的严酷性，而是刑罚的必定性[③]。与此相适应，经济学家建立了一个关于腐败的模型，其核心内容是：一个人选择腐败的必要条件是腐败的预期收入大于成本。根据这个模型，可以得出一个公式，即产生腐败的动机的条件是从腐败中得到的好处 − 被发现的机会 × 所受到的处罚 > 现有的待遇。从这个公式中可以看出，影响腐败的参数主要有：现有的待遇、从腐败中得到的好处、被发现的机会和所受到的处罚。其中现有的待遇虽然会对腐败产生很大影响，但它是一个相对稳定的因素，不会对腐败产生决定性影响。对腐败产生决定性影响的是从腐败中得到的好处、被发现的机会和所受到的处罚。其中从腐败中得到的好处是腐败的增函数，被发现的机会和所受到的处罚是腐败的减函数。由此可以得出结论：在增加公职人员工资待遇的同时，加强对权力的制约和监督，加大对腐败案件的查处

---

① 韩东屏：《论腐败的发生与防治》，《晋阳学刊》2001 年第 1 期。

② 凌海主编《反腐败方略研究》，中国方正出版社，2002，第 14 页。

③ 切萨雷·贝卡利亚：《论犯罪与刑罚》，黄风译，北京大学出版社，2008，第 62 页。

力度，是有效遏制腐败的治本之策。从我国反腐败刑罚看，一些方面可以说世界上能够与之相比的国家不多，如最高刑罚为死刑，上至高级官员，下至普通职员都有被判死刑的，但贪污受贿之风依旧，大案要案还是层出不穷。对比我国香港地区，对于贪污受贿的罪犯最高只能判 7 年徒刑，而德国刑法规定的最高刑罚为 5 年，但其官员的廉洁程度却比较高。尽管我国刑罚与其他国家和地区相比偏重，竟然还有那么多的腐败分子以身试法，说明只靠刑罚还不足以遏制腐败，关键是完善权力制约监督机制，使腐败分子无机可乘①。

① 阳昌宽、王科：《沉重的历史话题》，西南财经大学出版社，2005，第 192 页。

第三章　完善权力科学配置机制

加强对权力的制约监督根本在制度建设，制度建设的核心是科学配置权力。通过权力的科学配置，实现职能分解、职权分工和职责分担，形成稳定的权力结构，是权力合理运行和有效制约的重要前提。党的十九大报告提出“科学配置党政部门及内设机构权力”[①]。党的十九届四中全会决定提出“完善权力配置和运行制约机制”[②]。这就要求我们做好权力配置的顶层设计，科学界定不同职能、不同层级、不同环节之间的权力，理顺决策权、执行权和监督权以及中央权力、地方权力和基层权力之间的关系，明确权力分工和权力流程，使权力的横向制约、纵向制约、内部制约、外部制约之间既互相配合又互相促进。

第一节　权力配置的科学内涵

在权力配置研究中，学界的观点虽有不同，但基本上是在一个共识的前提下，将权力配置定位为“权力的分配与行使”两项内容，并由此展开对权力配置问题的研究。例如，有的学者认为，权力的配置包含两层基本含义：一是权力的分配，二是权力的行使。“从科学的权力配置角度看，权力的分配可以理解为适度分权，使各种权力处于合理的状态，各自能够实现效能最大化，彼此能够相互协调、相互制衡；权力的行使，则可以理解为科学地确定权力在什么范围、什么层面上行使。”[③]有的学者对地方政府的权力配置进行了阐释，指出“中国地方政府的权力配置是指地方政府在国家行政系统中其权力的分配与行使”[④]。对权力配置的这种界定值得商榷。

---

① 习近平：《决胜全面建成小康社会　夺取新时代中国特色社会主义伟大胜利》，《人民日报》2017年10月28日。

② 《中共中央关于坚持和完善中国特色社会主义制度　推进国家治理体系和治理能力现代化若干重大问题的决定》，《人民日报》2019年11月6日。

③ 赵海鹏、覃振停：《从完善权力配置来防治权力腐败的思考》，《传承》2008年第10期。

④ 匡自明、韦锋：《当代中国地方政府权力的配置与运作》，《学习论坛》2007年第6期。

所谓权力配置，就是依法对权力结构进行设计，对权力职能进行界定，对权力主体进行调配，对权力关系进行调整的过程。权力配置包含着权力定位与权力分配两个既有联系又有区别的概念。权力定位是一个技术性概念，它的主要任务是解决权力结构问题。权力分配是一个政治性概念，它的主要任务是解决权力归属问题。权力定位一般通过设计和规划来完成，权力分配一般通过选举和任命来完成。虽然权力定位与权力分配都涉及人才问题，但权力定位主要根据机构、职能、权限、责任要求提出人才需求，而权力分配则根据德才识学方面的能力素质与岗位匹配程度满足人才需求。在权力配置与权力运行之间，权力配置是权力在权力主体之间的分配，表现为静态的分布，具有共时性的特点；权力运行是权力的作用在具体实践中的发挥，表现为动态的过程，具有历时性的特点。如果把权力配置界定为“权力的分配与行使”，其结果就会把权力配置与权力运行混为一谈，不仅使权力配置承担了无法承受之重，而且使科学规范和有效制约权力运行失去了前提。诚然，权力运行机制与权力制约监督机制不是毫不相干的，而是同一过程的两个方面。因此，设计权力运行机制同时要考虑权力制约监督机制。如果权力配置不科学，其规范运行就失去了前提；如果权力运行不规范，其有效制约就失去了基础。在权力主体多元的条件下，各主体之间权力划分、调配的适度与平衡是权力科学配置的关键。实现权力科学配置，要建立权力配置动态调整机制，通过完善各类组织法，不断优化党政部门机构设置、职能配置、人员编制，推进机构、职能、权限、责任法定化。

第二节　权力配置的主要原则

习近平总书记强调：“我国是工人阶级领导的、以工农联盟为基础的人民民主专政的社会主义国家，国家一切权力属于人民。”① 中华人民共和国成立后，为了切实保证人民当家作主，我们党根据巴黎公社的经验提出了这样一些原则：一是确立人民代表机关在整个国家权力体系中的最高地位，只有人民代表机关才能广泛反映全体人民的普遍意志，并使之以法律

① 习近平：《决胜全面建成小康社会 夺取新时代中国特色社会主义伟大胜利》，《人民日报》2017年10月28日。

的形式表现出来，成为国家政治生活以及国家公职人员行使权力的基本准则；二是确立人民代表机关对其他国家机关的领导地位，其他国家机关只能在人民代表机关的监督下行使人民委托的权力。作为这些原则的体现，人民代表大会制度处于我国政治权力配置体制的中心，其他方面的制度都是以人民代表大会制度为中心展开的。其具体运行机制是：拥有主权的人民按照宪法和法律的规定，通过直接或间接的形式选举产生人民代表；人民代表按照宪法和法律的规定，受人民委托组成国家权力机关；国家权力机关按照民主集中制的组织原则开展活动，在充分协商和讨论的基础上，通过一定的表决程序，产生执行机关并审议通过执行机关的工作计划；执行机关组织、领导、协调、管理人民的生产、生活和各项社会事务；人民通过代表机关及自身所拥有的公民权利直接或间接对执行机关的工作进行监督。由此，全体人民通过人民代表大会制度把国家的前途和命运牢牢掌握在自己手中。

我国人民代表大会制度是由全体人民选举产生的代表组成国家权力机关代表人民直接行使人民主权的一种政权组织形式。人民代表大会制度包括四个方面的基本内容。第一，人民与国家机关的关系。我国宪法规定：中华人民共和国的一切权力属于人民。人民行使国家权力的机关是全国人民代表大会和地方各级人民代表大会。全国人民代表大会和地方各级人民代表大会都由民主选举产生，对人民负责，受人民监督。这就从根本上保证了人民当家作主的合法地位和崇高权威。第二，人民代表大会与其他国家机关的关系。人民代表大会是国家的权力机关，受人民的委托行使全部国家权力。国家行政机关、监察机关、司法机关由人民代表大会产生，向人民代表大会负责，受人民代表大会监督。人民代表大会与其他国家机关的关系既是一种授权与受权的关系，也是一种决定与执行的关系，其他国家机关的权力不能超出人民代表大会的授权，必须执行人民代表大会做出的决定。这充分体现了人民代表大会权力的至上性和全权性。第三，中央国家机关与地方国家机关的关系。就国家组织形式而言，我国实行的是单一制，即一个国家只有一个国家主权、一部宪法和一个中央政府。我国中央国家机关与地方国家机关的关系，遵循在中央的统一领导下，充分发挥地方主动性积极性的原则；在民族聚居区域实行民族区域自治，巩固和发展平等团结互助和谐的社会主义民族关系。这种中央统一领导和地方因地制宜相结合的国家权力结构体系，有利于发挥中央和地方两个积极性。第四，人民代表大会内部个人与集体的关系。我国各级人民代表大会及其常务委员会通过会议的形式，采取表决的方式，按照少数服从多数的原则决定重大问题。全国人大会议主席团的任务仅限于主持会议；全国人大常委会委员长的职权也仅限于主持常委会会议和常委会工作；常委会的日常事务由委员长、副委员长、秘书长组成的委员长会议来处理。这就从制度上保证了国家权力机关的集体领导。

我国在国家政权组织形式上，实行的是议行合一的形式；在国家机构组织原则上，实行的是民主集中制原则。这是我国权力配置必须遵循的主要原则。议行合一有两种形式：一种是巴黎公社所实行的议行合一，其特点是公社委员会做出决议，由公社委员会委员直接管辖的部门组织实施；另一种是现行社会主义国家所实行的议行合一，其特点是人民代表机关既制定法律，决定国家大事，又领导和监督执行机关的工作。通常我们所说的议行合一主要是指后一种形式。这种议行合一并不是权力机关和执行机关在形式上简单合并，而是着重强调这两种国家机关的权力和职能在决定和执行上必须集中统一，国家的立法权、行政权、监察权和司法权必须统一到由人民选举产生的人民代表机关中去。这就使人民代表机关按照人民的意志和利益制定的法律和决议能够真正得以贯彻，从而使国家的一切权力属于人民的原则名副其实地得以实现①。所谓民主集中制，就是在民主的基础上高度集中与在集中的指导下广泛民主相结合。国家权力机关由人民选举产生，对人民负责，受人民监督，这表明了广泛民主；国家行政机关、监察机关、司法机关由权力机关产生，对权力机关负责，受权力机关监督，这又表明了高度集中。民主集中制在不同国家机关的决策过程中，具体表现形式是不同的。一是在国家权力机关中，由于其组成人员是代表而不是施政官员，

---

① 针对学界对议行合一的误解，有的学者提出：人们之所以对议行合一原则多有批评，都是因为将权力的分工与分权混淆了，以为议行合一就是反对权力分工。实际上，与议行合一相对立的不是权力分工，而是分权（钱坤、张翔：《从议行合一到合理分工：我国国家权力配置原则的历史解释》，《国家检察官学院学报》2018 年第 1 期）。有的学者指出：对议行合一的理解不能望文生义，它并不是指立法权与行政权合二为一，或者立法机关与行政机关合二为一。从这个概念的正式提出看，它并不反对国家权力之间的适当分工，所主张的只是权力机关的“全权性”及其在整个国家权力体系中的优越地位，其背后隐含着人民主权不可分割的宪法原理，并因此与分权原则形成对立。“有分工，不分权”才是议行合一的基本内涵（杜强强：《议行合一与我国国家权力配置的原则》，《法学家》2019 年第 1 期）。

在议事过程中法律地位平等，没有行政上的隶属关系，因而对于一切重大问题必须经过充分讨论，然后付诸表决，按照少数服从多数原则集体做出决议，集体行使权力。这称之为集体负责制。二是在国家行政机关中，权力的主客体关系是少数人对多数人的管理，因而对一切重大问题在进行充分的民主讨论后，行政首长有权采纳正确的意见，做出最后决策。这称之为首长负责制①。民主集中制通过这两种负责制从不同侧面得到了体现。

人民代表大会制度作为我国根本政治制度，在本质上不同于资本主义国家的代议制，在形式上与资本主义国家的总统制、议会制也有明显区别。美国是总统制国家的典型，它的国会与总统、最高法院的法律地位是平等的，在宪法上不允许有优越于其他国家机关的权力存在。英国是议会制国家的典型，政府与议会形成相互依赖的关系，政府由议会产生并对议会负责；政府只有获得议会信任才能继续执政，在议会和政府关系处于僵持的情况下，首相可以提请英王下令解散议会，重新举行大选。我国的全国人民代表大会是国家最高权力机关，具有最高的法律地位，从而决定了人民代表大会制度的根本制度性质。而无论是总统制国家的议会还是议会制国家的议会，都不具有高于其他国家机关的法律地位。

第三节　权力配置的具体准则

权力配置的准则作为权力配置由理论形态向实践形态转化的中间环节，是指导权力配置的基本规矩，是完善权力配置的基本依据，是评价权力配置的基本尺度，因而在权力配置中处于枢纽的地位，具有普适的性质，起着规范的作用。权力科学配置是权力合理运行和有效制约的重要前提。实践昭示我们，实现权力科学配置必须遵循职权法定、权责一致、人事相宜、权能均衡、结构合理、协同高效的准则。

---

① 行政首长负责制可以概括为行政首长的“三权一责”。全面领导权——行政首长对所管辖的工作负有全面的领导权。最后决定权——行政首长召集并主持本级政府或部门的常务会议或全体会议，在会议上就讨论的重大问题做出最后决定。人事提名权——行政首长有权就所属部门的主要领导人选，向本级人民代表大会及其常务委员会提名。对行政机关负全责——行政首长对本行政机关负全部责任，凡以本行政机关提交的议案，发布的决定和命令，呈送的请示报告，一律由行政首长签字（郑楚宣、刘绍春：《当代中西政治制度比较》，广东人民出版社，2002，第228页）。

职权法定。职权法定反映的是权力与法律的关系。法治国家的一条公理，就是对公民来说，法无禁止即可为；对国家机关来说，法无授权不可为。因此，国家机关的权力应由法律明确规定，未经法律授权，不得擅自行权。作为法治国家，法律是一切权力的来源，要求一切权力都必须由法律授予、按法律行使、受法律约束。职权法定作为权力配置的首要准则，就是权力的配置必须有明确的法律依据，权力来源于法律并受制于法律，超越法律规定的权力无效[①]。一是权力来源法定。权力主体的权力必须有法律的明确授权，依法取得。没有法律依据，权力就没有存在的合法性。二是权力授予法定。权力必须经法定程序授予权力主体，未经法定程序的权力授予无效。三是权力行使法定。经法定程序授予的权力，其行使必须依照法律规定进行，若无法律规定，不得做出影响公民、法人和其他组织合法权益的行为。同时，职权就是职责，不能随意放弃，放弃职权就是失职，就要追究法律责任。遵循职权法定的准则，要严格按照法律法规对各级国家机关的权力进行审核确认，对超越法律法规范围的权力坚决予以取消，对不符合法律法规要求的权力坚决予以调整。各级国家机关实施管理、提供服务，都要在法定范围内进行，体现法治国家对权力主体行使权力的要求。

权责一致。权责一致反映的是权力与责任的关系。责任是权力存在的前提，权力授予目的在于履行特定的责任。权力与责任是对应存在、相互促进而又相互制约的一对范畴。权力是处理政务的手段，责任是完成任务的要求。政务活动需要有权力，但权力不是无限的，必须加以合理界定，并赋以相应的责任。只有权力而无责任，权力必被滥用；只有责任而无权力，责任必将落空。权责一致作为权力配置的核心要求，就是使权力主体拥有的权力与履行的责任相匹配。其包含两层含义：一是有责应有权，即责任的承担应伴随着权力的授予；二是有权必有责，即权力的授予应伴随着责任的规定。权责一致准则要求权力主体拥有的权力以其责任为限，不得超越其应履行的责任范围。有责才有权，无责则无权，责任为权力提供了一个客观的界限。权力与责任是对应对等的，权力就意味着责任，权力越大责任越重，因而权力清单与责任清单紧密相连。授之有据、行之有规、错之有责是法治国家的应有之义。对于各级国家机关来说，明晰了权

---

① 石佑启、陈咏梅：《法治视野下行政权力合理配置研究》，人民出版社，2016，第 83 页。

力也就明确了责任，公布了权力也就公布了责任，这样人们就可以通过权力清单了解国家机关的权力范围和责任界限，促使国家机关更加审慎地行使权力，从而降低权力滥用的概率。

人事相宜。人事相宜反映的是权力与人才的关系。构建科学的选人用人机制，使人才用当其时、用当其位，是完善权力科学配置机制应有之义。人事相宜作为权力配置的内在规定，就是每个人都能做好自己的事，每件事都能得到合适的人去做。换言之，合适的人才放在合适的岗位上，合适的岗位有了合适的人才，人才才能够充分展示其才华，使岗位和人才相互促进、相得益彰，实现人得其位、事竟其成。这就需要完善考核评价体系，综合运用届末考核、年度考核和专项考核结果，多渠道、多层次、多侧面深入了解人才，观察人才对群众的感情、对名利的态度、对重大问题的思考、对复杂问题的处理。强化求真务实、严谨细致、精益求精之风，坚持全面、历史、辩证地看人才，注重人才的全部历史和全部工作，既看考绩又看实绩，既看口才又看口碑，既看现实状态又看发展潜力，做到寻觅人才求贤若渴，发现人才如获至宝，举荐人才不拘一格，使之人尽其才、才尽其用。与此同时，完善分事设岗、分岗赋责、分责授权、分权问效的权力配置机制。其中分事设岗就是因事设岗，事务与岗位相配；分岗赋责就是因岗赋责，岗位与责任相宜；分责授权就是因责授权，责任与职权相称；分权问效就是因权问效，职权与绩效相契。其要旨在于杜绝因人设岗、因权设岗，人浮于事、权浮于责的现象，确保权力必须而且只能在依法赋予的职责与权限范围内运行。

权能均衡。权能均衡反映的是权力与权力的关系。按照不同的职能把权力划分为若干种类，由不同的主体分别掌握，各个权力主体之间保持一定的均衡关系，不仅相互独立，而且相互牵制，是以权力制约权力的基本要求。权能均衡作为权力配置的关键所在，就是对权力主体的权力配置比例相当，权力之间大小相维，轻重相制[①]。权能均衡原则包含三层含义：一是权能平衡适度。权能均衡原则的基本内涵是平衡、协调权力主体之间的权力责任关系，权力主体享有的权力呈现出适宜的比例状态，既足以履行职责，又相互衔接匹配。二是权力之间职能清晰、界限分明，各司其职、各负其责，除了相互制约的局部环节外，不存在机构重叠、职责交叉的问

① 石佑启、陈咏梅：《法治视野下行政权力合理配置研究》，人民出版社，2016，第 86 页。

题。三是权力之间相互平衡、相互制约，不存在某项权力居高临下，不受其他权力节制的状况。贯彻权能均衡原则，需要合理划分和科学配置各层级、各部门、各岗位的职权和职责，对权力过分集中的层级、部门和岗位进行适度分解，以避免权力不受节制而被滥用。从人类历史发展看，任何社会对滥用权力的行为都要予以追究，而法治社会之为法治社会，主要不在于对滥用权力的行为予以追究，而在于它有一套健全的机制，当一种权力超出了合法的限度时，就能立即引起与它相对应的权力的自行制止。

结构合理。结构合理反映的是权力与体系的关系。对于体系来说，结构决定功能，这是系统论的一个基本原理。如果权力配置结构不合理，不同主体之间的职能角色不明确，职责边界不清晰，职权行为不规范，不仅难以保证权力体系的合理运行，而且还会严重影响对权力的有效制约。结构合理作为权力配置的主体工程，就是机构内部权力要素的配置格局以及权力体系的整体设计等方面都符合权力运行规律的要求。完善科学的权力配置机制，要从权力的纵向配置和横向配置两方面着手。权力的纵向配置，旨在实现权力在不同层级之间的职权分工，解决的是不同层级之间的权力划分问题。权力的横向配置，旨在实现权力在不同部门之间的职权分工，解决的是不同部门之间的权力划分问题。通过深化体制改革，在纵向上实行权力的扁平化配置，减少层次；在横向上实行权力的功能化配置，明晰职责。通过权力的科学配置，明确每个岗位的职能，明晰每项权力的职责，明了每个成员的职权，该由上级行使的权力下级不能擅自行使，该由集体行使的权力个人不能擅自行使，该由他人行使的权力本人不能擅自行使，该由本人行使的权力自己不能随意放弃。同时，由于上层机构便于把握战略全局，下层机构直接面对具体事务，因而在准确界定宏观权力与微观权力的基础上，将宏观权力尽量配置在上层机构，微观权力尽量配置在下层机构。

协同高效。协同高效反映的是权力与对象的关系。协同是指组织机构之间的联动配合，高效是指体制机制运行具有较高的效率效能。协同高效作为权力配置的价值取向，就是各层级和各部门各就其位、各司其职、各尽其力、密切协同，确保政令统一、运行顺畅、快捷高效、形成合力。组织机构设置是否科学合理，是能否实现权力运行协同高效的基础[①]。如果机构设置不合理、职能分工不明确、权责关系不匹配、管理幅度不适宜、人员编制不科学，权力运行协同高效便无从谈起。实现权力配置协同高效，既要靠优化机构设置和职能配置，也要靠减少管理层次和中间环节。坚持一类事项原则上由一个部门统筹、一件事情原则上由一个部门负责，避免政出多门、责任不清、推诿扯皮，最大限度减少政府对市场资源的直接配置，最大限度减少政府对市场活动的直接干预，不断提高资源配置效率。国家机关在行使权力、履行职责的过程中，要遵循减少层次、优化流程、提高效能、方便办事的准则，明确权力运行的方法步骤、时限要求与具体边界，使权力运行明晰化、规范化、便捷化；遵守法定时限，履行法定职责，在办事手续上能并联办的要并联办、能集中办的要集中办、能简化办的要简化办，切实提高办事效率；在满足公众需求的同时，以较少的投入获得公共产出的最大化。

第四节　权力配置的基本结构

权力结构是一种由不同权力主体相互联系而形成的相对稳定的关系模式。作为权力配置的基本结构，正确处理国家与社会、政党与政府、中央与地方的关系，包括两个层面的问题：一是科学界定国家与社会、政党与政府、中央与地方的内涵；二是合理把握国家与社会、政党与政府、中央与地方之间的关系。国家与社会、政党与政府、中央与地方的权力不是无限的、无所不包的。无限的权力就意味着无限的责任，而无限的权力是无法配置的，无限的责任是无法追究的。

一、国家与社会

如果说国家是以强制力量为依托，以政治权力为手段，以统治秩序为经纬的公共利益关系的总和，那么社会则是以市场经济为基础，以契约关系为纽带，以人格独立为特征的私人利益关系的总和。换言之，国家是对公共活动领域的一种抽象，其调节的范围主要是公共活动领域；

---

① 浦兴祖主编《中华人民共和国政治制度》，上海人民出版社，1999，第302页。

社会是对私人活动领域的一种抽象，其调节的范围主要是私人活动领域。二者的主要差异表现为：国家作为公共活动领域，其权力是政治关系的集中体现；社会作为私人活动领域，其权利是经济关系的集中体现。国家作为政治活动领域，其权力以强制力量为依托，表现为纵向的支配关系；社会作为经济活动领域，其权利以契约关系为纽带，表现为横向的平等关系。

国家与社会一经分离，就存在着互动关系。从国家的角度看，它对社会的作用主要表现在两个方面：一是国家承认社会的独立性，并为社会提供制度性保障；二是国家对社会进行必要的干预和调控，为社会活动确立普遍适用的法律规则，对社会自身无力解决的矛盾或冲突进行协调。一般来说，社会的独立性并不否认国家干预的必要性，而是强调国家干预必须具有一定的限度。一个社会如果离开了国家，就不会有稳定、秩序、财产和安全的保障。从社会的角度看，它对国家的作用也主要表现在两个方面：从消极的意义上说，社会具有制约国家的力量，使自己免受国家的超常干预；从积极的意义上说，社会的发展培育了多元利益主体，这些主体发展到一定程度，便会以各种方式参与政治，表达利益。正是在这种意义上，社会的发展为民主政治和法治国家建设奠定了坚实的基础。

国家与社会的关系，是指国家与各种社会组织、社会团体以及社会成员之间的关系。托克维尔主张划定“公共生活”与“私人生活”的界限，用他自己的话说，就是“给社会权力规定广泛的、明确的、固定的界限，让个人享有一定的权利并保证其不受阻挠地行使这些权利。”在托克维尔看来，如果社会中个人的活力不能得到保障，国家自身的活力最终也将不复存在。“永远记住一个国家当它的每个居民都是软弱的个人的时候，不会长久强大下去，而且绝不会找到能使由一群胆怯和萎靡不振的公民组成的国家变成精力充沛的国家的社会形式和政治组织。”[①] 托克维尔的观点对于我们正确认识和处理国家与社会的关系具有一定的启发意义。正确处理国家与社会的关系，首先必须认清国家与社会的界限。由国家、政治、政府的紧密联系和社会、经济、市场的紧密联系所决定，国家与社会、政治与经济的界限又可

① 托克维尔：《论美国的民主》，董果良译，商务印书馆，1988，第 880 页。

以归结为政府与市场的界限。正像在国家与社会、政治与经济的关系中社会决定国家、经济决定政治一样，在政府与市场的关系中，市场处于基础的地位，是第一性的，政府处于从属的地位，是第二性的；市场决定政府，是政府的行为依据和服务对象，政府适应市场，是市场的调控力量和安全保障。

由于市场经济的属性与政府权力的属性之间存在着明显的差异，因而市场在自我运行的范围内，对政府具有自发的排斥倾向，这种排斥倾向无疑为政府的活动范围规定了明确的界限。其一，在市场经济条件下，社会资源的配置主要通过市场按经济规则来进行，而不能通过政府靠行政力量来推行。如果政府直接干预经营活动，就难以发挥市场在资源配置中的决定作用。其二，政府作为公共权力，凌驾于社会经济活动之上，而不能以经济活动主体的身份置身于经济活动之中。如果公共权力成为经济活动主体，政府官员直接从事经营活动，那就势必把权力的特性带到经济领域，从而与市场平等交换、自由竞争的属性形成冲突，干扰经济活动的正常进行。在市场经济中，政府担负的一项重要职能就是做好仲裁工作，凌驾于当事人之上，置身于当事人之外来调解各种利益矛盾。按照司法程序，在经济纠纷调解中，与当事人有关系、特别是有利益关系的司法人员必须回避。根据这一原则，政府不能既作当事人，又作仲裁人。处理好这个问题的根本出路就是转变政府职能，使政府在经济纠纷中处于中立地位，否则，市场经济就会因缺乏应有的公正而变形[①]。其三，市场经济的正常运行以承认和保障经济主体自主经营、自负盈亏为前提，必然相应地要求限制政府的权力。如果政府的权力不受限制，把本来可以依靠社会的力量和法律的手段来解决的问题包揽下来，不仅会导致政府机构臃肿庞大，加重国家财政负担，而且还会降低经济运营效率，滋生官僚主义。

与市场经济相适应的政府应当是有限政府。其一，政府行为只发生在公共领域，而不发生在私人领域，政府不能代替个人处理私人事务。例如，政府不能决定个人的社会交往、投资取向、婚姻选择、宗教信仰与审美偏好；政府不能与公民争夺利益，攫取本属于社会的利益为己有。如果政府进入、干涉这些纯粹属于个人自由的私人领域，就会造成政府权力、

---

① 黄之英编《中国法治之路》，北京大学出版社，2000，第 180 页。

职能和规模的扩张[①]。其二，政府规模并非越大越好，官员数量也并非越多越好。因为政府是不能直接创造财富的，政府在从事公共管理、提供公共物品的同时，必然要以民众的赋税作为代价。政府规模越大，就要越多地从社会提取财富，政府的膨胀必然带来赋税的增加，带来社会负担的加重。正因为如此，市场经济所企求的有限政府应该是受到财政预算刚性约束，具有一定规模限度的政府。其三，有限政府本身不是一个固定不变的单一程式，而是一个发展变化的概念。随着市场经济的发展和科学技术的进步，将会出现许多政府过去没有遇到，而社会又无法自行解决的问题，这就要求扩大政府职能以适应环境的变化。而社会的发展又使得一些原来无法解决的问题迎刃而解，这就要求削减政府职能。因此，要随着环境的变化不断地对政府职能进行适应性调整[②]。

在现实生活中，从来没有也不可能存在不与任何经济发生联系的政治，也没有同任何政治都割断联系的经济，差别仅在于这种联系的表现形式是直接的还是间接的。在自我运行的范围之内，限制政府的作用是市场经济正常运行的必要条件；在自我运行的范围之外，发挥政府的作用同样是市场经济正常运行的必要条件。因为市场无法满足社会对公共产品的需要；市场保证不了社会公正；市场克服不了自身所带来的消极后果；市场保证不了社会经济的稳定发展。市场存在的缺陷，是政府对经济积极作用的依据，是政府存在的理由。党的十九届四中全会指出："完善政府经济调节、市场监管、社会管理、公共服务、生态环境保护等职能，实行政府权责清单制度，厘清政府和市场、政府和社会关系。"[③]在市场经济条件下，

① 学界有一种影响广泛的观点：民主应该被排除在私人生活领域之外，即任何人或任何公共权力都不能以民主的名义或民主的方式侵入私人生活领域。其实，按照民主理念，人的价值、尊严和权利都应受到尊重和保障，在私人生活领域，个人的事情个人负责；在公共生活领域，大家的事情大家做主。只是基于大家的意见不可能完全一致，才实行服从多数、保护少数的原则；只是基于不可能每个人都直接参与公共事务的管理，才实行选举制和代表制，由人民公仆代表人民直接管理公共事务，人民则作为主人对公仆实施监督。在社会主义条件下，民主渗透于社会经济、政治、文化生活的各个领域、各个层面，无论不同的社会领域、社会层面民主的表现形式、作用方式差别多大，其中所体现的民主理念都是一致的，都是对人的价值、尊严和权利的尊重和保障。因此，在现实生活中，公共权力对私人生活领域的干预被视为非法，不是因为民主被排除在私人生活领域之外，而是保障私人生活领域个人平等的自由乃是民主应有之义。

② 杨宏山：《当代中国政治关系》，经济日报出版社，2002，第 284-286 页。

③ 《中共中央关于坚持和完善中国特色社会主义制度 推进国家治理体系和治理能力现代化若干重大问题的决定》，《人民日报》2019 年 11 月 6 日。

政府应履行的基本职能主要有五个方面。一是经济调节，即对社会总需求和总供给进行总量调控，并促进经济结构的调整和优化，保持经济快速协调持续发展。二是市场监管，即依法对市场主体及其行为进行监督和管理，维护公平竞争的市场秩序，形成统一、开放、竞争、有序的现代市场体系。三是社会管理，即通过制定社会政策和法规，依法管理社会事务，规范社会组织，化解社会矛盾，调节社会分配，维护社会公正、社会秩序和社会稳定。四是公共服务，即加强城乡公共设施建设，发展社会就业、社会保障和教育、科技、文化、卫生、体育等公共事业，为社会公众提供优质高效的公共产品和服务。五是生态环境保护，即统筹人口、经济、国土资源、生态环境，构建科学合理的城市建设格局、农业发展格局、生态安全格局和自然岸线格局，促进生产空间集约高效、生活空间宜居适度、生态空间山清水秀，形成先进的生态文化、完善的生态制度、发达的生态经济、适度的生态生活和良好的生态环境，建设生产发展、生活富裕、生态良好的文明社会。所谓政府职能的转变或归位，就是从无所不为的“全能”政府转向为所必为的责任政府。

我国体制改革的取向是促进国家与社会的结构性变革，进而实现经济市场化和政治民主化，而国家与社会的结构性变革又依赖于政府的推动；市场和社会中介组织是政府调节经济和管理社会的主要手段，而市场和社会中介组织的发育又依赖于政府的扶持。这就决定了政府在体制转换过程中扮演着制度设计者、资源调动者、变革推动者、利益协调者等多重角色。正因为如此，实现国家与社会二元化过程，并不意味着政府已成为多余。实现国家与社会二元化的实质是重新置社会以本位地位，重新置社会发展以自然历史过程，政府只能依据社会发展的自然历史过程为社会提供服务，而不能把自己的意志强加于社会，使其偏离这一过程。随着国家与社会、政治与经济的分离，社会既要接受政府转移的那部分权力，又要填补政府在管理上留下的空白，因此，社会自身也需要有一个自行调节、更新、重组自身结构与功能的发育和成熟的过程。这一过程的实质是经济文化的发展过程，市场机制的完善过程，多元利益的形成过程，契约规则的健全过程，主体素质的提高过程，自治能力的增强过程。只有这一过程完成了，国家与社会、政治与经济的二元化才能真正实现，一个自主的、健全的、与国家形成适度平衡和良性互动关系的社会才能真正建立起来。

二、政党与政府

政党是指建立在一定的阶级基础之上，代表一定的阶级、阶层或社会集团的利益，为掌握或影响国家政权，为实现自己的政治纲领和政治目标而奋斗的政治组织。政党制度作为现代国家政治制度的重要组成部分，是指政党执掌、参与或影响国家政权的具体体制和运行机制。它包括两个方面：一是政党与国家政权的关系，二是政党之间的关系。政党为了实现其所代表的阶级或集团的利益，必须参与政治活动，以便支配和影响国家的政治决策。因此，任何政党总是以控制国家政权，取得执政地位，或分享国家政权，取得参政地位为目的的。不同国家的政党制度依其执掌或参与国家政权的政党数目可划分为一党制、两党制、多党制和一党领导多党合作制。不同政党的政治地位依其同国家政权的关系可划分为执政党、参政党和在野党。不同的政治地位为政党发挥作用提供了基础和依据。

在资本主义社会，政党是从议会中衍生出来的，是议会内部派别斗争的产物，它一出现便沿着议会制度的轨道运行。后续的政党大体是先在议会外成立组织，然后通过竞选进入议会，成为议会党团。在那里，政党与议会的关系非常明确：政党在议会内活动。即使议会政治发展成为政党政治，政党成了议会活动的主角，它仍然不能直接向国家机关发号施令。在社会主义国家，国家政权是通过无产阶级政党领导人民进行武装斗争建立起来的。由于党处于领导地位，国家机构是在党的领导下组建的，在我国改革开放前的一个时期内，权力机关首先向党负责，然后才向选民负责；行政机关同样首先向党负责，然后才向权力机关负责。这样，党在国家政治生活中既处于国家权力之上，又处于民主程序之外，既不受任何权力制约，也不受任何法律制约[①]。显然，这是社会主义民主发展的特定历史阶段上的特殊状态，是可以而且必须通过社会主义制度自我完善和发展来加以扬弃的。这种扬弃不是动摇党的领导地位和执政地位，而是“改进党的领导方式和执政方式”[②]。党的领导地位和执政地位不能动摇，党的领导方式和执政方式则可以随着历史条件的改变而改变。

① 李景治等：《邓小平政治体制理论研究》，中国人民大学出版社，1999，第 56 页。

② 《中共中央关于坚持和完善中国特色社会主义制度 推进国家治理体系和治理能力现代化若干重大问题的决定》，《人民日报》2019 年 11 月 6 日。

正确处理政党与政府的关系，首先要认清领导与管理的区别。一是实施对象不同。领导对象是人，管理对象既包括人，也包括物。二是隶属关系不同。领导与被领导的关系不一定都是组织上的隶属关系，而管理与被管理的关系则一定是组织上的隶属关系。三是基本职能不同。政党一端连着民众，只有得到民众的支持和认同，才能生存发展；另一端连着国家，只有掌握国家权力或影响政府体系运转，才有存在价值。领导职能主要是政治性的，在于组织和动员民众，在民众和国家政权之间建立政治沟通机制；在于进行利益表达和整合，通过正常渠道向国家机关提出立法建议和输送领导成员。而管理职能既包括政治性的，也包括经济性、文化性和社会性的，对经济政治文化社会建设实施具体的、全面的调控。四是利益关系不同。领导对象与领导者所代表的利益是一致的，正因为领导者所引导的方向符合其利益，人们才愿意跟着走，成为领导的对象。而作为管理对象的人，有的与管理者所代表的利益相一致，有的则不一致甚至根本对立，但无论什么人，只要处于管理者有权管辖的范围内，都是管理的对象。五是实施手段不同。领导与管理都以服从为前提，但有两种不同的服从：一种是自愿的服从，一种是被迫的服从。对领导的服从只能是自愿的服从，对管理的服从则既包括自愿的服从，又包括被迫的服从。因此，实施领导的手段是说服加引导，实施管理的手段是说服加强制。由此可见，实施领导的手段完全适用于管理，但实施管理的手段却不完全适用于领导。如果运用强制手段，通过发号施令去实施领导，那就意味着把领导变成了管理。

领导与管理的区别决定了党的领导与国家机关的管理之不同。中国共产党是中国特色社会主义事业的领导核心，是全国各族人民的领导核心，当然也是我们国家机关的领导核心。但是，党领导国家并不等于党管理国家，党领导人民也并不等于党管理人民。党除了广大人民的利益之外，没有自己的特殊利益，而广大人民最根本的利益就是使自己成为国家和社会的主人。这就决定了党领导国家政治生活的本质内容，就是组织、引导和支持人民当家作主，行使好管理国家和社会事务的权力。党的根本职能在于确定国家的发展方向和战略目标，形成符合社会发展规律的基本理论、基本路线和基本方略，决定国家机关活动的大政方针，实行宏观调控。党实施领导的主要方式是提出正确的政治主张，并通过法定程序使党的主张变成国家意志；通过强有力的思想政治工作和组织协调工作，通过发挥广大党员的先锋模范作用，动员、组织和带领广大人民为实现党提出的战略目标和路线方针政策而奋斗。因此，党是执政党应理解为党领导人民掌握和运用国家政权的力量来管理国家和社会，而不应理解为党代替人民直接管理国家和社会。执政党的本质仍然是社会政治组织，而不是国家机关，并不能直接对社会和公众发号施令①。所谓党政不分，以党代政，就是党把自己混同于国家机关，包办代替国家机关的工作，直接管理国家和社会事务，以致党的组织国家化、行政化。这种使党陷于各种具体的事务中，处于各种矛盾的焦点上的领导方式和执政方式，既不利于国家机关职能的有效发挥，又不利于党驾驭全局，充分发挥其政治领导作用②。

正确处理政党与政府的关系，其次要认清政党与政府的职能、职权和职责③。一是政党与政府的职能。在我国，党领导国家机关，组织国家机关，执掌和调控国家政权。党的职能主要是为国家机关提出基本理论、基本路线、基本方略，制定发展战略、做出重大决策、推荐重要人选，以指导国家机关的活动。国家机关的职能主要是通过立法、行政、监察和司法活动治理国家，管理社会。党与国家机关是政治上的领导关系，不是组织上的隶属关系，党不能凌驾于国家机关之上，不能包揽国家机关的事务。二是政党与政府的职权。在我国，党对国家机关发挥政治领导作用，掌握国家的领导权；党对国家机关发挥组织保证作用，掌握国家的执政权。国家机关掌握国家的立法权、行政权、监察权和司法权。党的执政权是通过国家机关来体现的，党不能撇开国家机关，直接行使国家的立法权、行政权、监察权和司法权，也不能随意干预国家立法、行政、监察和司法机关的工作。三是政党与政府的职责。在我国，党的主要职责是探索社会发展的客观规律，总结建设和改革的实践经验，提出符合中国国情的路线方针

① 韩灵：《两党制国家与多党制国家政党执政方式之比较》，《河南社会科学》2004 年第 4 期。

② 党组织和政府组织在领导制度上是不同的，党实行集体领导制，各级党委成员都只有一票的权利，在决定重大问题时必须少数服从多数，其核心是民主；而对于各级政府来说，主要是执行国家权力机关的既定决议，其核心是效率。宪法明文规定实行行政首长负责制表明，当政府成员在重大问题上有分歧时，行政首长拥有最后决定权。因此，凡属行政机关和行政首长职权范围内的事，党委都不应干预。否则，宪法规定的行政首长负责制就会形同虚设，政府强有力的工作系统就难以建立起来。

③ 这里所说的政府就是国家进行阶级统治、政治调控和社会管理的机关，它理所当然地包括立法、行政、监察、司法机关在内，因而是指以国家权力机关为主、包括国家行政机关、监察机关和司法机关在内的国家机关这个整体。

政策和政治主张，通过发挥党员的先锋模范作用以及对国家机关的监督保证作用，确保党的路线方针政策和政治主张的贯彻执行。国家机关的主要职责是，通过立法机关使党的主张和人民的意志成为国家法律，通过行政机关执行法律，通过监察机关监督执法，通过司法机关惩治违法。

由此可见，党和国家机关的性质与职能不同，组织形式与工作方式也不同。国家机关是一套公共权力体系，它以国家机器的强制力量为依托，以至高无上的权力和全社会公认代表者的身份，从事经济、政治、军事、外交、文教等各方面的立法、行政、监察和司法活动。党则是由共同的目标和利益聚集起来的、由本阶级先进分子自愿结合起来的政治组织，它依靠共同的理想、严密的组织和自觉的纪律来维系，以执掌政权并通过自己的纲领和主张领导政府为其政治活动的主要内容。党和国家机关都是受人民委托，代表人民领导和管理国家与社会的，但两者在权力体系中执行的职能不同，党主要表达、反映、凝聚和捍卫人民的根本利益，而国家机关则以自己的管理活动具体实现人民的根本利益；党主要制定路线方针政策，而国家机关则在管理国家和社会事务中贯彻党的路线方针政策；党主要通过思想政治工作来影响群众，而国家机关则借助于具有强制力和约束力的国家法律、行政命令来支配、约束人们的行为。党只是人民的一部分，因而不能把党的领导与人民民主等同起来，不能认为实现了党的领导就实现了人民民主。党不是由社会以民主程序自下而上选举产生的组织，不具有向社会和人民群众发号施令的强制权力，不应当代替国家机关使自己成为国家机关的一部分。因此，我们要支持和保证国家政权机关依照宪法法律积极主动、独立负责、协调一致开展工作。要不断加强和改善党的领导，善于使党的主张通过法定程序成为国家意志，善于使党组织推荐的人选通过法定程序成为国家政权机关的领导人员，善于通过国家政权机关实施党对国家和社会的领导[①]。

三、中央与地方

中央与地方的关系，是具有隶属关系的中央与地方国家机关在行使中央权力和地方权力时依照法律或传统所形成的权利义务关系。其核心是以

---

① 习近平：《在庆祝全国人民代表大会成立60周年大会上的讲话》，《人民日报》2014年9月6日。

一定利益关系为基础并体现一定利益关系的权力结构。任何权力的背后都包含着利益的分配与驱动，国家权力也不例外。在通常情况下，中央政府是国家利益的代表者，地方政府是地方利益的代表者。因此，中央与地方的关系实质上是国家利益与地方利益的关系。能否合理配置纵向权力，正确处理各种利益关系，直接关系到国家的政治稳定和社会的协调发展。

合理配置纵向权力结构，首先必须明确中央政府和地方政府的权力来源。在我国现实条件下，中央政府和地方政府的权力都来自人民的授权。中央政府的权力来自全国人民代表大会的授权。地方政府的权力一是来自地方人民代表大会的授权，二是来自中央政府的授权，中央政府的授权是对地方政府既有权力的确认和特定权力的委托。人民通过制定宪法分别设立最高国家权力机关和地方国家权力机关，并把国家权力分别授予中央政府和地方政府。从实际情况看，任何一个像中国这样幅员辽阔、人口众多、各地发展很不平衡的国家，要实现稳定发展都离不开两个条件，这就是中央宏观调控之权与地方因地制宜之权。没有中央宏观调控，国家就会成为一盘散沙；没有地方因地制宜，国家就会失去发展活力。

从我国的实际看，中央与地方的关系主要有以下特点：①结构上的领导与隶属关系。中央政府领导地方政府，地方政府隶属中央政府。地方政府是中央政府的下属机构，其各项权力受中央政府统辖。②职能上的分工与协作关系。中央政府统管全国的事务，其职能具有整体性和普遍性；地方政府主要管理地方上的事务，其职能具有地方性和特殊性。中央政府对国家事务进行宏观决策，地方政府则负责具体实施中央的决策。中央政府对国家事务进行全面管理，地方政府则很少涉及外交和国防事务。中央政府与地方政府之间既相互依存又相互合作。③职权上的集权与分权关系。中央政府同地方政府是一种统一领导、适当分权的关系，即从总体上讲属于集权制，而这种集权制又是以承认地方的一定自主权为前提的[①]。

发挥中央和地方两个积极性，必须合理划分中央政府与地方政府的权力。中央政府与地方政府的权力包括三个方面：一是中央专有权力；二是地方专有权力；三是中央与地方共有权力。与此相适应，事权也可分为三类：一类是由中央政府管理的事项，如国防、外交、安全、金融、海关、省际行政区划以及控制少量关系国计民生和国家安全的大型国有企业、基

① 杨宏山：《当代中国政治关系》，经济日报出版社，2002，第 241 页。

础设施、重要资源等；一类是由地方政府管理的事项，如制定本地区经济社会发展规划，为本地区提供公共产品和服务，举办教育文化卫生事业，维护本地区的社会秩序和安全稳定，调节本地区各方面的分配关系，发展与各地区之间的合作关系等；一类是中央政府与地方政府共管事项，如教育、税收、环境保护、社会保障等方面就需要中央和地方共同负担、通力合作。在此基础上，划清立法、财政、人事权限，实现事权、立法权、财政权、人事权四权统一，并明确各自的责任。凡是宜由中央政府管理的事项由中央政府设置垂直部门统一管理，凡是宜由地方政府管理的事项由地方政府设置相应部门统一管理。

党的十九届四中全会指出：理顺中央和地方权责关系，加强中央宏观事务管理，赋予地方更多自主权[①]。中央政府除负责国防、外交、全国性的事务外，主要负责对国民经济的宏观调控。宏观经济是反映全局的整体的经济活动，因而涉及宏观经济总量平衡和结构调整的权力不能层层分解。宏观经济调控权，包括全国性的产业政策和经济布局、收入分配政策、财税政策、货币的发行、基准利率的确定、汇率的调整和利率的调整，以及涉外经济政策等，必须集中在中央。这是保证经济总量平衡、经济结构优化和全国市场统一所必需的。地方政府作为中央政府的代理和地方利益的代表，其主要职责是在国家宏观调控的框架内，因地制宜地促进本地区经济和社会的发展。具体包括运用计划和市场两种手段引导地方资源优化配置，发挥区域经济优势，促进地区经济发展，统筹规划和组织地区性主要基础设施建设和优势产业发展，促进地区之间经济交流和合作；为本地区内企业的生产经营和正常运行创造良好的外部条件；运用地方资金和其他地方性收入，发展本地区的文化教育和社会保障事业等。

合理划分中央与地方的权力，发挥中央与地方两个积极性，其实质是在国家权力纵向结构上实行分权与制约的体制。所谓国家权力纵向结构实行分权，就是中央所集之权只能是依法应属于中央的权力，而不应是所有的国家权力，中央不应侵犯依法应属于地方的那部分权力。只有实行分权，并通过宪法和法律对属于中央和地方的权力做出明确规定，才能有效防止中央侵犯地方合法权益，才能充分发挥中央与地方两个积极性。所谓

① 《中共中央关于坚持和完善中国特色社会主义制度 推进国家治理体系和治理能力现代化若干重大问题的决定》，《人民日报》2019 年 11 月 6 日。

国家权力纵向结构实行制约，则集中表现为中央与地方权力的相互监督。中央在依法维护地方权力的前提下，应对地方权力进行有效的监督，如撤销地方制定的同宪法和法律相抵触的地方性法规和决议，改变或撤销地方不适当的决定和命令，用经济的方式（即税收返还、定额补助及专项拨款等转移支付的方式）敦促地方改进工作等。与此同时，地方在依法维护中央权威的前提下，应对中央权力进行有效的监督，如有权要求中央尊重地方的合法权益，有权依法决定本行政区域内的重大事项和依法管理本行政区域内的行政工作，中央对此不应加以干涉。

第四章　完善权力合理运行机制

有效的权力制约监督机制，既需要科学的权力配置机制作基础，也需要合理的权力运行机制作保障。权力运行过程，包括决策、执行、监督、协调、控制、保障等环节以及对人、财、物等资源的支配过程。权力运行机制与权力制约监督机制是同一过程的两个方面。因此，设计权力运行机制同时要考虑权力制约监督机制。完善权力合理运行机制，就是使权力运行具有严明的规则、规范的程序、清晰的界限、明确的责任、公开的信息，以便使人民能够有效地驾驭权力。

第一节　严明的规则

法规制度是权力运行的规矩和依据。通过法规制度对权力的等级、界限、效力，行使的规则、程序、责任等做出明确规定，并从体制上保证其有效实施，从而减少权力行使的盲目性和随意性，确保权力运行合理合法，是依法治国的内在规定。其实质是依法为权力划定职责、权限和相互关系，使权力与法律结成一体，在法律范围内运行，从而成为合法的权力。这就要求国家机关必须在宪法和法律授权的范围内活动，并依照宪法和法律管理国家和社会事务，不得与宪法和法律相抵触。国家机关的权力行为必须具有宪法和法律依据，没有宪法和法律授权，不得增加公民的义务，不得剥夺公民的权利。在宪法和法律允许做出自由裁量的场合，其自由裁量不得超出宪法和法律规定的范围与界限。对滥用权力所造成的损害必须依法予以补偿，并追究违法人员的责任。

根据法规制度建设的客观规律和实践经验，使权力运行具有严明的规则必须正确处理以下关系：一是原则与细则的关系。在法规制度建设中，原则与细则密不可分，但从总体上看，短板主要是细则。人的行为总是具体的，如果法规制度疏于空泛、失之抽象，就难以达到规范行为的目的。二是实体与程序的关系。如果说实体规则好比设计图纸，它从静态上约束人的行为，那么程序规则好比工艺流程，它从动态上约束人的行为，两者相辅相成，缺一不可。三是部分与整体的关系。法规制度建设既要重视基本制度又要重视具体制度，既要重视实体规则又要重视程序规则，既要重视单项设计又要重视整体规划，以充分发挥法规制度的整体效能。四是制定与执行的关系。法规制度是一种以行为为调整对象的规范体系，它通过严密的规则、严格的程序和严明的纪律来约束人的行为，因而在设定上要明确惩戒措施，使任何违规行为都将受到应有的制裁。五是稳定与变革的关系。法规制度要由一定的机关、通过一定的程序制定和修改，因而具有较强的稳定性。同时，法规制度还具有较强的时效性，需要根据时代的发展变化，对法规制度进行科学审视，当立则立、需改则改、该废则废，以便最大限度地保持法规制度的生机活力。

从实际情况看，如今我们制定的法规制度不可谓不多，要求不可谓不严，而且几乎每个问题都是三令五申，但现实中存在的突出问题仍未得到根治，其中有两个重要原因：一是法规制度建设注重实体性，忽视程序性；注重单项性，忽视系统性；注重原则性，忽视操作性；注重规范性，忽视实效性。二是有法不依、执法不严、违法不究，甚至徇私舞弊、贪赃枉法。这些问题的存在很大程度上软化了法规制度的刚性，已经成为法规制度建设的短板和瓶颈，客观上要求我们在推进机构、职能、权限、责任法定化的过程中，正确处理原则与细则、实体与程序、部分与整体、制定与执行、稳定与变革的关系，突出针对性、讲究科学性、把握系统性、注重实效性，使各项法规制度在空间上并存，在环节上紧扣，在功能上互补，充分发挥整体效能。同时，对违纪违法者，以谈话警示、书面检讨、通报批评、调离岗位、责令辞职、纪律处分、依法查办等方式予以追究，确保国家机关职权的设定具有法律依据，职权的运用依照法律进行。

第二节　规范的程序

程序就是操作规程和时序。一般来说，权力的合法性意味着权力的正当性[①]。权力的正当性包括这样四层含义：一是权力存在理由的正当性；二是权力主体资格的正当性；三是权力运行程序的正当性；四是权力治理活

① 陈驰等：《宪政文明：全面建设小康社会的必然选择》，法律出版社，2004，第 115 页。

动的正当性。由此可见，程序是体现权力合法性的重要方面。构成程序的基本要素包括行为的步骤和方式以及实现这些步骤和方式的时限和顺序。步骤是实现程序的若干必经阶段，方式是实施行为的方式方法，两者构成程序的空间表现形式。同时，实现程序还需要有一定的时限，需要有一定的顺序。时限和顺序构成程序的时间表现形式。程序就是以步骤、方式、时限、顺序为要素构成的行为过程，是空间形式和时间形式的统一。

民主政治与专制政治最大的区别在于，专制政治是国家主权归君主一人所有，政治决策由君主一人独裁，君主可以随意行使权力，不需任何程序加以约束；民主政治是国家主权归人民所有，人民从事选举、监督、罢免的过程，也是国家权力产生、运作、更迭的过程，这一切都要有相应的民主程序加以规范。在民主政治条件下，权力运行是一种理性的、文明的、有序的活动，必须以法定的、可供遵循的规程和时序为依据。人民的意志只有通过法定程序才能表达和确认，国家的权力只有通过法定程序才能产生和更迭，资源的配置、信息的沟通、失误的纠正、冲突的解决只有通过法定程序才能有效进行和顺利实现。因此，程序具有规范公共权力，维护社会正义的功能。从某种意义上说，法治就是程序之治，依法办事就是依照程序办事。程序是防止权力任性的一大法宝。把权力关进制度的笼子，重在把权力关进程序的笼子①。

如果说实体是内容，程序是形式，那么程序是为实体服务的。同时，程序本身自有其内在的价值。例如，在做出对公民权利不利影响的决定前听取利害关系人的意见，体现了对公民权利的尊重；禁止以任何形式的暴力获取证据，体现了人道主义精神对公民尊严的维护；重大决策做出前听取专家的意见，体现了程序理性的要求；在规定的时限内对公民做出答复，体现了行政效率的诉求等。在实际生活中，实体的公正通常要以程序的公正来保证。在公共项目的实施具有竞争性和选择性的情况下，由于其存在巨大的利益差别，不存在绝对的优先标准，因而仅靠实体规则还不能完全解决腐败问题。此时，程序规则对于防止腐败来说必不可少。这就是说，对于配置公共资源这类公共决策，不应交给某个官员，而应交给某个机构，按照一定的民主投票程序、拍卖招标程序来决定。这样一来，要做

---

① 张文显：《法治的文化内涵——法治中国的文化建构》，《吉林大学社会科学学报》2015 年第 4 期。

成腐败交易就必须买通多数，从而使腐败的成本和风险大大增加。这是民主机制对于腐败的遏制作用之所在[①]。

第三节　清晰的界限

国家权力是一个有机的整体，但在行使国家权力时，必须由一系列国家机关分工执掌国家权力的不同部分，这既便于国家机关在各自的职权范围内独立行使权力，又有利于建立健全有效的权力制约监督机制。因此，国家权力并不是无所不及、无所不包的，国家机构的设置与权限、国家机关的组成与任期、国家管理活动的准则与程序，概由人民或人民代表机关通过宪法和法律严格规定。实践表明，国家权力在不受制约的情况下，将会不断向周边扩展和延伸。在国家权力没有界限的领域不可能存在完整意义上的公民权利和自由，要为公民权利和自由留出足够的活动空间，就必须通过法治对国家权力加以限制和约束。党的十九届四中全会指出：坚持权责法定，明晰权力边界，规范工作流程，强化权力制约[②]。正确认识和把握权力的界限，重在正确认识和把握国家与社会、政党与政府、中央与地方的界限。

国家与社会的界限。改革开放以前，我国实行由国家干预一切、国家支配一切、国家包办一切的高度集权的管理体制。如果从国家与社会的关系来考察，就是经济组织政治化、社会组织国家化，国家把一切经济活动和社会活动都纳入政治的轨道之中，使政治与经济高度融合，以致偌大的国家几乎找不到没有政治隶属关系的组织，更谈不上国家与社会之间的利益分野。这一方面使社会经济组织承担着繁重的政治任务，经济效益难以提高，使国家政治组织承担着繁重的经济任务，机构膨胀难以控制；另一方面使社会的自主意识和创造精神受到压抑，生机活力难以勃发，使国家的政治管理活动失去制约，重大失误难以避免。随着市场经济的发展和改革开放的深入，上述情况有了根本改观，但政府管理仍存在一些不适应市场经济发展要求的问题，如政府职能转变不到位，政企不分、政资不分、

---

① 王明高等：《中国新世纪惩治腐败对策研究》，湖南人民出版社，2002，第 211-212 页。

② 《中共中央关于坚持和完善中国特色社会主义制度 推进国家治理体系和治理能力现代化若干重大问题的决定》，《人民日报》2019 年 11 月 6 日。

政事不分、政社不分的问题仍比较突出；政府机关管事过多，办事手续失之烦琐；政府管理缺位与越位并存。改革政府管理体制、转变政府管理职能，就是从无所不为的全能政府转向为所必为的责任政府，实行政企分开、政资分开、政事分开、政社分开，使政府从微观事务的干预中、从要素资源的配置中解脱出来，把生产经营权交给企业，把资源配置权交给市场，把专业性服务交给社会；凡是企业能够自主解决的，市场能够自行调节的，行业组织或中介机构能够自我管理的问题，政府就不应通过行政手段加以干预；严格按照市场规律办事，严格约束职权行使界限，切实把政府的职能转到经济调节、市场监管、社会治理、公共服务、生态环境保护上来；不该政府管的事不能越位，该政府机关管的事不能缺位，在把该管的事管好的前提下，办事手续越简单越好。

政党与政府的界限。政党与政府之间具有不同的职能、不同的职责和不同的职权，同时又存在着密切的联系，政党要领导、组织、参与和调控政府，同时，政府又要通过立法、执法和司法规范、限制、约束和监督政党。科学界定执政党与国家机关的职能、职责和职权，在党与立法、行政、监察、司法等国家机关之间合理配置权力，目的在于从制度上法律上保证党对国家机关依法实行政治领导，保证国家机关依法行使各自的职权，使任何组织、任何机构、任何个人都没有绝对的权力，任何权力都要受到制约监督[①]。习近平总书记指出："人民代表大会制度是坚持党的领导、人民当家作主、依法治国有机统一的根本政治制度安排，必须长期坚持、不断完善。"[②]"要支持和保证人民通过人民代表大会行使国家权

---

① 在处理党政关系上，苏共的教训十分深刻。由于权力过度集中，在确认国家政治生活中存在着党组织和国家组织两个相对独立的权力系统时，没有规范作为执政党的共产党通过什么渠道和方式来领导国家政权。这样，共产党的领导职能逐步取代国家机构的管理职能，使国家机构的权力逐渐向党组织集中，以至于形成了党组织国家化、国家组织形式化的局面。列宁时期，党政机关的分工比较明确，党中央只设政治局、组织局和书记处，掌握政治决策权和人事调配权。到斯大林时期，苏共中央设立了与行政机关相对应的部门。制定国民经济发展计划本来是国家政权机关的职责，却由苏共中央政治局包揽了。赫鲁晓夫时期，自上而下建立了工业党和农业党，使以党代政的现象更为严重。勃列日涅夫执政后，党中央设的部有增无减，比斯大林时期多出一倍，而且有些部的名称也与政府部门相同。党的组织混同于国家政权组织，包办代替国家政权机关的工作，直接管理国家和社会事务。从表面上看，好像是加强党对国家的领导，实际上是以削弱党的领导为代价的。

② 习近平：《决胜全面建成小康社会　夺取新时代中国特色社会主义伟大胜利》，《人民日报》2017年10月28日。

力。"[①]"支持和保证人大依法行使立法权、监督权、决定权、任免权。"[②]从我国实际看，正确认识和把握政党与政府的界限，关键在于正确认识和把握党与国家权力机关的界限。①党是国家的领导核心。通过人民代表大会把党的主张变成国家意志，是实现党对国家政治领导的根本途径。党依照法定程序，通过选举进入国家权力机关，并通过国家权力机关使其主张和决策转化为全体人民共同遵行的法律或决定，使其推荐的人选步入国家机关的重要岗位。②切实保证人大对国家重大事务的决策权。在同级国家机关中，只有人大的决策才是最高决策。对人大做出的决定，除了上级人大有权否决和撤销外，党委可以提出意见建议，但无权否决和撤销。党组织做出的决策，凡是要求全体人民共同遵行的，属于人大职权范围内的，应作为建议提交人大决定。只有人大按照法定程序审议、修改、通过后，才能变为国家意志，对全社会产生普遍的约束力。③切实保证人大对国家行政机关、监察机关和司法机关负责人员的任免权。对于行政机关、监察机关和司法机关的负责人员，党委可以推荐候选人，也可以向人大提出任免建议，但必须由人大决定任免。凡属人大任命的人员，党委既无权罢免，也无权调离。如果党委认为行政机关、监察机关和司法机关的人员需要调整，可以向人大提出调整建议，但必须经过人大认可方能付诸实施。④切实保证人大行使对行政机关、监察机关和司法机关的监督权。党与行政、监察、司法机关的关系不是组织上的隶属关系，既不能取代人大向行政、监察、司法机关下达指令，也不能取代人大否决和改变行政、监察、司法机关做出的决定。概言之，党必须对人大实行政治领导，党不包办人大工作，党带头遵守人大制定的法律和决议，党也应接受人大的法律监督[③]。

中央与地方的界限。发达国家在权力纵向配置方面，无论联邦制还是单一制国家，中央与地方权力都存在一个基本框架，即将权力依法分为中央专有、地方专有和中央与地方共有权力的基本模式[④]。发达国家在处理中央与地方关系问题上，一般都以法律的形式予以确定，这些法律详细地规

① 习近平：《决胜全面建成小康社会 夺取新时代中国特色社会主义伟大胜利》，《人民日报》2017年10月28日。

② 习近平：《决胜全面建成小康社会 夺取新时代中国特色社会主义伟大胜利》，《人民日报》2017年10月28日。

③ 浦兴祖主编《中华人民共和国政治制度》，上海人民出版社，1999，第82页。

④ 石佑启、陈咏梅：《法治视野下行政权力合理配置研究》，人民出版社，2016，第5页。

定了中央与地方的权限，使中央与地方政府的行为有法可依。根据我国的实际，在科学划分中央与地方职责权限的基础上，以现行宪法为依据制定中央与地方关系法，使中央与地方在法治基础上形成新型的权利义务关系，变中央与地方政府的行政分权为法律分权，这是建设法治国家的内在要求。法律分权具体包括以下内容：明确规定哪些权力为中央所专有，哪些权力为地方所专有，哪些权力为中央和地方所共有。中央所专有的权力，地方不得分享或越权；地方所专有的权力，中央不得干预或替代；中央和地方共有的权力，中央和地方都不得独享。改变单纯以行政手段调节中央和地方关系的做法，中央对地方采取的任何调控手段都要有法律依据，从而使中央政府与地方政府的关系，不再是单纯的行政隶属关系，而是具有一定契约关系的性质①。同时，中央与地方各自拥有的权力与各自承担的责任相匹配。中央的权力和责任与地方的权力和责任之间有一个合理的边界和比例，彼此既不能承担无限的责任，也不能享有无限的权力，中央政府与地方政府的权力都要受到一定的限制②。中央政府集权的底线是：不得侵犯和剥夺地方的自主权，不得侵犯和剥夺社会团体、企事业单位和公民的合法权益。地方政府分权的底线是：不得危及国家的统一、主权与领土完整，不得损害国家统一的政治法律制度。

第四节　明确的责任

权力关系本质上是一种责任关系。掌权者拥有什么权力，就意味着必须承担什么责任；拥有多大的权力，就意味着必须承担多大的责任。这就是权责一致原则。公共权力是为实现和维护公共利益而设定的，它的存在本身就意味着一种责任。换言之，当一个人被授予了权力，同时也就被赋予了责任。由于权力与责任如影随形，因而无论何种权力主体，只要启动了权力，就应当承担相应的责任③。如果掌权者享有权力却又不需对权力行为的后果负责，那实际上就等于助长权力滥用。

---

① 颜廷锐等：《中国行政体制改革问题报告：问题·现状·挑战·对策》，中国发展出版社，2004，第 262-264 页。

② 叶庆丰、刘春、刘永高：《政治文明建设论》，江西高校出版社，2003，第 134 页。

③ 孙笑侠：《法治国家及其政治构造》，《法学研究》1998 年第 1 期。

民主政治作为一种责任政治，不仅为公职人员的权力提供了合法性依据，而且为公职人员的行为设定了规范性责任。责任作为一个政治概念，具有双重含义：一是指本职范围内的事。公职人员必须自觉履行宪法和法律明确规定的各项职责。这是一种主动责任，公职人员如果没有履行这种职责，即是违法。公职人员必须对公民的正当诉求做出及时回应。这是一种被动责任，公职人员如果没有对公民的正当诉求做出及时回应，即是失职[①]。二是指没有做好本职范围内的事而应承担过失的责任。公职人员对权力的不当行使或疏于行使，违反法律法规，侵犯公民的合法权益，必须承担相应的否定性后果，其中包括道德责任、政治责任和法律责任。

在权力运行过程中，权力与责任存在着明显的差异：权力的倾向是扩张性的，而责任的倾向是收缩性的；权力相对于掌权者是主动的，而责任相对于掌权者是被动的。因此，要保证权责一致，就必须实行问责制。党的十九届四中全会决定提出："坚持权责统一，盯紧权力运行各个环节，完善发现问题、纠正偏差、精准问责有效机制，压减权力设租寻租空间。"[②] 问责制是国家机关工作人员未履行自己的职责或者在履行自己职责的过程中滥用权力、违反规定的职责和义务时，由特定主体追究其责任，令其承担某种后果的一种责任追究制度。包括决策问责、绩效问责、廉洁问责等。其特点是谁的责任谁承担，重点追究负有直接领导责任者的责任；其要旨是赏罚分明，通过强化问责，唤醒责任意识，激励担当精神，倒逼责任落实；其原则是坚持公开透明，坚持权力与责任对应对等，坚持政治和道义层面的问责与法律和纪律层面的问责互相衔接；其举措是以立法的形式细化党政领导干部的权责，不仅列出明细的权力清单，同时开出明确的责任清单，以此将问责主体、问责对象、问责类别以及问责方式等纳入法治化轨道。

在我国政治生活中，问责制还刚刚起步，还存在许多有待改进的问题。例如，缺乏违规即追究、失职即问责的内在驱动机制，许多问责事件都是在出现重大事故和恶劣影响后才予以追究的；由于岗位责任制不完善，对集体责任和个人责任没有明确的区分，问责制尚未引入决策失误、

① 黄卫平、汪永成主编《当代中国政治研究报告III》，社会科学文献出版社，2004，第18-19页。

② 《中共中央关于坚持和完善中国特色社会主义制度 推进国家治理体系和治理能力现代化若干重大问题的决定》，《人民日报》2019年11月6日。

用人失察等领域；一些官员在被问责辞职后，很快就异地上岗，使问责成为一种变相保护。从问责制实施情况看，追究下层责任多，追究上层责任少；追究直接责任多，追究领导责任少；追究副职责任多，追究正职责任少；追究个人责任多，追究集体责任少；追究执行责任多，追究决策责任少；追究政务责任多，追究党务责任少。在问责过程中，问责主体高举轻放、罚过失当有之；问责对象谨小慎微、无所作为有之。为了充分发挥问责制的作用，不仅在行政官员中问责，在掌握其他公共权力的官员中也要问责；不仅对直接责任者问责，对负有领导责任者也要问责；不仅问责于重大案件、重大事故，也问责于决策失误、用人失察；不仅向污染环境、浪费资源者问责，也向碌碌无为、无所事事者问责。鉴此，要依法规范问责主体和对象、权限和依据、事项和类别、程序和方式，切实解决由谁问、向谁问、问什么、怎么问等问题，着力构建结构完善、运转协调、执行有力、权责明晰的问责机制和环环相扣的问责程序，确保问责不走样、不变通、不随意、不泛化，避免简单处置、一问了之，切实增强问责的严肃性和实效性①。

第五节　公开的信息

确保权力合理行使，必须让权力信息公开。这是防止权力失控、决策失误、行为失范的有效途径。权力信息公开，就是依法公开国家的政治事务和施政活动，使之置于广大人民的广泛关注之下。其主要包括三个方面：一是国家政务公开，即国家机关制定法律、设置机构、分配权力、安排人事等事务向人民公开；二是国家决策公开，即国家在做出重大决策前，对于决策的目标、实现目标的可行性方案、各方案在成本收益方面的优劣比较向人民公开；三是国家人格公开，即接受人民委托行使国家权力的公职人员的职责权限、法律依据、办事程序、工作时限等施政活动向人民公开。与此同时，完善党务、政务、法务和各领域办事公开制度，扩大公开范围，创新公开形式，深化公开内容，健全公开制度，凡是群众普遍关注的事项、涉及群众切身利益的事项、容易发生腐败问题的事项，都要

---

① 2019 年 9 月颁布的《中国共产党问责条例》，规范和强化了党的问责工作，对于由谁问、向谁问、问什么、怎么问的问题做出详尽具体的规定，具有很强的指导性和操作性。

做到及时公开。

党的十九届四中全会《决定》提出："坚持权责透明，推动用权公开，完善党务、政务、司法和各领域办事公开制度。"[①] 党务公开关乎党务工作的透明度以及党员的知情权。目前党务公开的程度不够，党员对党内事务知情不多、参与很少、监督有限，党员的知情权、参与权、选择权、监督权往往被虚置。其中知情权是党员的一项基本权利，是党员行使其他各项权利的基础。如果这一权利得不到保障，那么党员的参与权、选择权、监督权就无法正常行使。保障党员知情权的基本途径就是破除党务神秘化，增强党务透明度，使之置于党员的广泛关注之下。各级党组织应公开党内办事规则和决策程序，运用会议、文件、媒体等形式，及时向党员通报党代表大会的决议、党组织对重大问题的决策，不断扩大党员了解和参与党内事务的途径。应建立健全上下沟通机制，积极疏通和拓宽党内下情上达和上情下达的渠道，保证党组织和党员的意见能够及时、准确地反映到上级党组织中来。应规范先党内、后党外的做法，坚持重大事项党内先知道，重大问题党内先讨论，重大决策党内先传达，重大任务党内先发动，为党员主体作用的充分发挥提供多维的信息平台和参与空间。党务公开对于政务、法务公开具有导向性、示范性作用，党务公开的发展程度直接影响政务、法务公开的发展程度。因此，要以党务公开为先导，促进政务、法务公开，推动厂务、村务、居务公开，并完善各领域办事公开制度。

让权力在阳光下运行是建设廉洁政府的重要条件。2007 年国务院公布了《政府信息公开条例》，按照以公开为原则、保密为例外的精神，对政府信息公开的范围和主体、方式和程序、监督和保障等做出明确规定，除涉及国家秘密和依法受到保护的商业秘密及个人隐私等事项外，其余一切行政信息都被纳入公开之列，从而使政府机关与公众利益密切相关的立法活动、政策制定、财政预算、公共开支以及工作规则、办事程序、审批条件、收费标准等行政信息如实公布于众，重点公开财政预算、公共资源配置、重大建设项目实施、社会公益事业建设等信息，使行政机关在办事权限公开、办事依据公开、办事过程公开、办事结果公开的基础上，能够接受人民群众的有效监督。2015 年国务院办公厅印发政府信息公开工作要

---

① 《中共中央关于坚持和完善中国特色社会主义制度 推进国家治理体系和治理能力现代化若干重大问题的决定》，《人民日报》2019 年 11 月 6 日。

点，要求各级政府和部门推进行政权力清单公开、财政资金信息公开、公共资源配置信息公开、重大建设项目信息公开、公共服务信息公开、国有企业信息公开、环境保护信息公开、食品药品安全信息公开、社会组织和中介机构信息公开。党的十八大以来，在职能转变、作风转变等一系列举措的推动下，我国在打造透明政府上全面提速：各级政府加大行政审批、行政许可、行政处罚等信息公开力度，“阳光行政”越来越成为一种新气象；各级政府预算决算、部门预算决算、财政审计结果和整改等公开力度逐步加大，阳光财政越来越成为一种新规矩；各级政府通过各种媒体及时、全面、准确发布政务信息，“阳光问政”越来越成为一种新趋势。这既保障了人民群众的知情权、参与权和监督权，又在一定程度上遏制了行政权力的滥用，标志着政府工作迈向信息开放的新时代。

公开权力信息对于司法机关来说，就是严格履行宪法和法律规定的公开审判职责，坚持以公开促公正、以透明保廉洁，建立审判流程公开、裁判文书公开、执行信息公开平台，为推进司法公开创造条件；通过司法公开，有效遏制司法不公、司法腐败等问题，确保司法公正、廉洁、高效。从实际情况看，司法制度很多，但最根本的是两个：一个是独立审判制度，一个是公开审判制度。所谓独立审判，是指审判活动依法独立进行，不受任何干涉。所谓公开审判，是指审判活动除涉及国家秘密、个人隐私和未成年人犯罪的案件之外，一律公开进行。正因为这两个司法制度具有根本性，才成为我国司法活动的两个基本原则。没有独立，审判活动受到人情、关系、金钱的干扰，就不可能有司法公正；没有公开，司法活动秘密进行，不受社会监督，也不可能有司法公正。因此，独立与公开是对立统一的关系。独立就是不受干扰，但不是独断专行、恣意妄为，为此就必须公开审判，使独立的司法活动接受社会的监督。没有监督的司法必定是专横的司法，而司法专横与司法腐败有着天然的联系，例如，对案件受理或不受理以是否有利可图为标准，案件如何裁判以当事人送礼的多少为标准，判案快慢以关系远近为标准。司法的运行一旦走上了利益驱动的轨道，就注定要走向腐败。为了使社会能够监督审判，必须实行公开审判制度，让所有的审判活动都在众目睽睽之下进行，防止暗箱操作。为了使公开审判不走过场，要实行审判的全程公开，从立案到审理，从听证到认证，从判决到文书都要公开[①]。由此将法院的审判活动置于当事人、律师和公众的监督之下，以法官展现在当事人、律师和公众面前的形象以及公正的裁判结果，赢得社会对司法的信任。

① 公开审判包括四个方面的内容：一是适用的法律公开。对于程序主体而言，公开的法律是其规划行为、预见结果的依据；对于程序主持者以及审判者而言，公开的法律是其行动的指南和裁判的依据；对于程序过程而言，公开的法律是整个程序透明、公正的规格和标准。二是案件的信息公开。法院在开庭前应公告案由以及开庭时间、地点等。三是审理的过程公开。除法律规定不公开审理的案件以外，所有案件都应公开审理，允许公众旁听和新闻媒体报道。四是审判的结果公开。即无论案件是否公开审理，裁判的结果都应公开宣告。

第五章　完善权力有效制约机制

我国现行权力制约监督机制依然存在诸多问题，主要表现为权力配置不科学、权力运行不规范、权力责任不明确、权力信息不透明、权力监督不周延、权力制约不到位。针对这些问题，坚持以权利制约权力、以法律制约权力、以权力制约权力、以责任制约权力等多种模式综合运用，实现由着力治标向着力治本转变，由注重遏制向注重防范转变，由单项治理向综合治理转变，由外部监督向内部制约转变，使制约和监督相互补充并形成合力，是完善权力制约监督机制的必然抉择。

第一节　以权利制约权力

公民权利是公共权力的来源和基础，对于公共权力的根本制约来自公民权利。在间接民主的条件下，人民当家作主并不意味着人民实际管理国家和社会事务，而在于人民对管理国家和社会事务的公共权力的控制，这种控制是通过行使公民权利实现的。广大人民作为国家的主人既广泛地享有公民权利，又牢牢地掌握国家权力，这决定了人民有权选举自己的公仆，有权监督自己的公仆，有权罢免那些不称职、不胜任的公仆；决定了任何公仆，无论地位多高、权力多大，都必须服从人民的意志，维护人民的利益；一旦违背了人民的意志，损害了人民的利益，就要受到应有的追究，承担相应的责任。以权利制约权力，就是以公民的选举罢免权、批评建议权、检举揭发权等公民权利制约国家权力。这种制约是通过权力的委托、权力的控制、权力的收回这些环节实现的。

一、权利委托权力

权力的委托即人民运用自己手中所掌握的选举权来推举人民中间的优秀分子代表人民行使国家的管理权。它是人民按照自己的意志、法定的程序、自由平等的原则选举人民代表和国家公职人员的行为。从世界各国的情况看，选举主要有两大类：一是议会议员的选举，二是行政官员的选举。凡是根据选民投票来确定最终结果的选举，就是直接选举；凡是选民投票不能产生最终结果的选举，就是间接选举。选举的实质是人民交出自己的部分权力，并把它转移到自己所信任的代表手里，以委托他们直接管理国家和社会事务。“选举在民主政治中是国家权力运作的启动开关。”[①] 只有通过选举，公职人员才能获得合法掌权的资格。在我国，人民代表大会和其他国家机关之所以可以代表人民直接行使国家权力，原因就在于唯有人民代表大会直接获得了人民的权力委托，唯有其他国家机关间接获得了人民的权力委托。

按照政治学原理，权力来自谁就向谁负责。权力授受关系一旦发生颠倒，权力行为就会出现错位。在实行任命制的条件下，掌权者的命运掌握在其上司的手里，自然首先要对其上司负责；在实行选举制的条件下，掌权者的命运掌握在选民的手里，自然首先要对选民负责。因此，只有从解决制度问题着手，变任命制为选举制，对谁负责、为谁服务的问题才能得到根本解决。经验表明：用任命制取代选举制，就会在一定程度上割断人民控制自己政治代表的现实纽带，使人民的权力摆脱人民的制约监督。而公职人员的选举权一旦从人民的手中失落，某些公职人员对人民权威的敬意和服从就会变为对上司的敬畏和顺从，对党负责和对人民负责的一致性，就会变为对上司的躬亲和对人民的冷漠。因此，应严格限定任命制的范围，对于那些具体执行政治决策，专门从事国家公共事务的管理，以实现国家意志的官员，由于其从事的工作具有很强的技术性和专业性，故可以通过公开考试、平等竞争、择优录用的方式即选拔的方式产生；而对于负责制定国家内外大政方针，组织实施经济和社会发展战略，体现和代表人民意志的官员，由于其从事的工作具有很强的政治性和政策性，故必须通过民意表达的方式即选举的方式产生。

由于人民的权力归根到底是由人民代表直接行使的，人民代表政治素质高低、品德优劣、能力强弱直接关系到人民的权力能否得到正确有效的行使。因此，为了提高人民代表的政治素质和管理能力，在坚持德才标准的前提下，有条件地把竞争机制引入我国的选举制度是大有必要的。其

① 张文显主编《政治与法治：中国政治体制改革与法制建设的理论思考》，吉林大学出版社，1994，第198页。

一，竞选有利于保证选出的代表具有充分的代表性。一般来说，选举必须具备两个条件：选举人自主选择和候选人自由竞争。简言之就是差额和竞选。差额选举比等额选举优越，最根本的一条就在于差额选举给选民提供了自主选择的可能性。但如果不开展竞选，即使实行差额选举，也难以保证选民充分行使自主选择的权利。如果说实行差额选举可以革除选民无可选择的弊病的话，那么开展竞选则可以解决选民无从选择的难题。因此，只有把差额同竞选结合起来，才能保证选出的人民代表具有充分的代表性和坚实的民意基础。其二，竞选有利于提高人民代表的素质。通过竞选，人民代表候选人在选民和选举单位面前公开自己的政治观点、参政能力以及当选后的工作设想，回答选民的提问，倾听选民的呼声，这将使选民和选举单位在对候选人德才状况充分了解的基础上进行比较选择，举优汰劣，从而保证把最优秀的人才推选出来。其三，竞选有利于选民和选举单位对当选代表的监督。当选代表在竞选过程中对选民和选举单位所作的承诺和保证，将成为衡量其日后工作的参照标准，成为选民和选举单位对其进行监督的重要依据。如果代表的言行违背了自己的承诺，选民和选举单位就有充足的理由和依据，依照法定程序将其罢免。我国现行选举法规定，全国和地方各级人民代表大会的选举一律实行差额选举，这在客观上为代表候选人的竞选活动提供了依据和可能。因为只有实行差额选举，才会有竞争对手，才会有当选者和落选者，才会有名副其实的竞选①。

二、权利控制权力

权力的控制即人民运用自己手中所掌握的监督权来调控人民公仆在政治舞台上的活动，以确保权力运行的取向朝着人民复归。其实质是公民运用宪法和法律赋予的权利，对国家机关及其工作人员的权力进行监察和督促。按照我国宪法规定，我们国家的一切权力属于人民，党政机关领导干部的权力来自人民，其与人民的关系既是公仆与主人的关系，也是受托与

① 2016年，广东县乡人大换届选举工作涉及县级政权117个，乡级政权1100多个，直接选举产生11万多名县乡两级人大代表，在此基础上依法产生新一届县乡两级国家机关工作人员。在县乡两级人大换届选举中，广东省组织人大代表候选人与选民见面会成为一大亮点。通过见面会这种形式，让选民更好地了解人大代表候选人的情况，激发广大选民切实行使当家作主权利，积极参加选举投票。同时，见面会也让人大代表候选人在交流中更好地倾听选民意见，增强代表候选人对选民负责、受选民监督的意识，推动人大代表候选人在当选后更好地履职。

委托的关系，因而其全部工作都要接受人民的制约监督。在实际生活中，人民委托的只是国家权力的行使权，而人民始终保留着国家权力的所有权。正因为如此，人民可以凭借国家权力所有者的身份，关注自己的国家权力行使状况，并利用各种有效手段支配掌权者的行为，以便“使人民的代表真正服从人民”[①]。因此，由人民委托的权力，应同时成为受人民控制的权力；人民委托权力的机制，应同时成为人民控制权力的机制。如果说人民通过选举将多数人的意志转化为少数人的权威的话，那么人民又通过监督，继续保持多数人的意志对少数人的权威的经常性调控。

从我国国家权力机关对行政机关的监督看，其主要内容和形式有：一是制定宪法和法律，明确规定行政机构的设置、行政职权的范围、行政活动的原则，使国家行政活动在宪法和法律范围内进行。二是审议政府工作报告，审批国民经济和社会发展规划以及国家财政预算和决算。三是通过调查、质询、批评、建议等形式，对国家行政活动进行监督，敦促国家行政机关工作人员严格依法办事。四是加强对宪法和法律实施情况的监督，依法撤销国家行政机关制定的同宪法和法律相抵触的行政法规以及决议、决定或命令。五是受理公民的申诉和控告，有效保障公民的合法权益。国家权力机关若发现行政机关存在有法不依、执法不严等问题，可对其领导人提出质询，并将有关情况公布于众，造成强大的舆论压力，促使其改进工作；若发现行政机关存在严重违法失职渎职等行为，可立案并成立特别调查委员会进行调查，并根据调查结果追究有关领导人员的法律责任。其中，对国民经济和社会发展规划以及国家财政预算的审批都是在行政机关实施以前完成的，属于事前监督；对行政机关的日常工作进行调查、质询、批评、建议，属于事中监督；对行政机关执行权力机关的决议、决定情况的审议只有在实施以后才能进行，属于事后监督。把事前监督、事中监督、事后监督衔接起来，使之覆盖行政权力运行的全过程，有利于加强调控，堵塞漏洞，确保行政权力运行自始至终清正廉洁、协同高效。

三、权利收回权力

权力的收回即人民依法运用自己手中所掌握的罢免权来对那些违反宪

---

① 《列宁全集》第33卷，人民出版社，1985，第102页。

法和法律，不称职、不胜任的公职人员在其任期届满前将其罢免。这是人民和人民代表机关对人民代表和政府官员所实施的一种制裁措施，是公职人员承担自己行为责任的一种强制形式。其实质是人民牢牢掌握决定公仆政治命运的权力，并剥夺那些不称职、不胜任的公仆作为其政治代表的资格。实践表明，人民享有罢免权，即享有决定掌权者政治命运的权力，是保证国家机关工作人员依法办事、尽职尽责，防止以权谋私、徇私枉法的一种最有力的制约手段。在实际生活中，人民之所以能够控制权力，掌权者之所以敬畏人民，就在于人民可以剥夺掌权者的权力。这正如一只风筝，无论飞得多么高，其控制线始终掌握在人民手中。如果离开了罢免权，只停留于一般的检查和道义上的谴责，监督就失去了应有的权威性，就失去了应有的威慑力。

从民主机制的运行过程看，选举权、监督权和罢免权是一个不可分割的有机整体，罢免权实际上是选举权和监督权的自然延伸，是对选举权的一种保护，是对监督权的一种强化。它赋予选民以重新选择的权利，是选民对选举结果重新审视的重要途径。目前在国家机关及其工作人员中，还存在着许多滥用权力的现象，其中包括搞特权，争地位，只求做官不办实事的错位行为；凌驾于领导集体之上，独自决定重大问题的专断行为；运用公共权力谋取私人利益的腐败行为；权力的行使超越法定权限或法定范围的越权行为；以不作为的方式消极地对待法定权力的失职行为等等。这些问题表现各异，但有一个共同的特征，就是违背人民授权的初衷，从根本上损害了人民的利益，因而有必要对由此造成严重后果的相关人员启动罢免程序予以追究。如果说选举是选民对公共权力进行事先制约的手段，那么罢免则是选民对公共权力进行事后矫正的手段。

第二节　以法律制约权力

法律是权力运行的规矩和依据。与思想作风相比，法律内容具体，形式统一，规定明确，表述严谨，对于必须做什么、可以做什么、禁止做什么都有明确的规定，便于人们以此为据调整自己的行为。党的十九届四中全会指出：“推进机构、职能、权限、程序、责任法定化，使政府机构设置更加科学、职能更加优化、权责更加协同。”[①] 以法律制约权力，就是以国家宪法和法律制约国家权力。通过宪法和法律对权力的等级、界限、效力，行使的程序、规则、责任等做出明确规定，确保各项权力都在法治的轨道上合理运行。其实质是依法为权力划定职责、权限和相互关系，使权力与法律结成一体，由法律支配，在法律范围内行使，从而成为合法的权力。

一、权力行使的主体合法

权力行使的主体合法，要求国家权力的主体由法律设定或由权威机关依法授予，实施权力行为的机关必须具有相应的主体资格，能以自己的名义独立承担法律责任。只有具备权力主体资格的机关实施的权力行为才是合法有效的。在现实生活中，从法律意义上非法攫取权力的事情已经十分罕见了，但从政治意义上非法攫取权力的事情却是司空见惯。有的人投机取巧，欺上瞒下，骗取信任，攫取权力；有的人权钱交易，买官卖官，频频得手，攫取权力；有的人在取得权位以后，以权谋私、贪污受贿，道德败坏、腐化堕落，失职渎职、无所作为，已经与党和人民离心离德，虽然手中掌握重权，但在政治实质上已经失去了合法性。因此，对于主体合法问题，不能仅仅从法律意义上理解，还必须从政治意义上把握。

法律之所以能够有效地约束权力，是因为它具有两个显著特征：一是法的普遍性，二是法的至上性。法的普遍性要求任何权力都要受到法律约束，任何权力都要纳入法律的轨道。这就需要有完备的法律。但仅有完备的法律还不足以实现对权力的有效制约，因为它会遇到各种各样的挑战，包括来自权力的挑战。为了使法律在各种挑战面前仍然能够得以贯彻，就必须以法的至上性来保证。在法与权的关系中，法是人民意志的凝结，体现和象征着主权，与主权是同一的。因此，法与权的关系实际上是权与权的关系。在这两个权中，既然一个代表主权，另一个必定代表治权。这样，法与权的关系就可以转换成主权与治权的关系。在这里法与权哪个大、哪个小便一目了然了。因此，法律离不开权力，但法律优位于权力，当法律与权力发生矛盾时，权力必须服从法律。法的至上性要求任何政党

① 《中共中央关于坚持和完善中国特色社会主义制度 推进国家治理体系和治理能力现代化若干重大问题的决定》，《人民日报》2019 年 11 月 6 日。

组织、国家机关、社会团体和公民个人都不得凌驾于法律之上，任何政党组织、国家机关、社会团体和公民个人违犯法律都要受到应有的追究。

二、权力行使的内容合法

法治国家的一条公理，就是对公民来说，法无禁止即可为；对国家机关来说，法无授权不可为。这就要求权力行为所涉及公众的权利、义务以及对这些权利、义务的影响或处理，均应符合法律规定和公共利益，未经法律授权，不得擅自行权。法律为各种权力设定了界限，权力行使必须具有法律依据，在法定的职权范围内运行；权力行为的做出必须具备法律规定的事实理由，没有事实理由的权力行为同样是无效的。权力行使的内容合法不仅是对国家权力机关、行政机关、司法机关的要求，也是对国家监察机关的要求。国家监察机关必须始终坚持依法依纪查办腐败案件，做到事实清楚、证据确凿、定性准确、处理恰当、手续完备、程序合法。严格规范举报、受理、初核、立案、调查、审理、处分、执行、案件监督管理等各个环节，坚持文明规范办案，保障被调查人员的人身权、财产权、辩护权、申诉权和知情权等合法权益。

由于我国幅员辽阔，各地情况千差万别，法律法规的规定不可能穷尽一切可能。因此，任何行政部门都具有一定的自由裁量权。行政自由裁量权是指行政主体在法律事实要件确定的情况下，在法律授权范围内，依据公正合理原则，自行判断行为条件、自行选择行为方式、自行做出行政决定的权力。换言之，行政自由裁量权是国家赋予行政机关在法律规定的幅度和范围内所享有的一定选择余地的权力处置。其实质是行政主体依据一定的制度标准和价值取向进行行为选择的过程。行政自由裁量权是行政权力的重要组成部分，是行政主体提高行政效率所必需的权限，也是现代行政管理的内在要求。为了规范行政自由裁量权，明晰行政许可、行政处罚、行政强制、行政征收、行政检查等执法行为裁量标准，行政主体应以规范性文件的形式对本部门执行的法律、法规、规章规定具有裁量幅度的各种执法行为的裁量范围、种类、标准、条件、方式、时限予以合理细化量化，促使模糊规定明确化、宽泛幅度具体化、执法标准客观化，以此规范行政裁量行为，从根本上消除人为因素造成的自由裁量的随意性，确保行政裁量的公平公正。

法律之所以能够制约权力，使权力行使的内容合法，是由法律规范的特征决定的。法律规范由行为模式和法律后果两个部分构成。行为模式是指法律为人们的行为所提供的标准，通常分为三种情况：可以这样行为，称为授权性规范；必须这样行为，称为命令性规范；不许这样行为，称为禁止性规范。法律后果是指人们具有法律意义的行为在法律上所应承受的结果。通常分为两种情况：一种是肯定性法律后果，指行为人按照法律规范的行为模式的要求行为，从而导致的一种积极的结果；另一种是否定性法律后果，指行为人违反法律规范的行为模式的要求行为，从而导致的一种消极的结果。

三、权力行使的程序合法

程序就是操作规程和时序。构成程序的基本要素包括行为的步骤和方式以及实现这些步骤和方式的时限和顺序。一般来说，程序公正是实体公正形成的过程，实体公正是程序公正形成的结果，程序公正与实体公正是互为条件的。在实际生活中，程序公正是保障实体公正的前提，没有程序公正难有实体公正。以分配蛋糕为例，并不是蛋糕分配得绝对平均才符合公正，只要由切割蛋糕的人最后领取自己的一份，即可认为这种分配符合公正。对于权力行为来说，只有严格遵守法定程序，才能保证结果公正。否则，不仅结果公正难以保证，还会导致权力行为无效。

决策和用人是行使权力的两个重要环节，也是确保权力行使程序合法的关键所在。党的十九届四中全会指出：“健全决策机制，加强重大决策的调查研究、科学论证、风险评估，强化决策执行、评估、监督。”① 决策程序作为决策规律的反映和决策经验的总结，大致包括以下五个步骤：一是公众参与。涉及公众切身利益或对其权利义务有重大影响的决策事项，在决策方案形成后，要公开方案征求公众意见，并可以通过媒体走访、专家解读等形式对公众普遍关注的内容进行解释和说明。二是专家论证。对专业性、技术性、综合性较强的重大决策事项，应组织专家或专业机构对决策方案的合法性、必要性、可行性、科学性和可控性进行论证，并逐步

① 《中共中央关于坚持和完善中国特色社会主义制度 推进国家治理体系和治理能力现代化若干重大问题的决定》，《人民日报》2019年11月6日。

实行论证意见公开。三是风险评估。对可能危及经济效益、生态环境、社会稳定和公共安全的重大决策事项应进行风险评估。对决策事项的主要风险源、风险点进行排查，判断决策条件的成熟程度和总体风险的可控程度，并提出预防、控制和应对风险的具体措施。四是合法性审查。决策机关应将决策方案及相关材料交由相关的法律机构进行合法性审查，未经合法性审查或经审查不合法的，不得提交集体讨论决定。法律机构的合法性审查应包括决策的主体、权限、依据、内容、程序等方面。五是集体讨论决定。决策事项通常由决策机关集体讨论决定。由于行政机关实行行政首长负责制，行政首长在集体讨论基础上具有最终决定权，如果行政首长做出的决定与多数人意见不一致，应说明理由并如实记录在案[①]。

严格的干部任用程序，是防止个人拍板和用人失察的重要条件。在干部选拔任用工作中，要坚持自下而上推荐、职能部门考察、党委集体决策的程序，通过多级把关，确保选人用人的质量。一是动议。党委及其组织部门按照干部管理权限，根据工作需要和班子建设实际，提出启动干部选拔任用工作意见。其中组织部门综合有关方面建议和平时了解掌握的情况，对领导班子进行分析判断，就选拔任用的职位、条件、范围、方式、程序等提出初步建议。初步建议向党委主要领导成员报告后，在一定范围内进行酝酿，形成工作方案。二是民主推荐。党委及其组织部门根据配备领导班子和选拔任用干部的需要，按照规定的条件、范围、程序和要求，组织有关方面人员推荐领导干部人选。民主推荐的方式主要有两种：一种是会议投票推荐，一种是个别谈话推荐。三是考察。党委及其组织部门根据干部管理权限，按照规定程序和方法，对确定的考察对象进行全面了解和公正评价，为干部的选拔任用提供依据。在考察过程中，应根据干部选拔任用条件和不同领导职务的职责要求，以工作实绩为重点，全面考察对象的德能勤绩廉。四是党委讨论决定。讨论决定领导干部选拔任用，党委必须有三分之二以上成员到会，并保证与会成员有足够时间听取情况介绍、充分发表意见。在民主讨论的基础上，采取举手或投票等方式进行表决，以党委成员超过半数同意形成决定。五是任职。实行领导干部任前公示制度。公示期不少于五个工作日。公示结果不影响任职的，办理任职手续。实行领导干部任职试用制度，试用期满后，经考核胜任现职的，正式

① 鲁敏主编《当代中国政府概论》，天津人民出版社，2019，第 327-328 页。

任职；不胜任的，按原职级安排工作[①]。

第三节　以权力制约权力

完善以权力制约权力的机制，需要对权力进行科学分解，对权力关系进行科学定位，理顺不同职能、不同层级、不同环节权力之间的关系，优化权力结构和权力流程，使权力体系中各权力机构之间、各权力机构不同层级之间以及各权力机构运行的不同环节之间形成既相互制约和监督，又相互配合和支持的权力结构和运行机制，以便对权力要素实施全方位制约，对权力运行实施全过程监控。

一、纵向上权力制约

纵向上权力制约，包括中央与地方之间的权力制约，地方与基层之间的权力制约，上级与下级之间的权力制约。按照纵向上权力制约的要求，实行分级决策、分级审批、分级管理，让权力尽可能低位运行，使权力能够受到各方面的监控；明确规定各个层级的职责权限，严格按照权力层级开展工作，在通常情况下，上级无权越级行使下级的权力，下级对于越级交办、违规操作等现象应予以抵制；对于越级交办的特殊情况，应有明确的法律依据，并对越级交办的事项进行登记在册，以便为下级抵制上级越级交办、违规操作的事项提供法律依据和制度保障。构建副职分管、正职监管、集体领导、民主决策的权力运行机制，合理确定主要领导干部分管的事项、掌握的权力、负有的责任，减少主要领导干部对具体事务的直接管理，降低主要领导干部在选人用人方面的权重，防止主要领导干部权力过分集中。对于干部人事、财务管理、工程建设、行政审批、物资采购、土地转让、矿产开发、产权交易等具体工作，由领导班子副职分管，主要领导干部则把主要精力放在全局掌控和宏观把握上，并加强对相关决策执行情况的监督检查，由此使主要领导干部的权力得到相应制约，确保党和人民赋予的权力永不蒙尘。

---

① 鲁敏主编《当代中国政府概论》，天津人民出版社，2019，第 198-199 页。

二、横向上权力制约

横向上权力制约，包括国家与社会之间的权力制约，政党与政府之间的权力制约，决策、执行、监督之间的权力制约。在国家整体的层面上，在坚持党的领导的前提下，科学配置政党组织、国家机关、社会团体的权力，使彼此之间在领导、管理、监督的意义上形成双向的制约关系。在政党内部的层面上，科学配置党代会、党委会、纪委会的权力，党代会处于统领地位，对党委会和纪委会实行单向制约；党委会和纪委会处于平等地位，彼此之间实行双向制约，其中党委会在管理的意义上制约纪委会，纪委会在监督的意义上制约党委会。在国家内部的层面上，科学配置权力机关、行政机关、监察机关、司法机关的权力，权力机关处于统领地位，对行政机关、监察机关和司法机关实行单向制约；行政机关、监察机关和司法机关处于平等地位，彼此之间实行双向制约，其中行政机关在管理意义上制约监察机关和司法机关，监察机关和司法机关在监督的意义上制约行政机关。在行政机关内部的层面上，在坚持首长负责制的前提下，实行决策权、执行权、监督权适当分开，以切实解决自我立规、自我执行、自我监督的问题。其中决策权在行政首长及其所主持的常务会议，执行权在各个行政部门，监督权在监察机关派驻或者派出机构；决策权处于统领地位，对执行权和监督权实行单项制约；执行权和监督权处于平等地位，彼此之间实行双向制约；执行权在管理的意义上制约监督权，监督权在监督的意义上制约执行权。

三、环节上权力制约

环节上权力制约，包括审查与批准、决定与执行、承办与监管之间的权力制约。对政府投资项目实行投资、建设、使用、监管分离；对公共资源交易实行主管、办理、评审、监督分离；对行政处罚事项实行调查、决定、执行分离；对财政专项资金实行评审、决定、绩效评估分离。从优化权力流程入手，按照分段操作、流水作业的规程配置权力，合理划分资源密集岗位的权限，将一个岗位的多项权力分解到几个岗位，将一项权力的几个环节分解由多人经办，把制约的措施融入权力分段配置的全过程，使各项权力之间形成相互制约的链条，切实从源头上斩断腐败，从流程上剔除腐败，从结果上卡住腐败。从实际情况看，在交通建设项目投资、建设、使用、监管“四位一体”的投资体制中，负责公路项目建设的交通行政部门大都是官商合一，同时拥有行政权和项目建设的经营权。政府部门既当运动员，又当裁判员，权力过于集中的问题十分突出。而交通行政部门与负责建设的公司又多为母子关系，导致政府权力部门化，部门权力个人化，而这正是滋生腐败的温床。因此，防治腐败关键在于体制改革和机制创新，努力创造一种难以凭借公共权力谋取私利的运营环境。只有完善的体制机制建立起来了，官场与商场联系的脐带割断了，才能给权钱交易以釜底抽薪。

第四节　以责任制约权力

现代民主以间接民主为特征，这意味着由人民代表而不是由全体人民直接管理国家和社会事务。在人民代表与全体人民之间、在执行机关与权力机关之间，都存在一个受权与授权的关系，这种关系使民主政治必然表现为责任政治。受权者必须向授权者负责，并接受授权者的制约监督。

一、责任赋予

公职人员的权力和责任是同一事物的两个方面，在接受人民赋予的权力的同时，必须承担相应的责任。实行问责制的一个基本前提，就是按照权责一致的要求，合理匹配权力与责任的关系，通过层层责任分解，使之具体落实到每一级别和每一岗位。因此，以责任制约权力同样存在一个权力结构问题，需要科学配置同一层级不同性质的权力以及同一性质不同层级的权力，需要确立决定与执行分离、执行与监督分离等多种职权分工格局，形成合理的权力运行机制和有效的权力制约机制，并赋以相应的责任，使权力与责任结合在一起，使各种权力行为都成为行使法定权力、履行法定责任的行为，使掌权者在主观上明确、在客观上承担由行使权力所产生的各种后果，以便促使其以高度负责的精神审慎地运用权力。官员问责制给中国 4 000 多万公职人员的仕途平添了风险，使为官从政变成了一种责任重、风险大的职业。公职人员只有牢固树立责任意识和风险意识，兢兢业业，勤勤恳恳，切实做好本职工作，才能不辱使命，负重致远。

二、责任担当

实践昭示我们，要使公职人员很好地担负起主动责任，就必须按照谁决策谁负责的原则，建立并落实决策责任制，对超越权限、违反程序决策造成重大损失的，依法追究决策者的责任。要使公职人员很好地担负起被动责任，就必须依法查处各种失职行为，使失职行为者受到应有的制裁。失职行为是以不作为的方式消极对待本应由自己行使的法定权力的行为。其实质是对党和人民的事业缺乏高度的责任心和使命感，使持有的权力与担负的责任相脱节。失职行为主要有两类：一类是过失性质的，如玩忽职守；一类是故意性质的，如不给好处不办事。其中影响最坏的还是后者，因为它不仅是一种失职行为，同时也是一种危害深远的腐败行为。

公职人员的责任包括道德责任、政治责任、法律责任。道德责任同道德义务相联系。道德责任是公职人员在一定社会关系中所应选择的道德行为和所应承担的道德义务，以及对自己行为过失及其不良后果所应承担的道义责任。公职人员的行为只要与社会的道德标准相冲突，即使并没有违犯宪法和法律，也要承担相应的责任。政治责任同政治义务相联系。寻求民众意志和利益的最大公约数，制定符合民意的公共政策，并推动这些公共政策的贯彻执行，是公职人员分内之事、应尽之责。政治责任就是公职人员的分内之事以及没有做好分内之事所应承受的谴责和制裁。公职人员的行为若有损于公众利益，就要承担政治责任。法律责任同法律义务相联系。法律责任是指公职人员对其违法行为所应承担的带有强制性的法律后果。法律责任表示一种因违反法律上的义务关系而形成的责任关系，是由国家强制力保证实施的。公职人员在行使职权过程中，超越法定权限、违反法定义务，对相对人造成严重侵害，必须承担相应的法律责任。同时，公职人员严重失职渎职，相关管理部门也要承担选人用人不当、监督检查不力的连带责任。

三、责任追究

问责制作为对党政机关及其公职人员行使权力的不良后果予以责任追究的制度，其实质是通过各种形式的问责，规范和约束党政机关及其公职人员的权力行为，以达到人民的权力真正用来为人民服务的目的。

完善问责制的一项重要内容，就是优化问责主体。所谓问责主体，就是由谁来问责。以问责主体为参照，问责可分为来自党政机关内部的同体问责和来自党政机关外部的异体问责。在我国，对官员问责实行的主要是一种同体问责，如政府部门内部上级对下级的问责。自 2003 年以来，几起社会影响重大的问责事件，都是在中央领导重要批示后，相关部门才做出严肃处理。诚然，上级机关问责下级机关，无疑是一种重要问责方式，也符合法律的规定，但如果问责制仅仅是上级追究下级的责任，那么在上级需要承担连带责任的情况下，就难以保证问责结果的公正性。这同时也从反面印证了异体问责的必要性。完善问责制的另一项重要内容，就是完善发现问题、纠正偏差、精准问责机制[①]。其中包括政务信息公开机制、责任事故报告机制、监督机关查处机制、公民政治参与机制、新闻媒体曝光机制、责任后果评估机制等。只有完善相关问责机制，切实将行使权力的责任落到实处，才能激励公职人员不断改进工作。

党的十八届四中全会明确提出，建立国家机关工作人员重大决策终身责任追究制度。终身问责制的含义是，国家机关工作人员实施违反法律的行为或其他失职情形时，即使已经调职、离职甚至退休，仍要对其行为负责。终身追责就像一个紧箍牢牢地套在各级国家机关工作人员的头上，既跑不了庙也跑不了和尚，对祁连山国家级自然保护区生态环境问题处置就是例证。巍巍祁连山，横亘河西走廊南侧，逶迤千里，是我国西部一条重要的生态屏障，黄河流域重要的水源补给地。1988 年，国务院批准设立甘肃祁连山国家级自然保护区。然而，长期以来，由于保

① 《中共中央关于坚持和完善中国特色社会主义制度 推进国家治理体系和治理能力现代化若干重大问题的决定》，《人民日报》2019 年 11 月 6 日。

护区所在地方各级政府违法决策、违规审批、监管失职，造成祁连山局部生态遭到严重破坏，自然保护区满目疮痍。2017 年 7 月 20 日，中共中央办公厅、国务院办公厅就甘肃祁连山国家级自然保护区生态环境问题发出通报，甘肃省 3 名现任或前任副省长被问责，省国土资源厅厅长、祁连山保护区管理局局长等 4 人被撤职，成为重大决策终身责任追究制度的典型案例。

第六章　完善权力周延监督机制

党的十九届四中全会不仅对“完善权力配置和运行制约机制”提出明确的要求，而且对“健全党统一领导、全面覆盖、权威高效的监督体系”以及“构建一体推进不敢腐、不能腐、不想腐体制机制”做出具体部署[1]。这些重大决策不是彼此孤立的，而是存在着密切的联系。因此，对完善权力周延监督机制问题进行深入探讨，有助于加深对权力制约监督机制问题的理解。

第一节　健全监督体系

党和国家监督体系是党在长期执政条件下实现自我净化、自我完善、自我革新、自我提高的重要制度保障[2]。这在客观上要求我们整合党内监督、人大监督、民主监督、监察监督、司法监督、群众监督、舆论监督，注重纪检、监察、审判、检察、公安、审计等执纪执法机关之间的协调配合，把事前监督、事中监督、事后监督，监督关键人、监督关键事、监督关键处、监督关键时结合起来，使各种监督分工明确，步调协同，信息共享，优势互补，形成合力，使领导干部无论职位多高、权力多大，都能置身于党和人民的监督之中。

一、监督的基本内涵

所谓监督，就是对权力的监察和督促。监察和督促又可解释为监理、察看、督导。所谓监理，就是在现场进行巡查和监管；所谓察看，就是按照一定的标准考察和评价；所谓督导，就是在视察的基础上加以督促和引导。由此可见，所谓监督就是权力所有者运用民主和法治的手段，通过各种有效途径对权力行使者进行监察和督促。这里的监察和督促，就其对权

① 《中共中央关于坚持和完善中国特色社会主义制度 推进国家治理体系和治理能力现代化若干重大问题的决定》，《人民日报》2019 年 11 月 6 日。

② 《中共中央关于坚持和完善中国特色社会主义制度 推进国家治理体系和治理能力现代化若干重大问题的决定》，《人民日报》2019 年 11 月 6 日。

力正常运行所发挥的作用而言，是一种功能；就其组织结构、运行方式和基本功能及其相互关系而言，又是一种机制。我们通常所说的监督，主要是从这两种意义上讲的。

从实际情况看，由于受主客观方面多种因素的影响，尽管国家机关及其工作人员在行使公共权力时，原则上都奉行为人民服务的宗旨，然而实际上并不是其所制定的方针政策和具体措施都能准确反映人民的利益。即使每个国家机关及其工作人员都力求忠实于人民的利益，也难免出现失误。因为人民利益的实现是一个复杂的过程，任何国家机关及其工作人员在这一过程中都面临着主观与客观相脱节的可能。一旦出现失误，仅依靠其自身很难得到及时纠正。这就使人民往往为此付出过于沉重的代价。诚如列宁所说，仅仅依靠领导者的“信念、忠诚和其他优秀的精神品质，这在政治上是完全不严肃的”[①]。因而国家机关及其工作人员要真正把人民利益作为自己全部活动的基点和归宿，就必须严格依法办事、依法用权，自觉接受人民群众的制约监督。

在现实生活中，不少领导干部认为监督是出难题、挑毛病、找岔子，制约是捆手脚，体现出对权力二重性认识不足[②]。黑格尔曾经指出：“有人以为，当他说人本性是善的这句话时，是说出了一种很伟大的思想；但是他忘记了，当人们说人本性是恶的这句话时，是说出了一种更伟大得多的思想。”[③]这里所谓的人性本恶，并不是说人普遍都是恶人，而是说人的行为在原始的意义上受情感欲望的支配。在习惯于人性本恶的社会，人的尊严感并不会因为社会地位的提升而发展到神经兮兮的程度。有的官员以为自己是由于德才兼备才被提拔到领导岗位的，已经获得了一种免于被他人批评和监督的权利。在官员的尊严绝对不容冒犯的地方，也就失去了批评和监督的环境。许多人正是因为头脑中埋下了这样的种子，以致最终结出了人生的苦果。前泰安市委书记胡建学说过：钱这个字，金字旁代表金库，两个“戈”代表两个持枪的卫兵在把守，所以手莫伸，伸手必被捉。这是胡建学在干部大会上讲的一番话。然而，由于缺乏有效的制约监督，结果伸手被捉的不是别人，正是他本人。

---

① 《列宁选集》第 4 卷，人民出版社，1995 年版，第 679 页。

② 陈建华：《关于权力制约和监督体制的若干思考》，《湖北社会科学》2007 年第 6 期。

③ 《马克思恩格斯选集》第 4 卷，人民出版社，1995，第 237 页。

制约和监督在确保权力正常运行方面具有一致性，但二者在主客关系、运行方式、依靠力量和时效性能方面却存在着明显的差异。一是主客关系不同。制约以分权为前提，反映的是法律地位平等的权力主体之间的约束关系，这种关系侧重于横向性和双向性，是双方互为制约主体和制约客体，是权力之间的相互约束，在这种情况下，一般不存在不受约束的权力。监督以授权为前提，反映的是法律地位不同的权力主体之间的约束关系，这种关系侧重于纵向性和单向性，是监督主体向监督客体发出的行为，是一种权力对另一种权力的约束，在这种情况下，往往容易出现不受约束的权力。二是运行机制不同。制约作为一种内在的力量，主要是通过实现权力运行的制度化、规范化、程序化来限制和约束掌权者的行为，这样就可以迫使掌权者不如此作为不行，非如此作为不可，因而效果较好。监督作为一种外在的力量，主要是通过在权力运行机制外部进行监察和督促来实现对掌权者的约束，这样就有一个监督主体作不作为，监督客体接不接受的问题，因而效果较差。三是依靠力量不同。制约主要依靠法的力量，依靠客观性因素来约束权力，掌权者在法律面前一律平等，任何组织和个人都没有凌驾于法律之上的特权，而法律的强制性和规范性决定了制约的强制性和规范性，因而刚性较强。监督主要依靠人的力量，依靠主观性因素来约束权力，其作用往往取决于掌权者的态度，取决于掌权者接受监督的自觉程度，即取决于人为的因素，因而刚性较差。四是实效性能不同。制约由于是在权力运行机制内部起作用的，其制约主体与制约客体之间不存在信息屏障，这就使制约主体可以根据制约客体的行为及时采取行动，使二者的动作始终保持一致，即具有同步性，因而时效性较强。监督由于是在权力运行机制外部起作用的，这就使监督主体向监督客体发出的行为往往因二者之间信息不对称而存在着一定的时间差，即具有滞后性，因而时效性较差。

制约与监督的差异表明，在保障权力正常运行方面，制约有着监督所不可替代的整体性、决定性功能。监督作为保障权力正常运行的一个环节、一种方式，只有在制约机制健全的条件下才能充分发挥其效力。因此，要建立健全有效的权力约束机制，仅有监督是不够的，非制约不可。诚然，强调制约的重要性，并不排斥监督的作用。作为制约的一种特例，监督最大的优点是对操作程序和主体资质没有严格的限定，便于广大群众的普遍参与，因而能够更灵敏地反映民意。从这种意义上说，监督不仅是对制约的一种有益的补充，而且还对制约起着一定程度的导向作用。

二、监督的主要形式

改革开放以来，党和国家为建立健全适合我国国情的制约监督机制做了不懈努力，建立了一整套监督机构，制定了一系列监督法规。一个多方面、多层次、多环节、多渠道，包括党内监督、人大监督、民主监督、监察监督、司法监督、群众监督、舆论监督在内的监督体系基本形成，为有效遏制权力滥用、权力腐败发挥了重要作用。

党内监督。党内监督是党的各级组织和党员依据党章和其他党内法规以及国家法律对党的领导机关和领导干部以及每个党员进行的监察和督促。在现实社会中，没有不必接受任何制约监督的特殊权力，即使是先进阶级的先进政党，也要接受制约监督。在我国，党的监督体系是由以下四个方面构成的：一是党作为人民利益的代表者，必须密切联系人民群众，自觉接受人民群众的民主监督；二是党作为政治组织，必须在宪法和法律范围内活动，自觉接受国家机关的法律监督；三是党作为执政党，必须尊重参政党的意见和建议，自觉接受参政党的党际监督；四是党作为组织严密的政治集团，必须建立健全自我约束机制，自觉加强党内监督。这四个方面对于确保党的各项权力的合理运行都起着至关重要的作用，其中党内监督起着决定的作用，对其他方面的监督具有示范效应。一是强化自上而下的组织监督。加强上级党委对下级党委及其领导成员的巡视监督，加强纪检监察派驻机构对驻在部门领导班子及其成员的监督，加强纪委对同级党委常委会成员的监督。按照干部管理权限，严格落实上级对下级的廉政谈话、考核讲评和党风廉政建设责任制，及时发现和纠正各种倾向性问题①。二是改进自下而上的民主监督。完善民主评议制度，通过个人述职、

---

① 党的十八大以来，巡视监督作为党内监督的重要形式，其力度和强度不断加大，在查处腐败案件中发挥着不可替代的作用，成为党风廉政建设和反腐败斗争的重要平台，是上级党组织对下级党组织实施监督的重要手段，为全面从严治党提供了有力支撑。对于一级党组织来说，反腐败的力量只有是内生的自净的，才是治本的长效的。这对巡视监督提出了更高的要求，巡视监督除了紧盯重点人、重点事和重点问题，做到灵活机动，精准发力，定点突破外，更重要的是查找腐败滋生的根由以及制约监督弱化的缘由，加快党内民主和法治进程，把思想建党与制度治党结合起来，逐步完善各级党组织自我管理、自我约束、自我净化机制，提高各级党组织解决自身问题能力，切实实现从治标到治本的转变。

党员评议、组织考察，力求客观公正地对领导干部做出评价。对评议中得票过少的领导干部不得继续留任，对违法乱纪、严重失职的领导干部应当及时予以罢免，从而对那些无视党规国法的领导干部形成有效的制约；对于党员的批评、揭发、检举、控告以及提出的有关处分要求，党组织要按照规定认真处理，并及时向党员反馈处理结果。三是开展同级之间的相互监督。强化领导班子内部的监督，严格落实集体领导和个人分工负责制，科学配置领导班子及其成员的权力，构建副职分管、正职监管、集体领导、民主决策的权力运行机制；领导班子内部要开展积极的思想斗争，领导成员之间要开展坦诚的思想交流，对存在的问题该提醒的要及时提醒，该批评的要严肃批评，该制止的要坚决制止。通过充分发挥党内监督的主导作用，把党委全面监督、纪委监委专责监督、党的工作部门职能监督、党的基层组织日常监督、党员民主监督结合起来、融为一体，同时“推进纪律监督、监察监督、派驻监督、巡视监督统筹衔接”[①]，使党内形成一个系统配套、行之有效的制度网络，形成一个自律与他律、自觉与规范相统一的机制链条。

人大监督。人大监督就是人大及其常委会按照宪法和法律规定的形式和程序，对由自己产生的国家行政机关、监察机关、审判机关、检察机关及其组成人员的工作以及宪法和法律的实施情况所采取的审查、督促、纠正和处理的强制行为。按照我国宪法和法律的规定，权力机关对执行机关实施监督，依其行为本身的性质，可以分为法律监督和工作监督。①法律监督。人大及其常委会依法对行政机关、监察机关、审判机关、检察机关和下级国家权力机关执行宪法和法律的情况进行监督。执法通常包括执行法律和适用法律，是国家机关依据法定职权实施法律规范的一种专门活动。法律监督的基本形式是审查规范性文件，对法律实施情况进行检查，对违法行为进行处理。根据监督对象的不同，可以把法律监督分为两个方面：一是全国人大及其常委会对于被认为同宪法和法律相抵触的国务院的行政法规、决定和命令，国务院各部委的命令、指示和规章，省级人大及其常委会的地方性法规和决议，以及省级人民政府的决定、命令和规章进行监督；地方各级人大及其常委会对于被认为同宪法、法律、行政法规、

① 《中共中央关于坚持和完善中国特色社会主义制度 推进国家治理体系和治理能力现代化若干重大问题的决定》，《人民日报》2019 年 11 月 6 日。

地方性法规以及上级和本级人大及其常委会的决议相抵触的同级行政机关的决定、命令和规章，以及下级人大及其常委会的决议进行监督；二是全国人大及其常委会对于被认为同宪法和法律相抵触的审判机关、检察机关的司法批复、解释以及对有关案件的判决、裁定和决定进行监督；地方各级人大及其常委会对于被认为同宪法、法律、行政法规、地方性法规以及上级和本级人大及其常委会的决议相抵触的同级审判机关、检察机关的批复、有关案件的判决、裁定和决定进行监督。②工作监督。人大及其常委会依法对行政机关、监察机关、审判机关、检察机关的行政工作、监察工作、审判工作和检察工作是否符合宪法和法律，是否符合国家政策，是否符合上级和同级人大及其常委会的决议，是否符合人民群众的根本利益进行监督。其中对政府工作的监督是人大工作监督的重点。对于政府工作涉及国家经济、政治、文化和社会生活方面的重大变革，如经济体制改革、政府机构改革、人事制度改革；涉及公民政治权利和经济利益方面的重大举措，如工资的调整、币值的变动；涉及人民群众普遍关心的重大问题，如住房、医疗、就业、教育投资、环境治理、社会保障等，人大及其常委会都要通过法定程序及时了解和掌握真实情况，并以事实为依据，以法律为准绳实施跟踪监督。工作监督的基本形式：一是审议行政机关、监察机关、审判机关、检察机关的工作报告，审批经济和社会发展规划以及财政预算的报告，检查经济和社会发展规划的执行情况，检查财政预算的执行情况并听取决算结果的报告，审批经济和社会发展规划以及财政预算的调整变更；二是通过调查、质询、评议，对行政机关、监察机关、审判机关、检察机关的工作进行监察和督促，并对以权谋私、违法失职的工作人员予以撤职或罢免。

民主监督。民主监督的主要形式是党际监督。党际监督是指作为参政党的各民主党派对作为执政党的共产党进行的监督。互相监督是由共产党执政地位决定的，也是由民主党派参政地位决定的。在改革开放和长期执政的条件下，互相监督的重点是参政党对执政党的监督。中国共产党处于执政地位，领导着拥有 14 亿人口的大国，很需要听到不同声音，接受来自各方面的监督。民主党派的监督贯穿于参政议政之中，其主要内容包括：国家宪法与法律、法规的实施情况；中共中央与国家机关制定的重要方针政策的贯彻执行情况；国民经济和社会发展规划及财政预算执行情况；国家机关及其工作人员在履行职责、遵守法纪、为政清廉等方面的情况。从历史上看，共产党历次失误最终都是依靠自己的力量纠正的，这是共产党英明之所在。但这并不能说明民主党派的监督无足轻重。民主党派的参政地位，使之相对超脱，可以及时发现问题，及时反馈信息，及时引起各方面对问题的警觉、关注和纠正；可以有效防止重大决策失误的发生，并减少失误、减轻失误所带来的损失。因此，充分发挥民主党派的监督作用，对于加强和改善共产党的领导，推进社会主义现代化建设具有十分重要的意义。从实际情况看，虽然执政党与参政党合作的基本方针是长期共存、互相监督，党的历代领导人一再强调互相监督主要是让民主党派监督共产党，让民主党派唱"对台戏"，但由于执政党成员中不少人缺乏听"对台戏"的胸怀和雅量，参政党成员中不少人缺乏唱"对台戏"的勇气和胆识，互为补充的"对台戏"总是难以唱起来。习近平总书记指出："勇于接受批评、改进工作，是有信心、有力量的表现。""对各种意见和批评，只要坚持党的基本理论、基本路线、基本方略，就要让大家讲，哪怕刺耳、尖锐一些，我们也要采取闻过则喜的态度，做到有则改之、无则加勉。"[①] 实践表明，执政党听"对台戏"的胸怀和雅量以及民主党派唱"对台戏"的勇气和胆识不是自然形成的，其基本前提是要有唱"对台戏"的环境、机制和保障。监督的环境——民主党派要勇于坚持正确的意见，既做共产党的挚友，又做共产党的诤友；共产党要有海纳百川的胸怀，广开言路，广求良策，精心打造民主团结、生动活泼的政治局面。监督的机制——允许民主党派在宪法和法律的范围内，对于一些重要问题提出不同方案或不同意见，对于与民主党派相关问题的决定，可由共产党与民主党派联合做出，以促进决策的民主化和科学化。监督的保障——将民主党派的监督制度化、规范化、程序化，使监督有法可依，有章可循。

监察监督。新中国成立初期，政务院设有人民监察委员会。政务院改为国务院后，人民监察委员会改为国家监察部。1959 年监察部被撤销。1987 年第六届全国人大常委会第 18 次会议决定，恢复并确立国家行政监察体制，设立中华人民共和国监察部。2018 年第十三届全国人大第一次会议审议通过了宪法修正案，设立中华人民共和国国家监察委员会，监察部

① 习近平：《在中央政协工作会议暨庆祝中国人民政治协商会议成立 70 周年大会上的讲话》，《人民日报》2019 年 9 月 21 日。

并入国家监察委员会。监察机关不是行政机关，而是政治机关，是行使国家监察职能的专责机关，负责推进国家监察体制改革，整合行政监察、预防腐败和检察机关查处贪污贿赂、失职渎职及预防职务犯罪等工作力量，组建国家、省、市、县监察委员会，作为国家反腐败工作机构，同党的纪律检查机关合署办公，加强党对反腐败工作的集中统一领导，构建集中统一、权威高效的国家监察体系，实现对所有行使公共权力的公职人员监察全覆盖；制定国家监察法，依法赋予监察委员会职责权限和调查手段，对监察权行使的方式方法、审批程序、时限要求等做出严格规范，明确监察委员会调查终结的职务犯罪案件由检察机关依法采取强制措施、提出公诉，检察机关有退回监察委员会补充调查、自行补充侦查、做出起诉决定等权力，明确监察委员会采取技术调查等调查措施，按照规定交有关机关执行，形成相互制衡机制。这是确立中国特色社会主义监督体系的创制之举，有利于确保“任何国家机关及其工作人员的权力都要受到制约和监督。”[①] 按照宪法和法律规定，国家监察委员会是最高监察机关，由全国人民代表大会产生，负责全国监察工作。地方各级监察委员会由本级人民代表大会产生，负责本行政区域内的监察工作。国家监察委员会对全国人民代表大会及其常务委员会负责，并接受其监督。地方各级监察委员会对本级人民代表大会及其常务委员会和上一级监察委员会负责，并接受其监督。国家监察委员会领导地方各级监察委员会的工作，上级监察委员会领导下级监察委员会的工作。监察委员会依法履行监督、调查、处置职责：一是对公职人员开展廉政教育，对其依法履职、秉公用权、廉洁从政从业以及道德操守情况进行监督检查；二是对涉嫌贪污贿赂、滥用职权、玩忽职守、权力寻租、利益输送、徇私舞弊以及浪费国家资财等职务违法和职务犯罪进行调查；三是对违法的公职人员依法做出政务处分决定，对履行职责不力、失职渎职的领导人员进行问责，对涉嫌职务犯罪的，将调查结果移送人民检察院依法审查、提起公诉，向监察对象所在单位提出监察建议。监察委员会依法独立行使监察权，不受行政机关、社会团体和个人的干涉。

司法监督。司法监督是对法律实施中严重违反国家法律的情况所进行

---

① 习近平：《在庆祝全国人民代表大会成立60周年大会上的讲话》，《人民日报》2014年9月6日。

的监督，以防止和纠正执法不严、司法不公、徇私枉法等问题的发生。广义的司法监督主体是国家司法机关即审判机关和检察机关。审判机关的监督是指上级法院对下级法院、最高人民法院对各级人民法院的审判工作进行监督；通过审理行政案件，对行政机关具体行政行为的合法性进行审查。检察机关的监督是指依法对立案、侦查、审判、刑罚执行和监管活动的检察，对诉讼活动全程进行监督。狭义的司法监督主体仅指国家检察机关，通常人们所讲的司法监督主要是就国家检察机关的监督活动而言的。检察机关的法律监督权包括立案监督、侦查监督、审判监督和执行监督。立案监督主要是针对公安机关应当立案而未立案的情况提出纠正意见。侦查监督指检察机关依法对公安等机关的侦查活动是否合法进行的监督。审判监督主要是对于人民法院已经发生法律效力的判决和裁定，如果发现确有错误，检察机关有权按照审判监督程序提出抗诉。执行监督主要指检察机关对刑事判决执行的监督，包括对执行死刑的临场监督，以及对监狱执行情况的监督。这种监督具有不同于其他方面监督的显著特点。①司法监督是一种专门性监督。司法监督的专门性突出表现在两个方面：一是司法监督的权力是专门的。司法监督权作为国家权力的一部分，由检察机关专门行使，司法监督是检察机关的专门职责。检察机关如果放弃对严重违反法律的行为进行监督，就是失职。二是司法监督的手段是专门的。按照宪法和法律的规定，检察机关进行司法监督的手段是由法律规定的。如对刑事犯罪提起公诉以及对诉讼过程中违反法律的情况进行监督等，都是只有检察机关才有权使用的监督手段。②司法监督是一种程序性监督。法律对检察机关的司法监督规定了一定的程序规则，这些程序规则可能因监督的对象不同而有所不同。如对刑事犯罪提起公诉有提起公诉的程序，对人民法院已经生效的判决、裁定提起抗诉有提起抗诉的程序，纠正违法有纠正违法的程序。程序性的另一含义是司法监督的效果在于启动追诉程序或者救济程序。对于严重违法构成犯罪的，司法监督的功能是启动追诉程序，提请有权审判的法院进行审判；对于构成违法的，司法监督的功能是提请对行为人有管辖权的主体追究责任；对于违反法律的判决、裁定或决定，司法监督的功能是提请做出决定的机关启动救济程序以纠正已经出现的错误。③司法监督是一种事后性监督。只有当法律规定的属于法律监督的情形出现以后，检察机关才能启动司法监督程序，实施监督行为。司法活动、行政活动、国家工作人员的职务活动中可能出现的各种违法行为，在程度上是不同的，只有在违法行为达到一定程度之后，检察机关才能启动司法监督程序实施监督。

审计监督。审计是指专职机构和专业人员依法独立对相关单位的财政财务收支的真实、合法、效益进行审核、评价的监督活动。审计按照审计主体的不同，可以分为国家审计、内部审计和社会审计。国家审计是指国家审计机关依据有关法律法规，对国家行政机关、企业事业单位的财政财务收支及经济活动效益实施独立、公正的审核和评价的一种专业性活动。根据我国审计法的规定，我国审计机关依照法律规定独立行使审计监督权，不受其他行政机关、社会团体和个人的干涉。其目的是通过审计，让公众了解政府取之于民的财富是否真正用之于民，人民的公仆是否真正执政为民，以便加强廉政建设，维护财经法纪，促进增收节支，保障国民经济健康发展。充分发挥国家审计对权力的制约监督作用，要求我们创新审计思维，拓展审计视野，建立更加科学有效的审计运行机制。首先，以财政审计为龙头，统领各项审计工作，形成一个中心，两头延伸的审计格局。一个中心即以预算执行的真实性、合法性和效益性为中心；两头延伸即前头向预算编制的科学性、合理性以及财政性资金的筹集、管理过程延伸，后头向财政性资金的流向、用途及效益方面延伸，加强对与公共需求相关的公共性、公益性基础设施项目资金的审计监督，防止由于决策失误造成的严重损失浪费。其次，加强对重点领域、重点部门、重点项目和重点资金的审计监督。在全面履行审计职能、防止审计死角和监督空白的基础上，根据不同时期的具体情况，集中力量，选择重点部门和单位、重点项目和资金以及社会普遍关注的热点和难点问题进行重点审计。再次，推行和完善审计公告制度。通过新闻媒体，对一些以权谋私的典型案件适时进行曝光，不断增强审计结果的公开性和透明度，让社会各界通过对审计结果的关注，参与到权力制约监督中来。从审计实践看，国家审计机关并不直接以权力制约监督权力，而是在运用法定审计权力获取经济信息后，客观公正地形成审计信息，并以审计信息独有的价值内涵，通过国家权力监督部门在权力制约监督机制中发挥作用。而经济领域中的违法犯罪是当前我国腐败现象的基本特征。据有关部门统计，经济案件占所有案件总数的 70% 以上，而且大案要案多，违法犯罪手法呈智能化发展趋势，案件隐蔽性强，潜伏期长。然而，凡是经济领域中的违法犯罪活动，一般都要通过资金往来和账目反映出来，因此，审计机关在审计过程中，通过采取适当的技术手段，便可查出贪污、行贿、偷税漏税、化公为私以及损失浪费等经济违法犯罪行为，掌握大量的第一手资料，及时发现腐败案件的线索和信息。国家审计信息作为一种客观公正的、可供发掘的、可作证据的信息资源，是权力制约监督机制的重要工具，对于遏制和约束权力腐败行为具有不可替代的作用。

群众监督。群众监督作为一种权力监督，是指公民通过批评、建议、申诉、控告、检举、揭发等形式对国家机关及其工作人员进行的监督。其实质是公民运用宪法和法律赋予的权利，对国家机关及其工作人员的权力进行监察和督促。习近平总书记指出："要拓宽人民监督权力的渠道，公民对于任何国家机关和国家工作人员有提出批评和建议的权利，对于任何国家机关和国家工作人员的违法失职行为有向有关国家机关提出申诉、控告或者检举的权利。"①权利之所以能够制约监督权力是由其特定功能决定的，权利具有制约监督权力的根本性、基础性、广泛性、多样性等功能优势。从监督的主体看，我国14亿人口中，干部只占几千万，绝大多数都是群众。人民群众以工人、农民、知识分子为主体，分布在全国200多个行业，300多种职业中。从监督的客体看，上至中央党政机关的领导干部，下至基层部门的工作人员，都处于群众监督之中。从监督的内容看，涉及经济、政治、文化、社会等各个领域和各个方面。从监督的权利看，人民群众享有与主人地位相称的各项公民权利，既能把代表人民利益的公仆推上政治舞台，又能把那些违背人民利益的公仆从政治舞台上撤换下来。从监督的形式看，人民群众通过社会听证、协商对话、民主评议、决策咨询、媒体讨论、信访举报等形式对国家机关及其工作人员的监督，是防范和惩治一切滥用权力行为的有效手段。因此，人民群众是反腐败斗争的基本力量。只有把人民群众发动起来，群策群力，揭发举证，集中攻坚，才能取得实效。为了加大对腐败的惩治力度，我国的群众举报已逐步演化为一项专门的制度，受理群众举报已成为纪检、监察机关一项经常性工作。纪检、监察机关本着依靠群众、方便举报的原则，专门设立了举报中心，

① 习近平：《在庆祝全国人民代表大会成立60周年大会上的讲话》，《人民日报》2014年9月6日。

受理人民群众和机关、团体、企业事业单位对国家机关及其工作人员违纪违法行为的举报。举报中心上下一体，覆盖全国，实行统一受理、归口办理、分级负责、上级举报中心指导下级举报中心的活动原则。举报中心对电话、面谈、信函等各种形式的举报，认真受理并记录在案；对受理的举报线索，进行初查；对受理的要案线索，派专人管理，认真核查，及时提出处理意见，并报相关领导批阅；对需要移送其他部门处理的线索，则在规定的时间内完成移送程序。为了加强群众监督，要健全便利、安全、高效的举报机制。所谓便利，就是创造必要的举报条件，通过设立举报站、举报箱、举报电话、举报网址等多种渠道，使群众随时随地都能进行举报。所谓安全，就是使举报人的权益受到有效保护。受理机关要严格遵守保密规则，确保举报人的相关信息不泄露。所谓高效，就是对群众的举报线索进行认真调查核实，该立案的立案，该侦查的侦查，绝不能不理不睬。同时，对于群众的举报要热情接待，认真分析，妥善处理，尽量给群众一个满意的答复，不能抱冷漠态度，更不能置之不理。在实际操作中，群众的举报不可能百分之百准确，有的是事实，有的可能与事实有出入，有的甚至可能完全不是事实。对于符合事实的，要认真加以查处；对于不符合事实的，也要耐心细致地做好说服工作，切忌简单处置，更不能以诬告、诽谤等罪名加以压制①。

舆论监督。舆论是指经由大众传媒反映出来的公众对公共政策、公共生活和公众人物的意见体系。它作为社会意识的特殊表现形式，反映着一定阶级、阶层、社会集团的利益、愿望和要求，因而通常在具有一致利害关系的社会群体中容易形成共同的舆论。舆论的形成需要相应的条件，如存在某个涉及人们共同利益的问题或事件，有许多人对这个问题或事件发表意见，在这些意见中必有一种倾向性意见，这种倾向性意见会直接或间接地对社会产生影响。在权力制约监督的各种手段中，舆论通过新闻媒体的广泛传播，以其辐射面广、透明度高、时效性强、威慑力大的特点而居于重要地位，发挥重要作用。所谓舆论监督，就是依靠社会舆论的力量对公共权力所实施的监察和督促。舆论监督作为一种重要的社会监督形式，由舆论监督的主体、客体和媒介三要素组成。舆论监督主体是运用一定的

---

① 本书编写组：《建立健全教育、制度监督并重的惩治和预防腐败体系十讲》，中央文献出版社，2005，第 204 页。

传播工具对各种权力行为实施监督的人民群众。舆论监督客体是接受舆论监督的党政机关及其工作人员。舆论监督媒介即传播工具，主要指报刊、广播、电视、网络。舆论监督作为权力制约监督体系的重要组成部分，是新闻工作的重要职责、人民群众的参与途径、党政机关改进工作的有效手段，要求新闻媒体必须善于观察思考，审时度势，从党和政府明令禁止和人民群众深恶痛绝的结合点寻求舆论监督的突破口，以便取得良好的监督效果；通过及时揭露政治、经济和社会生活中一切与党和国家的政策法律、与党政机关及其工作人员的活动规范不相符合的行为，形成一种强大的舆论压力，敦促党政机关及其工作人员在法治的轨道上合理行使权力。随着信息技术的飞速发展，网络以其公开、透明、快捷的特性已成为舆论监督的新手段，在揭露、曝光和追查各种腐败行为中发挥重要作用。网络的即时性使舆论监督更为快捷。网络新闻不是以日为单位，而是以时或分为单位，这种监督的时效性是传统媒体所无法比拟的。网络的交互性为舆论监督提供了更为广泛的群众基础。网络媒体通过开设电子论坛等方式，使受众能够直接参与新闻报道，自由便利地发表自己的观点，从而实现传媒和受体的沟通与交流。网络的超文本使舆论监督形式更为多样。网络媒体融文字、声音、图像、视频于一体，能够将各种信息更加形象直观地展现在受众面前，使各种违法现象完全暴露在光天化日之下，受到鞭挞和抨击；使各种犯罪行为在强大的舆论压力面前，受到警示和震慑，并推动相关部门对揭露出来的问题做出及时处理。

党的十九届四中全会指出："坚持和完善党和国家监督体系，强化对权力运行的制约和监督。"① 各种监督形式之间分工明确，但不是各自为政、单打独斗，而是步调协同，信息共享，优势互补，形成合力。在国家监察委员会成立以前，纪检、监察、审判、检察、公安、审计等执纪执法机关之间就存在着协调配合关系。纪检机关对违犯党纪的党员做出相应的党纪处分，对涉嫌犯罪的党员移送司法机关处理；监察机关对于违反政纪的人员做出相应的政纪处分，对涉嫌犯罪的人员移送司法机关处理；公安、审计机关在履行职责过程中发现有违纪违法行为的人员，根据情况分别移送司法机关或纪检、监察机关处理；审判、检察机关在履行职责过程中发现

① 《中共中央关于坚持和完善中国特色社会主义制度 推进国家治理体系和治理能力现代化若干重大问题的决定》，《人民日报》2019年11月6日。

有违犯党纪政纪的犯罪嫌疑人，将有关材料移送纪检、监察机关处理。在国家监察委员会成立以后，国家监督系统内的各个国家机关在对权力制约监督方面各有侧重，国家权力机关居于统领地位，代表人民行使广泛的国家监督权，重点是对由自己产生的国家执行机关的监督；监察机关是依法行使国家监察权的专责机关，其监察对象覆盖所有行使国家权力的公职人员；检察机关和审判机关在国家监督系统中同监察机关工作实现无缝对接，贯穿从调查到起诉、从起诉到审判的整个过程，形成了职务犯罪案件由监察机关负责进行调查、检察机关根据监察机关调查结果依法提起公诉、审判机关对职务犯罪案件独立审判的权力结构和格局[①]。民主监督、群众监督、舆论监督的主体不是权力机关，也不是执纪执法机关，没有对违纪违法的组织、机关、团体及其公职人员的处置权，但他们的监督同样重要，通过对相关事件和人员的批评、谴责、检举、揭发，不仅可以形成强大的舆论震慑力量，而且有助于推动相关组织、机关、团体对问题的整改，对涉事人员的处置。由此，在国家监督系统的体制机制下，充分发挥各自的优势，使不同组织机构之间权力制约监督相互配合、密切协同，以实现不同监督形式在空间上衔接、在时间上紧扣、在功能上互补。

第二节　持续惩治腐败

惩治腐败既是一场严肃的政治斗争，又是一场激烈的智慧较量。腐败现象作为一种综合征，它产生的原因是综合的，造成的危害是综合的，因而对它的治理也是综合的。新时期我国惩治腐败经历了起步、探索、推进、强化四个阶段，其中改革政治体制、健全民主法治、注重制约监督、加大惩治力度一以贯之，始终是我们党遏制腐败滋生蔓延的工作着力点。

一、腐败的基本内涵

从人类社会发展史看，腐败是私有观念和政治权力的伴生物。人类社会自从出现私有观念和政治权力，腐败便无处不在、无时不有。据透明国际估算，当今世界每年行贿受贿的金额高达 4 000 亿美元。可见，腐败是

---

① 颜德如、栾超：《国家监督权力结构转换与系统重构》，《社会科学》2019 年第 12 期。

一种超越历史、超越国度的现象，无论哪一个国家、哪一种社会形态，都不能摆脱腐败的纠缠。但在不同历史时期、不同国度条件，腐败滋生蔓延的程度是不同的。影响腐败滋生蔓延的因素很多，如经济、政治、文化发展程度及其相互协调程度。而无论什么原因诱发腐败，最终都可以归结为对权力的滥用。

腐败一词的原意，是指事物的腐烂或变质。例如《辞海》解释为食物败坏或腐烂；《辞源》解释为溃烂、陈旧、腐朽或败坏。这些意思归纳起来，都是指物质性腐烂。可见，腐败最初是生物学意义上的概念。在社会实践中，腐败一词逐渐引申为事物由健康状态向腐朽、没落状态转变的过程。从政治学意义上讲，腐败是指一种社会制度或社会势力由盛而衰，由进步走向反动直至灭亡的过程，或特指思想、行为上的堕落，组织、机构、体制等方面的腐朽和衰败。腐败作为以公权谋私利的行为，包含着四个要素，即腐败行为的主体、腐败行为的方式、腐败行为的目的、腐败行为的后果。腐败行为的主体是公职人员，腐败行为的方式是利用职权，腐败行为的目的是谋取私利，腐败行为的后果是损害公共利益。

从我国实际情况看，腐败行为可以分为三类：第一类是公职人员滥用权力，直接将其控制的公共资源据为己有，人们把它称之为“侵吞型腐败”。这类腐败包括利用职务之便侵吞、窃取、占有公共财物，挪用、私分、挥霍公款，最典型的是贪污。第二类是公职人员滥用权力，将其控制下的好处或机会与其他人所拥有的资源进行交换，人们把它称之为“交易型腐败”。这类腐败包括非法接受他人财物，为他人提供便利或牟取利益，搞权钱交易、权人交易、权权交易，最典型的是受贿[①]。第三类是公职人员滥用权力，凭借职权要挟当事人进贡，人们把它称之为“勒索型腐败”。这类腐败包括以损害当事人的利益相威胁，以收费、摊派、提成、回扣、罚没等方式敲诈勒索，最典型的是吃拿卡要。由此可见，腐败在经济上是一种吞噬剂，在政治上是一种离心剂，在思想上是一种腐蚀剂，能否遏制其滋生蔓延，事关党的生死存亡，事关国家的安危治乱，事关人民的利害得失。

中国早在西周就有了关于腐败的记载。自那时起，腐败现象不仅作为日常生活事实而存在，而且作为官僚生活方式而存在。正像中国有句“近

① 王明高等：《中国新世纪惩治腐败对策研究》，湖南人民出版社，2002，第198页。

官得贵，近厨得食”的俗话，一个人只要步入仕途，就能从权力中得到好处。由于官吏的腐败会严重损害国家利益，使政权的合法性受到质疑，因而历代王朝都不敢贸然放任腐败，都在利用一切手段遏制腐败。然而，在传统社会，君主集立法、行政、司法大权于一体，终身任职，世代相袭，怎能容得下别人的制约监督呢？其最佳状态也不过是贤臣进谏，明君垂听。我国历史上虽有励精图治的君主，出现过文景之治、贞观之治、康乾之治的兴盛局面，也出现过一些清正廉明的官吏，如宋朝的包拯、明朝的海瑞、清朝的于成龙，他们的品格和功绩令人景仰，但最终还是无力回天。而贪官污吏却多如白蚁，最终蛀空每一座王朝大厦。

从历史发展看，各个朝代自开国至中兴，由于统治者接受前朝覆灭的教训，调整政策，与民生息，使经济得以恢复，国势得以增强。而当王朝中期以后，国内外各种矛盾加剧，皇室腐化，君主暗弱，外戚内宦作乱，国势开始衰败，结果都跳不出从夺取政权，暂时昌盛，到官吏腐败，走向灭亡的历史怪圈。清朝以少数民族崛起于关外而后入主中原，经过几代人的励精图治，完成了国家的统一大业，经济社会也发展到一个新的高峰，创造了中国历史上蔚为壮观的康乾盛世。但是，就在国家鼎盛之际，统治阶级却放弃了文治武功和积极进取精神，反而因富而奢、因盛而骄。而奢侈必然导致贪婪，骄傲必然走向懈怠，最终因贪婪而腐化，因懈怠而落后，使盛世如过眼烟云，很快滑向衰落，结果盛世成为“落日的辉煌”，最后在不间断的外敌入侵和内部变乱中彻底覆亡。清朝兴衰成败的历史，反映了腐败消解国家统一意志和前进动力、导致社会灾难和王朝倾覆的不变真理。

二、腐败的滋生原因

从我国实际情况看，腐败滋生蔓延的原因很多：一是处于经济体制转轨的急剧变革时期，社会上出现了某些体制碰撞、法制漏洞、机制摩擦、政策冲突以及管理真空，使行政行为、市场行为、企业行为得不到严格规范和有效调控，从而为腐败的滋生蔓延留下了空间。二是适度分权促成权力主体的多元化，使更多的地方、部门、单位和个人拥有权力，因而在微观层面上，公共权力是增大而不是减少了，制约监督的任务是加重而不是减轻了。在缺乏有效制约监督的情况下，分散的权力往往会滋生更多的腐败。三是在经济体制改革促成利益主体多元化的社会条件下，政治体制改革相对滞后，使权力配置不科学，权力运行不规范，权力制约不到位，与多元化的利益主体不相适应，从而导致权力向经济领域、金钱向政治领域双向渗透。四是经济体制改革和利益关系调整，对党员干部的思想观念、价值取向和生活方式不能不产生深刻影响，使一些党员干部群众观点淡忘了，宗旨意识弱化了，在各种诱惑面前产生了攀比心理、失衡心理、补偿心理，甚至把为群众谋利益当作一种恩赐，从中索取回报，从而形成了腐败的主观动机。五是随着思想文化交流交融交锋更加频繁，资本主义腐朽意识和封建主义残余思想在一些领域滋长蔓延。在腐朽没落思想文化的冲击下，少数党员干部顶不住诱惑、耐不住寂寞、守不住底线，经不住改革开放和市场经济的考验，以致理想信念动摇、价值取向偏移、奉献意识弱化、进取精神衰退、荣辱观念颠倒、道德操守失范，甚至以权谋私，贪赃枉法。六是一些党组织治党不严，管理不善，导致一些党员干部党性观念淡薄，组织纪律松懈；对腐败惩治不力，失之于宽、失之于软，使腐败行为的代价太小、成本太低，一定程度助长了腐败分子的侥幸心理。从腐败滋生蔓延的原因看，有经济政治方面的原因，有思想文化方面的原因，其中经济政治方面的原因更带有根本性、全局性。

政企不分、官商合一是新的历史条件下腐败滋生的经济根源。一般来说，腐败的主体同时也是权力的主体。但掌握权力只是腐败产生的必要条件，而不是充分条件。在传统的计划经济体制下，国家是唯一的投资主体、经营主体和利益主体，企业只是政府的附属物，对于原材料来说，你多给我就多生产，你少给我就少生产，反正与我的利益无关。由于没有形成多元的利益主体，政府手中的物资、资金、项目的分配权和审批权并不能给权力主体带来直接的好处。随着以市场经济为取向的经济体制改革的深入，经济主体开始由一元向多元转变，促使体制外迅速崛起一批以盈利为目的的相对独立的经济主体。然而此时发展经济所必需的物资、资金仍控制在政府手中，大量的生产要素仍由国家配置。这就使初始形态的市场经济与原有体制交织在一起，市场机制与行政机制同时对经济生活起作用，以致在市场竞争与行政干预之间产生明显的经济落差，这就造成了权钱交易的内在冲动和外部条件，由此导致权力向经济领域、金钱向政治领域双向渗透，从而使腐败得以迅速滋生和蔓延。按照寻租理论的观点，腐败现象产生的过程，就是权力主体进入市场，利用自己的垄断地位干预经济，创造经济租金，从而诱使经济主体从事寻租活动，通过行贿获得经济租金的过程。经济租金等于市场价格与官方价格之间的差价。寻租的存在依赖两个基本前提：一是货币化的市场经济；二是行政化的市场管制。这两个前提只有同时具备，才能产生租金和寻租活动。如果只有货币化的市场经济而没有行政化的市场管制，就形不成差价，也就无租可寻；如果只有行政化的市场管制而没有货币化的市场经济，就无法形成巨额租金，这同样无租可寻。既然存在租金，就有寻租活动。寻租就是用较低的贿赂成本，获取较高的经济收益，其实质是一种权钱交易。从实际情况看，随着市场经济体制改革的深化，市场配置资源决定作用的发挥，腐败滋生的经济根源主要是就其存量而言的，就其增量而言，还必须从政治上寻求根源。

权力运行缺乏有效的制约监督，是新的历史条件下腐败滋生的政治根源。绝对的权力导致绝对的腐败，已经被古今中外无数事实所证实。所谓绝对的权力，就是高度集中、不受制约的权力，其基本特征是：权力行使范围无界限性，权力行使行为无规则性，权力行使后果无责任性。一个时期内我国出现的腐败，已经不是一种个别的、偶然的现象，而是一种带有普遍性的现象，这是因为有相当一部分公职人员选择了以腐败作为满足个人利益的途径和方式，从而昭示现行的权力结构和制度安排存在着严重的缺陷，使权力的运行不受制约，具有很大的随意活动的空间，不仅诱使某些公职人员从事腐败活动，而且提供了相应的机会，使从事腐败活动被发现和受制裁的机会很小。以党的纪律检查体制为例，以往纪委受同级党委和上级纪委的双重领导，实际上是以同级党委领导为主，纪委成员的提名、任命、调动和待遇都掌握在同级党委手中。这种体制上的局限性，很大程度上削弱了纪委的独立性和权威性，限制了纪委监督职能的发挥，特别是很难履行对同级党委及其主要领导成员的监督。历史的经验昭示我们：好的体制，可以有效地预防和制止腐败现象的发生，反之，不好的体制，则会导致腐败现象的滋生和蔓延。腐败本质上是权力的异化，其深层次原因是一个政治体制问题，归根到底，是政治体制存在着严重的弊端和缺陷，即权力高度集中、缺乏有效制约。如果体制设计是导致腐败的根源的话，那么对个别腐败分子的查处并不能有效地遏制腐败[①]。因此，遏制腐败滋生蔓延的有效办法，就是从体制上解决权力高度集中、缺乏有效制约的问题。否则，在权力行使上仍然为个人决定重大问题留有余地，那么腐败就会前仆后继，防不胜防。从这种意义上说，通过改革和创新，从体制上清除腐败滋生蔓延的土壤和条件，是预防和治理腐败的必由之路。党的十八大以来，在以习近平同志为核心的党中央领导下，我国政治体制改革稳步推进，反腐败斗争取得了压倒性胜利。这一切为后续的改革和建设奠定了坚实基础。

剥削阶级腐朽思想侵蚀的机会增多，金钱财物的诱惑增大，一些领导干部的价值取向偏移，理想信念失落，是新的历史条件下腐败滋生的思想根源。在中国传统社会，由于国与家不分，公与私不分，统治者几乎可以随心所欲地占有自己想要获取的一切。皇帝以下大小官职与其说是一种职位，毋宁说是一种名分、一种利益，一旦获得了这种名分，就可以享有种种特权。由此形成的"君君臣臣，父父子子"的等级观念、"一人得道，鸡犬升天"的宗法观念、"刑不上大夫，礼不下庶人"的特权观念等已经成为支配人们政治思维的政治文化沉淀于民族心理结构之中。与这种"高官厚禄"的传统观念相适应，人们内心世界"升官发财"的意识根深蒂固，甚至成为民间社会的一种祝福。与此同时，随着对外开放的扩大，资本主义腐朽意识如拜金主义、享乐主义、个人主义也乘机渗透进来，并与封建思想残余遥相呼应，兴风作浪，使党风、政风、社会风气受到不同程度的污染。一些领导干部承续家长制、裙带风、关系网等封建流弊和物质至上、享乐至上、个人至上的资本主义腐朽意识，利用自己的权势和影响为个人和亲友谋取私利，有的已经达到了贪得无厌、使人触目惊心的程度。实践昭示我们，思想意识防线是拒腐防变的第一道防线，如果这道防线守不住，党纪国法防线也很难守得住。一些领导干部堕落为腐败分子，往往是从这道防线失守开始的。诚如有的学者所指出：任何腐败现象都是由腐败意识、腐败行为、腐败后果三个要件组成的[②]。这三个要件的关系既具有统一性，又具有主从性。腐败分子蜕变过程的一个共同特点，就是思

① 伊莱恩·卡马克：《过去20年各国政府改革的经验与教训》，《经济与社会体制比较》2005年第6期。

② 倪星：《试论中国反腐败方略的系统设计》，《政治学研究》2003年第4期。

想意识腐败先于权力行为腐败。大到世界观、人生观、价值观和权力观、利益观、地位观的扭曲，理想信念的丧失，党性原则的淡薄，意志品质的衰退；小到对小事、小利、小节放松警惕，为名利所累，为物欲所惑，为人情所动，都是思想意识腐败的表现和征兆。而权力行为腐败则是思想意识腐败的必然结果。要防止思想意识腐败进而导致权力行为腐败，就必须运用廉政典型进行示范教育，运用腐败案例进行警示教育，运用廉政条规进行法纪教育，使领导干部自觉把方针政策作为生命线以自持，把法律法规作为高压线以自卫，把党纪政纪作为警戒线以自律，从而夯实清正廉洁的思想根基，筑牢拒腐防变的精神堤防。

三、腐败的治理进程

改革开放以来，反腐败始终是我们党和政府的一项重要政治任务，也是人民群众普遍关注的一个敏感社会问题。古今中外无数事实表明：执政基础最容易因腐败而削弱，执政能力最容易因腐败而降低，执政地位最容易因腐败而动摇。如果腐败问题得不到根治，任其滋生蔓延，党就会发生蜕变、丧失民心，就会在各种风险和挑战面前不战自败。因此，在新的历史条件下，能否有效防治腐败，关乎人心向背，关乎党和国家兴衰成败、生死存亡，是一个根本性的重大问题。

起步阶段。1978 年 12 月，中国共产党召开了十一届三中全会，实现了我们党具有深远历史意义的伟大转折。这次会议实现了党的工作着重点的转移，为我国政治体制改革和制约监督机制建设提供了政治前提；提出了一系列路线方针政策，尤其是关于发展社会主义民主和健全社会主义法治的目标，关于改变同生产力发展不相适应的生产关系和上层建筑的任务，为我国政治体制改革和制约监督机制建设奠定了理论基础。全会根据历史经验教训，决定健全党的民主集中制，坚持党中央和各级党委的集体领导，健全党规党法，严肃党纪。

十一届三中全会决定，恢复成立中央纪律检查委员会，并选举陈云为中央纪律检查委员会第一书记。中央纪委按照党中央统一部署，集中精力开展拨乱反正和端正党风的工作，平反了大批冤假错案，整顿了各级领导班子。1980 年，陈云提出“执政党的党风问题是有关党的生死存亡的问题”[①] 的重要论断，中央纪委据此确立了以端正党风为中心的工作指导方针。随着改革开放不断深入，经济领域中的严重犯罪活动也猖獗起来。1982 年初，中央就打击经济领域严重犯罪活动通知发出后，中央纪委和各级纪委作为中央和各级党委领导这场斗争的办事机构，随即同有关部门密切配合，严惩了走私贩私、行贿受贿、投机诈骗、贪污盗窃等严重犯罪分子。从 1982 年 2 月到 1986 年 7 月，全国在打击严重经济犯罪活动中，受党纪处分的党员 67 613 人，其中被开除党籍 25 598 人。

新形势下党内思想、组织、作风不纯的问题日益突出，严重损害党和群众的关系，削弱党组织的战斗力。中央纪委在大力倡导党的优良传统和作风的同时，努力纠正党内不正之风，并协同政法部门查处违纪违法行为。对于广大群众反映强烈的歪风邪气，各级纪检机关采取了逐个清理和纠正的办法，认真查处了在招工、提干、出国、农村户口转为城镇户口、建房分房中以权谋私和用公款请客送礼、挥霍浪费等不正之风。同时，各级纪委把查处党员违纪案件作为从严治党、惩治腐败的重要举措来抓，重点查处了贪污受贿等经济方面违纪违法案件，侵犯国家和群众利益的以权谋私案件，以及腐化堕落、道德败坏的案件，清除了一批腐败分子。从 1982 年到 1986 年，共处分违纪党员 650 141 人，其中开除党籍 151 935 人。

1986 年 12 月，第六届全国人大常委会决定设立国家监察部，重建国家行政监察机构。1987 年 6 月，国家监察部正式成立。随后，全国县以上各级人民政府先后成立了监察机构。为了强化反腐败职能，各级人民检察院自 1989 年 8 月起相继建立了专门的反贪污贿赂机构——反贪污贿赂工作局，主要负责贪污、贿赂、挪用公款等职务犯罪案件的侦查工作。从 1993 年起，中纪委、监察部合署办公，履行党的纪律检查和行政监察两项职能，加强了党风廉政建设和反腐败工作。1987 年初，中共中央提出：要建立“一套制度制约和监督党和国家的高级领导人、特别是职权最高的领导人都能严格遵守宪法、遵守党纪，不至于不受任何限制而自由行动，使我们党和国家的治理基本上靠制度而不是靠个人。”[②]

1990 年 3 月，党的十三届六中全会做出《关于加强党同人民群众联系

① 中共中央文献研究室编《陈云文选》，人民出版社，1986，第 245 页。

② 中共中央纪律检查委员会办公厅编《党纪党风常用条规手册》，法律出版社，1991，第 126 页。

的决定》后，各级纪检机关在党委的统一领导下，从本地区、本部门的实际出发，采取有效措施认真纠正党内官僚主义、形式主义和以权谋私等各种不正之风。从 1990 年开始，在全国范围内重点清理了党政干部违纪违法建私房、用公款超标准装修住房等问题。据统计，全国共清退多占公房 17.9 万多套，收缴款项 6.5 亿多元，受经济处罚的 8.4 万多人，受纪律处分的 9 800 人。全国党政机关共清理超标准小汽车 21 000 多辆，其中现职省部级领导干部乘坐的 456 辆。积极配合有关部门重点清理纠正乱摊派、乱收费、乱罚款和吃拿卡要等行业不正之风。群众反映强烈的用公款送子女上学，用公款游山玩水、大吃大喝、挥霍浪费等问题不同程度地得到了修正。

党的十三大之后，中央纪委和各级纪委在党中央的统一领导下，牢固树立纪检工作必须保证党的基本路线贯彻执行的指导思想，切实履行“保护、惩处、监督、教育”四项职能，坚持从严治党的方针，大力加强党风廉政建设，始终把查处违纪案件作为严肃党纪的中心环节，重点查处违背党的基本路线，反对四项基本原则，抵制和对抗改革开放方针政策的案件；查处贪污盗窃、索贿受贿、以权谋私、失职渎职案件；查处道德败坏、腐化堕落等案件，严明党的纪律，坚决清除腐败分子。从 1987 年到 1992 年，各级纪检机关共查处党内各类违纪案件 874 690 件，处分党员 733 543 人，其中开除党籍 154 289 人，由司法机关给予刑事处分 42 416 人。在受处分的党员干部中，县团级 16 108 人，地师级 1 430 人，省军级 110 人。

探索阶段。1992 年 10 月，党的十四大根据邓小平南方谈话精神，把建立和完善社会主义市场经济体制作为我国经济体制改革的目标。为了防止市场经济条件下权力向经济领域、金钱向政治领域渗透，党的十四大报告提出：要建立有效防范以权谋私等腐败现象的“约束机制”，为之后沿着这一思路继续探索开了先河。1994 年 9 月，党的十四届四中全会通过的《关于加强党的建设几个重大问题的决定》提出：要“逐步建立健全有效的监督约束机制”，“逐步形成强有力的监督体系，以保证党的肌体的健康和各项任务的顺利完成”。

1993 年 8 月召开的中纪委第二次全会，是我国新时期反腐败进程中具有里程碑意义的会议。会议做出了加大反腐败斗争力度的重大决策：一是明确了反腐败斗争的基本原则和总体思路，确定了反腐败三项工作格局，即领导干部廉洁自律、纠正部门和行业不正之风、查办大案要案；二是提出了通过深化改革和创新体制机制从源头上解决腐败问题的思路，加大了源头治理腐败的力度。此后我国的反腐败斗争，基本上是按照这次会议确定的指导思想和工作格局进行的，并根据不同时期形势任务变化的需要而不断丰富和发展。1996 年，我国开始在上海、深圳、重庆等地试点政府采购工作。经过几年的努力，初步形成了一套比较完整的政府采购管理体系。2001 年全国实行政府采购的金额达 600 多亿元，资金节约率为 11%。

查办腐败案件是遏制腐败滋生蔓延的必然要求。根据工作需要和实践探索，纪检监察机关逐步加大法规制度建设力度，依法明确了查办案件的原则、任务、职责权限、立案标准、调查手段、移送程序等事项，初步建立了办案工作法规制度体系，为查办违纪违法案件提供了法规制度依据。从 1992 年 10 月至 1997 年 6 月，全国纪检监察机关共立案 731 000 多件，结案 670 110 多件，给予党纪政纪处分 669 300 多人，其中开除党籍 121 500 多人，追究刑事责任 37 492 人。在受处分的党员干部中，县处级干部 20 295 人，厅局级干部 1 673 人，省部级干部 78 人。通过查办违纪违法案件，维护了党纪国法的严肃性，教育了党员干部，振奋了党心民心。

1997 年 9 月召开的党的十五大，提出反腐败要“坚持标本兼治，教育是基础，法制是保证，监督是关键。通过深化改革，不断铲除腐败现象滋生蔓延的土壤”①。1998 年 1 月，中央决定首先对公安、检察、法院和工商等四部门的行政性收费和罚没收入实行“收支两条线”管理，推行“单位开票，银行代收、财政统管”的办法。同时废止行政性收费和罚没收入由执收执罚部门“自收自支”或按比例留成的做法，严禁各级政府及其所属部门向司法机关和行政执法单位下达收费和罚款指标。实行“收支两条线”使多年来乱收费、乱罚款的现象得到了有效遏制，每年减轻社会负担 1 040 亿元。1998 年 7 月，中央决定军队、武警部队、司法机关、党政机关与所办经济实体脱钩，同时实行费改税、预算外收入纳入财政管理。这些举措的实施有利于公正执法，从源头上清除腐败。

一个时期内，铁路、民航、电力、燃气、电信、供水、银行、保险等行政性垄断行业和部门存在着严重的吃拿卡要和乱收费、乱加价等不正之

① 《江泽民文选》第 2 卷，人民出版社，2006，第 46 页。

风，损害了人民群众的利益，助长了这些行业和部门的腐败现象。为了改变这种状况，自 20 世纪 90 年代中期以来，国家加大了对这些行业的改造改组力度，在行业内部组建多个公司，同时放宽其中一些行业的市场准入限制，引入竞争机制。通过将市场竞争机制引入行政性垄断行业和部门，在降低价格、改进服务方面收到了明显的效果，行政性垄断行业和部门损害人民群众利益的行为受到遏制。同时，治理公路“乱设卡、乱收费、乱罚款”，全国共撤除违反规定设置的收费站、检查站 8 700 多个，实现了国道省道无“三乱”的目标。

2000 年，党中央颁发和实施了《党政领导干部选拔任用工作条例》，使民主推荐、公开选拔、竞争上岗等干部任用制度得到普遍推行；2000 年 12 月，中央决定深化行政审批制度、财政管理制度、干部人事制度改革，逐步完善建设工程招标投标、经营性土地使用权出让、产权交易和政府采购四项制度。国务院各部门第一批取消行政审批项目 789 项，对保留的行政审批项目，简化审批环节，规范审批程序，加强制约监督，提高审批工作的透明度。从 2001 年起，首先在省部级现职领导干部中实行家庭财产报告制度，由领导干部报告本人、配偶以及由其抚养的子女的家庭财产，包括大额现金、存款、有价证券、房产、汽车、债权债务等家庭财产。这一系列举措，有利于铲除腐败滋生蔓延的土壤和条件。2001 年 9 月，党的十五届六中全会做出《中共中央关于加强和改进党的作风建设的决定》，对于深入开展党风廉政建设和反腐败斗争，具有重要的指导意义。

加大对腐败的惩治力度，重点查办党政领导机关、行政执法机关、司法机关、经济管理部门和县处级以上领导干部的违纪违法案件；认真查办金融、建筑、海关、人事、司法等领域的案件，贪污贿赂、徇私枉法、买官卖官、严重失职渎职的案件，破坏社会主义市场经济秩序的案件。1997 年 10 月至 2002 年 9 月，全国纪检监察机关共立案 861 917 件，结案 842 760 件，给予党纪政纪处分 846 150 人，其中开除党籍 137 711 人，追究刑事责任 37 790 人。在受处分的党员干部中，县处级干部 28 996 人，厅局级干部 2 422 人，省部级干部 98 人。特别是查处了全国人大常委会原副委员长成克杰、江西省原副省长胡长清、公安部原副部长李纪周、沈阳市原市长慕绥新等一批腐败分子，查办了湛江和厦门特大走私案，产生了很大的震慑作用，维护了党纪国法的严肃性，为国家挽回了大量经济损失。

通过纪检监察实践探索和经验总结，这一阶段反腐败的指导思想、领导体制、基本对策、工作格局、运作思路基本形成。我们党明确了紧紧围绕经济建设这个中心开展党风廉政建设和反腐败斗争的指导思想；形成了加强教育、健全法制、强化监督，通过深化改革不断铲除滋生腐败的土壤的反腐败标本兼治、综合治理的基本对策；形成了以领导干部廉洁自律、纠正部门和行业不正之风、查办大案要案为内容的反腐败三项工作格局；形成了战略上总体规划，全面部署，战术上分步推进，重点突破，把腐败现象遏制到最低限度的运作思路。党的十四大以来，每年中纪委都要召开全会总结全年工作，部署下一年度的任务。党的总书记每年都要在中纪委全会上发表讲话，对反腐倡廉工作提出要求。国务院每年都要召开廉政工作会议，对政府机关的廉政建设和反腐败工作进行总结和部署。各级党委、政府认真贯彻党中央、国务院的部署，具体落实反腐败各项工作。

推进阶段。进入新世纪新阶段，胡锦涛在 2003 年 1 月召开的中纪委二次全会上的讲话中指出：党风问题关系党和国家的生死存亡，这是我们党深刻观察历史和现实得出的一个科学结论。事实告诉我们，一个政党在执政过程中虽然把经济搞上去了，但自身腐败问题严重而又无力克服，导致社会风气败坏，最终也会丧失民心，带来灾难性后果。2003 年底，党中央颁布了《中国共产党党内监督条例》和《中国共产党纪律处分条例》，完善了党内监督机制；2004 年初，党中央建立了巡视制度，并决定对纪检监察派驻机构实行统一管理，逐步实现对中央一级党和国家机关派驻机构的全覆盖。

2003 年 10 月，党的十六届三中全会提出建立健全与社会主义市场经济体制相适应的教育、制度、监督并重的惩治和预防腐败体系。这是坚持标本兼治、综合治理、惩防并举、注重预防方针的重要体现。从此，我们党逐步走出反腐败三项工作格局的模式，在强调惩治腐败的同时更加注重预防，注重各种手段和力量的统一协调，注重反腐败措施的整体性和系统性。2005 年 1 月，中共中央颁布了《建立健全教育、制度、监督并重的惩治和预防腐败体系实施纲要》，明确提出："到 2010 年，建成惩治和预防腐败体系基本框架。再经过一段时间的努力，建立起思想道德教育的长效机制、反腐倡廉的制度体系、权力运行的监控机制，建成完善的惩治和预防腐败体系。"[1] 这是新世纪新阶段深入开展党风廉政建设和反腐败斗争的新模式，是从源头上防治腐败的根本举措。

2003 年 8 月，全国人大常委会批准加入《联合国打击跨国有组织犯罪公约》。2005 年 10 月，全国人大常委会批准加入《联合国反腐败公约》。加入"两个公约"为我国加强反腐败国际交流与合作，解决涉外腐败犯罪案件"调查取证难，人员引渡难，资金返还难"提供了国际法依据。从调查取证看，公约不仅要求缔约国采取措施对证人提供有效的人身保护，而且允许借助一些"秘密途径"获得证据。从人员引渡看，按照公约的规定，腐败犯罪嫌疑人在缔约国境内不能以政治犯相待。"政治犯不引渡"作为国际法的基本原则，一直是外逃犯罪嫌疑人的救命稻草。联合国反腐败公约的相关条款，掐断了这根救命稻草。从资金返还看，公约创设了腐败犯罪所得资产的追回法律机制，并对这类资产追回、处置和返还的依据、条件、程序、方式等作了较为完整的规定。这两个条约被认为是悬在中国贪官外逃路上的两把利剑。

在党中央统一领导下，各地建立了由纪检、法院、检察、监察、审计等机关主要领导参加的反腐败协调小组，在查办大案要案、惩治腐败分子、加强制度建设、注重制约监督、治理商业贿赂、纠正损害群众利益的不正之风等方面取得重要进展。着力抓好领导干部廉洁自律工作，重点治理违反规定收送现金、有价证券和支付凭证，跑官要官，纵容配偶、子女和身边工作人员利用领导干部职务影响谋取私利，借婚丧嫁娶等事宜收钱敛财等问题。坚决纠正损害群众利益的行为，认真开展治理教育乱收费、纠正医药购销和医疗服务中的不正之风等工作；集中整治土地征用、房屋拆迁、企业改制、安全生产、环境保护、食品药品安全、社保基金管理等方面群众反映强烈的问题。从 2002 年 12 月至 2007 年 6 月，全国纪律检查机关共立案 677 924 件，结案 679 846 件，给予党纪处分 518 484 人。查处陈良宇、杜世成、郑筱萸等少数高级干部严重违纪违法案件，依纪依法严肃处理，表明我们党反对腐败的坚定决心和鲜明态度。

党的十七大之后，党和政府推进建设统一规范的公共资源交易市场，铁路、水利、交通运输等工程建设项目进入地方公共资源交易市场集中交

---

① 《建立健全教育、制度、监督并重的惩治和预防腐败体系实施纲要》，《人民日报》2005 年 1 月 17 日。

易。推进行政审批制度改革，行政审批项目逐步减少和规范。深化干部人事制度和司法、财税、金融、投资、国有资产经营管理体制改革。开展制止公款出国旅游专项工作，加强因公出国管理，全国党政干部因公出国团组、人次和经费大幅下降。开展工程建设领域突出问题专项治理，排查工程建设项目 42.51 万个，查办违纪违法案件 2.43 万件。开展小金库专项治理，清理小金库 60 722 个，涉及金额 315.86 亿元。开展公务用车问题专项治理，清理违规车辆 19.96 万辆。党务公开、政务公开、厂务公开、村务公开不断深化。

坚决查办违纪违法案件，维护党纪国法的严肃性。重点查办领导机关和领导干部中滥用职权、贪污贿赂、腐化堕落、严重失职渎职案件，涉案数额巨大、影响恶劣的案件，官商勾结、为黑恶势力充当保护伞的案件，以及发生在群众身边的腐败案件，涉嫌犯罪的及时移送司法机关。2007 年 11 月至 2012 年 6 月，全国纪检监察机关共立案 643 759 件，结案 639 068 件，给予党纪政纪处分 668 429 人，涉嫌犯罪被移送司法机关处理 24 584 人。全国共查办商业贿赂案件 81 391 件，涉案金额 222.03 亿元。查处了薄熙来、刘志军、许宗衡等一批重大违纪违法案件。同时，建立健全防逃追逃追赃机制，协调有关部门成功将一批外逃的重大案件涉案人员缉捕归案。加强信访举报工作，拓宽案件线索渠道，对实名举报实行反馈和回复制度，健全举报人保护制度。

在反腐败斗争实践中，通过不断探索总结，党和政府在明确反腐败斗争的指导思想、基本原则的基础上，形成了一整套较为系统的对策举措。在党和国家建设方面，提出了建立和完善结构合理、配置科学、程序严密、制约有效的权力运行机制的要求。在反腐败具体工作方面，提出了标本兼治、综合治理、逐步加大治本力度的战略方针，强调要加强教育，发扬民主，健全法制，强化监督，创新体制，把反腐败寓于各项重要政策措施之中，从源头上预防和治理腐败问题。反腐败工作从领导干部廉洁自律、纠正部门和行业不正之风、查办大案要案的三项工作格局，到逐步深化源头治理、推进政务公开等项工作，不断向纵深发展。为了加强反腐败工作的领导和协调，中共中央成立了反腐败工作领导小组，提出建立党委统一领导、党政齐抓共管、纪委组织协调、部门各负其责、依靠群众支持和参与的领导体制和工作机制。

强化阶段。党的十八大以来，以习近平同志为核心的党中央深刻认识党风廉政建设和反腐败斗争的严峻形势，坚持无禁区、全覆盖、零容忍，掀起了力度、广度、深度空前的反腐败斗争。根据记载，从 20 世纪 80 年代到 2012 年的 30 多年间，有 130 多名高级干部被绳之以法。近年来“打虎”数目远远超过以往 30 年的总和。纵向上看，翻开二十四史，没有哪个朝代、哪个时期反腐败的力度如此之大；横向上看，遍览世界各国，没有哪个国家、哪个政党反腐败的决心如此之强。据国家统计局开展的民意调查数据显示，党的十八大召开前，人民群众对党风廉政建设和反腐败工作的满意度是 75%，2013 年是 81%，2014 年是 88.4%，2015 年是 91.5%，2016 年是 92.9%，2017 年是 93.9%，逐年走高。其中中央带头正风肃纪、发挥巡视利剑作用、切断贪官外逃后路、清理群众身边“虎蝇”、加大腐败惩处力度、始终保持高压态势，是新时代我们党反贪惩腐的主要举措。

中央带头正风肃纪。2012 年 12 月 4 日举行的中央政治局会议，通过了《十八届中央政治局关于改进工作作风、密切联系群众的八项规定》。这是党的十八大召开以后制定的第一部重要党内法规。这次政治局会议强调，抓作风建设，首先要从中央政治局做起，要求别人做到的自己先要做到，要求别人不做的自己坚决不做，以良好党风带动政风民风，真正赢得群众信任和拥护。以习近平同志为核心的党中央以身作则，率先垂范，严格执行八项规定，各地区各部门陆续制定相应规定、细则并严格贯彻落实中央八项规定精神。一时间月饼、贺卡、年货、会所禁令频出，向全党全社会释放了违纪必究、执纪必严的强烈信号。五年中，各级纪检监察机关共查处违反中央八项规定问题 18.9 万起，处理党员干部 25.6 万人。通过执行八项规定、开展思想教育、强化巡视巡察、加大整肃力度等一系列举措，党风政风有了明显好转。从实际情况看，公款吃喝、公款送礼、公款旅游这三大群众反映强烈的突出问题明显减少。截至 2016 年 12 月，全国查处的这三类问题共 3.18 万起，违纪行为发生在 2013 年、2014 年的占 76.1%，发生在 2015 年、2016 年的占 23.9%，逐年大幅下降。

发挥巡视利剑作用。巡视是党内监督战略性制度安排，彰显了中国特色社会主义民主监督的制度优势。在五年间，中央政治局、中央政治局常委会先后召开 23 次会议研究巡视工作，听取巡视情况汇报、审议巡视情况专题报告。党中央两次修订《中国共产党巡视工作条例》，制定中央巡视工作五年规划、市县党委建立巡察制度的意见，形成巡视巡察上下联动的格局。中央巡视工作领导小组召开115次会议，组织开展12轮巡视，共巡视277个党组织，在党的历史上首次实现一届任期内巡视全覆盖。巡视中共处理来信来访159万件次，与党员干部和群众谈话5.3万人次，发现各类突出问题8 200余个。山西系统性、塌方式腐败，湖南衡阳破坏选举案，四川南充和辽宁拉票贿选案等重大问题线索都是巡视发现的。从2018年，十九届中央第一轮巡视15个巡视组对14个省区，8个中央单位，8家央企，10个副省级城市党组织进行了巡视，被巡视地方和单位全部在中央纪委国家监委网站上晒出了各自的整改进展情况通报，释放出党中央从严治党决心不变、力度不减、尺度不松的强烈信号。

切断贪官外逃后路。海外不是法外，天网恢恢，虽远必追。党的十八大以来，党中央对反腐败国际追逃追赃工作高度重视，要求各有关部门加大交涉力度，不能让国外成为腐败分子的“避罪天堂”，腐败分子即使逃到天涯海角也要追回绳之以法。中央和省级反腐败协调小组设立国际追逃追赃工作办公室，形成集中统一的协调机制，加强基础工作，摸清底数，建立外逃人员数据库，制定责任追究制度，把追逃追赃作为遏制腐败蔓延的重要一环，公布百名外逃人员红色通缉令，连续组织开展天网行动，因国施策、因案制宜，追拿归案一批外逃腐败分子。截至2018年11月30日，天网行动先后从120多个国家和地区追回外逃人员4 997人，其中百名红通人员56人，追回赃款105.14亿元人民币。这项工作对企图外逃的腐败分子产生极大震慑。据统计，2014年新增外逃人员为101人，2015年降到31人，2016年降到19人，2017年1至5月降到4人，呈现出逐年下降的趋势。2018年8月23日，国家监察委员会、最高人民法院、最高人民检察院、公安部、外交部联合发布敦促职务犯罪案件境外在逃人员投案自首的公告。公告发布以来，已有近百名外逃人员投案自首。

清理群众身边“虎蝇”。在中央致力于打“虎”、拍“蝇”反腐行动中，一些科级干部和村干部成为各类贪腐大案的主角，动辄千万元、上亿元的涉案金额令人瞠目。这种小官巨贪被网民称为“虎蝇”。1.2亿元现金、37千克黄金、68套房产，这是仅为科级干部的秦皇岛市北戴河区供水总公司原总经理马超群的“腐败清单”。与马超群类似的不少小官巨贪纷纷浮出水面。广州国营白云农工商联合公司原总经理张新华，被控涉嫌贪污 2.84 亿元、受贿近 1 亿元。深圳龙岗区南联社区村干部周伟思在旧城改造项目中收受一房地产公司逾千万元“好处费”。小官巨贪主要集中在农村征地拆迁、项目审批、截留挪用公款等领域。同时，随着国家对基层和农村的优惠政策、补贴资金力度加大，一些基层贪腐官员将“黑手”伸向这些领域。对此，中央纪委召开电视电话会议，部署专项整治，通报曝光 42 起典型案例。省区市党委和纪委开展专项巡视巡察，突出审查重点，加大对“小官巨贪”惩处力度，对胆敢动扶贫资金财物“奶酪”的严惩不贷。党的十九大以来，全国共查处群众身边腐败和作风问题 23.87 万个，处理 31.60 万人。在扶贫领域，全国共查处腐败和作风问题 13.31 万个，处理 18.01 万人。

加大腐败惩处力度。2013 年 1 月，习近平总书记在十八届中央纪委二次全会上强调，要更加科学有效地防治腐败，坚定不移把党风廉政建设和反腐败斗争引向深入。为了遏制腐败现象蔓延势头，党中央坚决查处山西系统性、塌方式腐败问题，对省委领导班子做出重大调整。对湖南衡阳破坏选举案严肃问责，467 人受到责任追究。对四川南充拉票贿选案涉及的 477 人严肃处理。严肃查处辽宁省系统性拉票贿选问题，共查处 955 人，其中中管干部 34 人。与此同时，我国新修改的刑法加大了惩处腐败犯罪力度，完善了反腐败的制度规定：一是修改贪污受贿犯罪的定罪量刑标准。新法删去对贪污受贿犯罪规定的具体数额，明确规定数额较大或者情节较重、数额巨大或者情节严重、数额特别巨大或者情节特别严重三种情况，相应规定三档刑罚，并对数额特别巨大，使国家和人民利益遭受特别重大损失的，保留适用死刑。二是增加规定，对犯贪污、受贿罪，被判处死刑缓期执行的，人民法院根据犯罪情节等情况，可以同时决定在其死刑缓期执行二年期满依法减为无期徒刑后，终身监禁，不得减刑或假释。

始终保持高压态势。2012 年 12 月 6 日 中央纪委公布四川省委副书记李春城涉嫌严重违纪接受组织调查，拉开了查处腐败大案要案的序幕。五年中经党中央批准立案审查的省军级以上党员干部及其他中管干部 440 人。其中十八届中央委员、候补委员 43 人，中央纪委委员 9 人。全国纪检监察机关共接受信访举报 1 218.6 万件，处置问题线索 267.4 万件，立案 154.5 万件，处分 153.7 万人，其中厅局级干部 8 900 余人，县处级干部 6.3 万人，涉嫌犯罪被移送司法机关处理 5.8 万人，为国家挽回经济损失

553 亿余元。周永康、孙政才、令计划等人严重违反党的政治纪律和政治规矩，政治野心膨胀，搞阴谋活动。党中央及时察觉、果断处置，坚决铲除这些野心家、阴谋家，消除重大政治隐患。党的十九大以来，中央纪委国家监委立案审查的中管干部 70 余人。2018 年 1 至 9 月，全国纪检监察机关立案 46.4 万件，处分 40.6 万人。经过全党共同努力，腐败蔓延势头得到有效遏制，不敢腐的目标初步实现，不能腐的制度日益完善，不想腐的堤坝正在构筑。

2018 年 12 月 13 日召开的中央政治局会议指出，党的十九大以来，以习近平同志为核心的党中央坚定不移推进全面从严治党，党内政治生态展现新气象，反腐败斗争取得压倒性胜利。这是党中央对我国反腐败斗争形势的重大判断，标志着我国反腐败斗争成果正从量的积累迈向质的转变。一是从反腐倡廉方面看，腐败存量正在减少，腐败增量得到有效遏制。二是从作风建设方面看，各种不正之风得到全面治理，新风正气得到弘扬。三是从纪律执行方面看，各种违纪现象大为减少，党的纪律和规矩得到严格遵守。四是从管党治党方面看，各级党委的主体责任和纪委的监督责任明显增强，有利于推进反腐败斗争的深入开展。五是从制度建设方面看，不敢腐、不能腐、不想腐的机制初步形成，为实现干部清正、政府清廉、政治清明打下坚实基础。同时应当看到，尽管反腐败斗争取得压倒性胜利，但反腐败斗争形势依然严峻复杂，全面从严治党依然任重道远，必须始终保持一份坚忍执着，巩固发展反腐败斗争压倒性胜利，“通过不懈努力换来海晏河清、朗朗乾坤”①。

① 习近平：《决胜全面建成小康社会 夺取新时代中国特色社会主义伟大胜利》，《人民日报》2017 年 10 月 28 日。

第七章　完善权力制约监督机制的重点问题

构建政党、国家、社会多元一体的中国特色权力制约监督模式，是与我国既具有统一的国家政权、统一的发展道路、统一的领导力量、统一的指导思想，又具有不同的社会主体、不同的经济形式、不同的政治利益、不同的文化需求这一基本国情相适应的，是与中国特色社会主义民主政治和法治国家的内在要求相一致的。其中明确总体思路、制度基础和运行机制，是构建中国特色权力制约监督模式的关键所在。

第一节　构建中国特色权力制约监督模式的总体思路

多元一体是我国社会主义初级阶段的基本特征。我国社会主义初级阶段存在着多元的经济政治结构。在经济制度上，实行公有制为主体、多种所有制经济共同发展；在政治制度上，实行全体劳动者、建设者和爱国者广泛民主基础上的高度集中；在政党制度上，实行共产党领导、多党派合作，共产党执政、多党派参政。承认多元，并不是没有主次。在经济制度中，公有制为主体；在政治制度中，社会主义劳动者、建设者为主体；在政党制度中，中国共产党处于领导和执政地位。换言之，社会主义因素作为普照之光，始终发挥着决定性作用，代表着我国社会发展的前进方向。

多元一体是我国社会主义初级阶段的基本特征，也是我国权力制约监督机制的基本特征。在我国权力制约监督机制中，蕴含着三个层面的权力制约：一是横向上权力制约，包括国家与社会、政党与政府之间的权力制约；二是纵向上权力制约，包括中央与地方、地方与基层之间的权力制约；三是环节上权力制约，包括审查与批准、决定与执行、承办与监管之间的权力制约。这就是多元一体中多元的具体体现。我国权力制约监督机制坚持党的领导、人民当家作主、依法治国有机统一。其中，党是我国最高政治领导力量，人民是国家和社会的主人，宪法和法律作为党和人民意志的凝结，具有至上的权威和效力。这就是多元一体中一体的具体体现。

构建政党、国家、社会多元一体的中国特色权力制约监督模式，不仅在政党、国家、社会之间形成多元一体的权力制约监督关系，而且在政党、国家、社会内部也形成多元一体的权力制约监督关系。多元一体正如一支乐队，每个人都操持着不同的乐器，却按照同一个乐谱演奏①。

在社会主义条件下，人民是国家的主人，国家的一切权力属于人民，在国家政治生活中处于至上的地位，掌握着国家的主权，即国家重大事务的最终决定权。政府是人民的公仆，没有自己独立的意志和特殊的利益，其受人民的委托管理国家和社会事务，掌握着国家的治权。治权来自人民，它只存在于由宪法和法律严格限定的范围之内，并且一切权力行为都要对人民负责，为人民服务，受人民监督。在一个国家之内，主权是唯一的、统一的，治权是多元的、可分的。我们所讲的多元一体，多元是在治权意义上讲的，一体是在主权意义上讲的。人民属于主权范畴，政府属于治权范畴，这是明确的、毫无疑义的。中国共产党具有领导党和执政党双重身份，作为领导党，属于人民的核心部分；作为执政党，属于政府的核心部分。因此，与领导党和执政党双重身份相适应，中国共产党作为人民的一部分而同人民一道享有主权，作为政府的一部分而同政府一道享有治权。这样一来，中国共产党不仅因作为人民的核心部分而成为凝聚主权者的纽带，因作为政府的核心部分而成为凝聚治权者的纽带，而且因领导党和执政党双重身份而成为联系主权者和治权者的桥梁。权力通常只有自上而下纵向运行的特点，能够横向运行并发挥作用的权力很少，这就决定了党在国家治理中举足轻重的地位和作用。中国共产党的领导权与全国人大的立法权、国务院的行政权、人民政协的协商权、国家监察委员会的监察权、最高人民法院和最高人民检察院的司法权、社会团体的自治权一同构

① 2020伊始，一场突如其来的新冠肺炎疫情肆虐武汉湖北、蔓延中华大地，中华民族面临新中国成立以来在中国发生的传播速度最快、感染范围最广、防控难度最大的一次重大突发公共卫生事件。面对突发的疫情，以习近平同志为核心的党中央始终坚持把人民群众生命安全和身体健康放在第一位，按照坚定信心、同舟共济、科学防治、精准施策的总要求，把提高收治率和治愈率、降低感染率和病亡率作为突出任务来抓，把武汉和湖北作为全国主战场，加强对武汉和湖北防疫的统一指挥，统筹兼顾其他地区防控工作。在党中央集中统一领导下，中央应对疫情工作领导小组及时研究部署工作，国务院联防联控机制加大政策协调和物资调配力度，各地区各部门积极履职尽责，全国各族人民众志成城、团结奋战，形成了全国一盘棋的强大合力。经过全党全军全国人民共同努力，疫情蔓延势头得到有效遏制，防控工作取得决定性成果。事实雄辩证明，党的领导是打赢疫情防控阻击战的根本政治保证。防控工作取得的成效，生动诠释了以党的领导为根本标志的中国特色社会主义制度的显著优势。

成了多元一体的中国特色权力制约监督模式。

在我们国家，人民是国家的主人，是民主政治的主体，是社会发展的最终决定力量；国家的一切权力都要以人民的意志为本原，以人民的利益为皈依。一切政党组织、国家机关、社会团体，都要对人民负责，为人民服务，受人民监督。这是整个国家权力制约监督机制建设的宗旨。党作为人民的一部分，是民主政治的向导。党的领导的实质是组织和支持人民当家作主，因此，牢固树立人民主体的历史观、人民至上的权力观、人民中心的发展观、人民为本的价值观，是我们党的一贯主张。我们党从成立之日起就以实现人民当家作主为己任，团结带领中国人民进行艰苦卓绝的新民主主义革命，为争取民族独立、人民解放不懈奋斗。新中国成立后，我们党领导人民建立了人民当家作主的国家政权，进行了广泛的民主实践，实现了中国从几千年封建专制制度向人民民主制度的伟大飞跃，开创了人民当家作主的历史新纪元。改革开放以来，中国特色社会主义政治发展道路越走越宽广，人民当家作主的制度保障越来越健全，社会主义民主的优越性更加充分地展示出来。理论和实践昭示我们，强调人民主权同坚持党的领导是一致的。党是人民的核心部分，因而党是作为人民的核心部分而享有人民主权的。那种因为强调人民主权而否定党的领导，因为坚持党的领导而把党置于人民主权之上的观点都是错误的、有害的。

社会主义改变了少数人对多数人的统治，但并没有改变少数人对多数人的管理。在现实社会条件下，人民当家作主并不意味着人民实际管理国家和社会事务，而在于人民对管理国家和社会事务的公共权力的支配和控制，这种支配和控制是通过行使公民权利实现的。习近平总书记指出："要依法保障全体公民享有广泛的权利，保障公民的人身权、财产权、基本政治权利等各项权利不受侵犯，保障公民的经济、文化、社会等各方面权利得到落实。"[①] 我国公民以工人、农民、知识分子为主体，既可以作为一个整体行使国家权力，也可以作为一个个体行使公民权利，通过言论、出版、集会、结社、游行、示威等形式和批评、意见、建议、申诉、控告、检举等方式约束国家权力，维护自身利益；通过选举、监督、罢免、咨询、听证、评议等各种途径参与国家经济、政治、文化和社会生活的决策与管理。由于广大人民作为国家的主人既广泛地享有公民权利，又牢牢

① 《习近平谈治国理政》第 1 卷，外文出版社，2014，第 141 页。

地掌握国家权力，决定了人民有权选举自己的公仆，有权监督自己的公仆，有权罢免那些不称职、不胜任的公仆；决定了任何公仆，无论地位多高，权力多大，都必须服从人民的意志，维护人民的利益；只要违背了人民的意志，损害了人民的利益，就要受到应有的追究，承担相应的责任。由此可见，在中国特色权力制约监督模式中，公民权利是国家权力的来源和基础，对于国家权力的根本制约来自公民权利。

第二节 构建中国特色权力制约监督模式的制度基础

国家权力是由不同要素组成的一个有机系统。在这个系统中，总有一种权力控制着政治资源，处于至上的地位，并以自身的存在决定和支配其他权力的存在。这种控制着政治资源、处于至上的地位、起着决定和支配作用的权力就是主权，由它决定、受它支配的权力则为治权。在实际生活中，人民之所以拥有国家的主权，是因为人民控制着国家的政治资源，即物质财富和以物质财富为后盾的暴力机器，因而政治资源是国家主权的来源。政府之所以拥有国家的治权，是因为得到了掌握国家主权的人民的授权，因而国家主权是国家治权的来源。在人民与政府之间，人民是国家权力的主体，是国家意志的表达者；政府是国家权力的载体，是国家意志的执行者。

我国宪法规定：中华人民共和国的一切权力属于人民；人民行使国家权力的机关是全国人民代表大会和地方各级人民代表大会；中华人民共和国全国人民代表大会是最高国家权力机关；国家行政机关、监察机关、审判机关、检察机关由人民代表大会产生，对它负责，受它监督；全国人民代表大会和地方各级人民代表大会由民主选举产生，对人民负责，受人民监督；人民代表大会及其常务委员会充分发扬民主，集思广益，代表和反映人民的共同意志和根本利益。人民代表大会的职权主要有立法权、监督权、人事任免权、重大事项决定权。这也是全体人民通过人民代表大会制度行使当家作主权力的主要体现。实践充分证明，人民代表大会制度作为由全体人民选举产生的代表组成国家权力机关代表人民直接行使人民主权的一种政权组织形式，是符合中国国情、体现中国社会主义国家性质、能够保证全体人民当家作主的根本政治制度。它植根于人民群众，具有强大的生命力；它代表广大人民的共同意志和根本利益，能够动员全体人民以主人翁的姿态投身国家建设，保证国家机关协调高效运转，有利于维护国家统一和民族团结。全体人民正是通过人民代表大会制度牢牢地把国家的前途和命运掌握在自己手里。

在民主政治条件下，尽管社会各方面的意见都可以充分地表达出来，但任何社会都无法保证所有这些意见都能够在政策转换中被平等地考虑。因为一项政策往往只是多种选择中的一种。因而在利益表达之后，还需要有一种利益整合机制，以便将分散的意见转化为集中的、系统的意见，从而形成有限的、可操作的若干选项。政党政治是现代政治的基本特征，它通过对社会纷繁复杂的意见和要求进行初级整合，并通过执掌或影响国家政权而将整合后的意见转化为公共政策。这种机制一方面满足了公众对政治参与的渴求，另一方面又克服了因意见分散而带来的政治混乱，可以说是现代民主与秩序双重要求相结合的产物[①]。

我国是以工人阶级为领导的、以工农联盟为基础的人民民主专政的社会主义国家，实行共产党领导的多党合作的政党制度。作为社会主义国家，我国广大人民的根本利益具有一致性，为了把广大人民组织起来当家作主，以实现自己的利益，客观上需要有一个坚强的政治核心来领导，这个政治核心就是中国共产党。中国共产党的领导是在中国革命和建设的长期实践中形成的，是人民的选择、历史的必然，也是社会主义现代化建设的客观要求。这就是说，中国共产党的领导和执政地位具有合法性。党的领导和执政地位之所以具有合法性，之所以得到广大人民的真心拥护、民主党派的一致认同，归根到底是中国共产党始终代表中国先进生产力的发展要求，代表中国先进文化的前进方向，代表中国最广大人民的根本利益，在中国革命和建设中做出无与伦比的卓越贡献的必然结果。事实雄辩证明，是中国共产党领导人民找到了一条实现国家独立和人民解放的正确道路，从根本上改变了中华民族的命运；是中国共产党领导人民找到了一条建设富强民主文明和谐美丽的社会主义现代化强国的正确道路，实现了中华民族的沧桑巨变。没有共产党就没有新中国，就没有中国特色社会主义，就没有中华民族伟大复兴。

作为社会主义国家，我国的剥削阶级已不复存在，但不同社会阶层和

① 施雪华：《政治科学原理》，中山大学出版社，2001，第 932 页。

社会集团依然存在，这些社会阶层和社会集团之间不仅存在着经济利益方面的差异，而且存在着政治意向方面的不同，客观上需要一定的政治组织来代表他们的利益，反映他们的要求。这种政治组织就是民主党派。我国各民主党派在中国人民的革命斗争中有着光荣历史和重要贡献，在反对帝国主义、封建主义和官僚资本主义的共同目标下，与中国共产党结成了团结合作、相互支持的政治联盟。中华人民共和国成立后，民主党派在中国共产党的领导下，参加国家政权和各项建设，对社会主义事业发展起着重要的推动作用，已经成为各自所联系的一部分社会主义劳动者、社会主义事业建设者和拥护社会主义爱国者的政治联盟，是接受中国共产党领导、同中国共产党通力合作的亲密友党，是进步性与广泛性相统一、致力于中国特色社会主义事业的参政党[①]。民主党派与共产党的关系，既不是在朝在野的关系，也不是台上台下的关系，而是执政与参政之间通力合作的关系。由此形成了我国一党领导、多党合作的政党制度。这种政党制度同任何政党制度一样，是公民向国家表达政治意愿，对国家施加政治影响的重要工具，是公民行使结社自由权、政治参与权、意志表达权的具体体现，因而是中国特色社会主义政治制度的重要组成部分。

随着改革开放的深入，我国社会出现了不同的经济结构——国有经济、集体经济、个体经济和私营经济。经济结构的多元化使社会形成了不同的社会阶层和利益群体，如私人企业主阶层和个体劳动者阶层就是改革开放以后私营经济和个体经济得以存在和发展的产物。这些社会阶层和利益群体发展到一定程度，为了维护自身利益，必然要联合起来结成社会团体，并通过社会团体影响公共政策的制定和实施。在一些地方已成立私人企业主协会和个体劳动者协会就是佐证。而不同的经济结构决定了不同的利益关系和不同的政治要求。经济成分多样化、利益主体多样化、社会组织多样化和生活方式多样化的发展，客观上必然产生与之相适应的多样化的政治现象，即由于经济利益的分化、社会群体的分化和政治文化的分化，导致人们在政治参与、政治决策、政治认同方面所形成的不同态度和主张。多样化的政治现象可以导向政治多元化，也可以导向政治一体化。

① 在长期的革命、建设、改革过程中，我国已经结成由中国共产党领导的，有各民主党派和各人民团体参加的，包括全体社会主义劳动者、社会主义事业的建设者、拥护社会主义的爱国者、拥护祖国统一和致力于中华民族伟大复兴的爱国者的广泛的政治联盟。

至于出现哪种结果，取决于政治整合机制。我国社会主义现代化建设的艰巨性和复杂性，使我们经不起由政治多元化所引起的社会纷争和政治内耗的冲击，因此，客观上要求各种政治主体能够齐心协力，共同奋斗。诚如习近平总书记所指出："实现中华民族伟大复兴的中国梦，需要广泛汇聚团结奋斗的正能量。"① 这就要求我们相应地拓宽政治参与渠道，使各种政治主体都能享有充分表达自己政治意愿的机会，从而使国家制定的各项政策具有更大的包容性和整合性，以获得社会各界更加广泛的认同。

社会阶层结构和利益群体的分化向政党制度提出了新的挑战。我国的政党制度如何才能适应这种变化，从政治上反映社会各阶级、各阶层的利益要求，是一个亟待解决的重大问题②。应当说我国的政治结构本身具有很强的包容性。诚如有的学者所指出，中国现行的政治制度仍然有很大的空间来包容社会经济结构变化所产生的政治需求，如中国共产党领导的多党合作制在吸纳党外政治力量方面就有很大的余地和空间③。那么如何把这部分体制外的力量纳入体制内，同化而不使其变成异己的力量呢？这就提出发展和完善中国共产党领导的多党合作制，"健全同……新的社会阶层人士的沟通联络机制"④ 的必要。现代政治发展表明，一种社会力量要步入政坛，必须以政党为中介。中国共产党是中国特色社会主义事业的领导核心，是一个具有先进性的政治组织，它不可能将新兴社会阶层的成员统统纳入党内，而只能吸收其一部分先进分子入党。我国民主党派是具有进步性和代表性的政治组织，它完全可以把新兴社会阶层的骨干力量纳入其中。通过共产党领导的多党合作制，将新兴社会阶层由体制外纳入体制内，为其参政议政、表达诉求开辟新的渠道。这既有利于扩大执政党和参政党的社会基础，增强各自的吸引力和凝聚力，也有利于保持社会的和谐稳定，促进国家的长治久安。

中国共产党领导的多党合作和政治协商制度实质上是一种表达和协调

---

① 习近平：《在中央政协工作会议暨庆祝中国人民政治协商会议成立 70 周年大会上的讲话》，《人民日报》2019 年 9 月 21 日。

② 李景治：《世界政党的发展和中国特色政党制度的建设》，《中央社会主义学院学报》2004 年第 1 期。

③ 徐湘林：《以政治稳定为基础的中国渐进政治改革》，《战略与管理》2000 年第 5 期。

④ 习近平：《在中央政协工作会议暨庆祝中国人民政治协商会议成立 70 周年大会上的讲话》，《人民日报》2019 年 9 月 21 日。

多元利益关系的制度。多元利益主体的出现，要求执政党必须始终代表广大人民的根本利益，要求参政党更多地反映和代表他们所联系的那一部分阶层和群体的具体利益。随着利益分化，同一党派内部也会出现利益主体多元化、利益关系复杂化、利益矛盾显性化的趋势，在这种情况下，参政党对自身成员利益整合的问题也将日益突出。能否在整体上发挥功能，把其成员分散的意志集中起来，形成统一的意志，实现对特定社会阶层和群体的利益整合，并通过政党之间的合作使各阶层、各群体成员的利益得以最大限度的实现，就成了参政党生存和发展的关键①。由于不同利益主体之间的矛盾主要是经济利益的矛盾，因而多党合作就其功能来说，仅仅停留于政治领域已不能满足现实需要，必须建立有效的利益表达和协调机制，通过多党合作解决多元利益主体在经济、政治、文化领域的矛盾。只有充分发挥利益表达和协调的功能，中国共产党领导的多党合作制度才能在多元一体的利益格局中建立起有机联系，并由此获得自己存在的深层根据和发展的内在动力。因此，发挥利益表达和协调功能不仅仅是利益格局变动对多党合作制度的客观要求，也是多党合作制度自身生存和发展的实际需要。

中国特色社会主义政治制度和政党制度不是孤立存在的，而是建立在一定的经济基础之上的，是与公有制为主体、多种所有制经济共同发展的经济制度紧密相连的。改革开放以来，我国在实践中逐步形成了国家所有、集体所有、个体所有、私人所有、外资所有、混合所有等多种所有制形式。我国经济体制改革的一项重要内容，就是调整和完善所有制结构，变单一的所有制形式为公有制为主体、多种所有制经济共同发展的局面。经过多年改革，我国经济体制发生了深刻变化，以公有制为主体的多种所有制经济共同发展的格局初步形成。在此基础上，我们党明确指出："公有制为主体、多种所有制经济共同发展，是我国社会主义初级阶段的一项基本经济制度。"②

把公有制为主体、多种所有制经济共同发展的经济制度确立为我国社会主义初级阶段的基本经济制度，这是党中央从我国社会性质、基本国情

① 童启富：《社会利益格局变动趋势对我国政党制度的影响》，《中央社会主义学院学报》2004年第7期。

② 《十五大以来重要文献选编》(上)，人民出版社，2000，第20页。

以及改革的总体目标的要求出发做出的重大决策。首先，这是由我国社会制度的性质决定的。我国作为社会主义国家，必须坚持和完善工人阶级领导的、以工农联盟为基础的人民民主专政的国家制度，必须走共同富裕的道路。而公有制为主体、多种所有制经济共同发展，是坚持国家社会主义性质的经济基础。经济基础决定上层建筑，只有始终坚持公有制经济的主体地位，才能保证我国的社会主义方向，才能增强我国的经济实力、国防实力和综合国力。其次，这是由我国的基本国情决定的。我国虽然已经全面建成小康社会，但还处于并将长期处于社会主义初级阶段，我国城乡二元经济结构还没有根本改变，地区之间的发展还存在较大差距，实现现代化还有很长的路要走。历史经验表明，实行单一的公有制不利于社会生产力的发展，在坚持公有制为主体的同时，发展多种所有制经济，是发展我国社会生产力的客观需要和必然要求，有利于国民经济的发展，有利于综合国力的增强和人民生活水平的提高。再次，这是由非公有制经济的作用决定的。个体、私营、外资等各种形式的非公有制经济是社会主义市场经济的重要组成部分。在社会主义初级阶段，非公有制经济形式对我国社会生产力的发展，是一个重要的积极因素，能够充分调动各方面的积极性，能够加快生产力的发展①。公有制的主体地位主要体现在：公有资产在社会总资产中占优势，既注重量的优势，更注重质的优势；国有经济控制国民经济命脉，在重要部门和关键领域占支配地位；国有经济对经济发展起主导作用，对经济制度的发展走向、经济运行的整体态势、重要资源的供求配置具有充分的控制力。

按照历史唯物主义的观点，物质生活资料的生产是人类社会存在和发展的基础。人们在发展生产力的同时也在发展着一定的生产关系，生产关系总和构成经济基础。建立在经济基础之上的政治法律制度和社会意识形态构成社会上层建筑。生产力决定生产关系，经济基础决定上层建筑，经济基础和上层建筑的性质随着生产力的发展而改变，同时，生产关系对生产力、上层建筑对经济基础又具有反作用。诚如习近平总书记所指出："一个国家的政治制度决定于这个国家的经济社会基础，同时又反作用于

① 《十五大以来重要文献选编》(上)，人民出版社，2000，第21页。

这个国家的经济社会基础，乃至于起到决定性作用。”[①] 由此可见，我国在经济制度上，实行公有制为主体、多种所有制经济共同发展；在政治制度上，实行全体劳动者、建设者和爱国者广泛民主基础上的高度集中；在政党制度上，实行共产党领导、多党派合作，共产党执政、多党派参政，政治制度和政党制度与经济制度是完全相契合、相适应的。

第三节　构建中国特色权力制约监督模式的运行机制

建立健全决策权、执行权、监督权既相互制约又相互协调的权力结构和运行机制，是我们党立足于权力本身的特点，为解决我国政治体制权力过分集中的问题而设计的具体方案，从某种意义上说，是具有中国特色权力制约与监督理论的基本根据[②]。从权力运行体系看，决策、执行、监督是权力结构的基本组成部分，也是权力运行机制相辅相成的重要环节。构建科学有效的权力制约和协调机制，就是从调整权力结构入手，按照决策、执行、监督的职能来配置不同性质的权力，在保持决策权、执行权、监督权之间适度平衡的基础上，建立各项权力之间相互牵制、相互约束的关系，以便使任何权力都无法凌驾于其他权力之上独断专行，使任何人都不能无所顾忌地滥用权力。因此，对于决策权、执行权、监督权既相互制约又相互协调的权力结构和运行机制的含义，不应仅作为行政内部的权力安排来理解，而应作为可以适用于现代社会一切管理领域的治理结构来理解[③]，以便将其引入党和国家领导与管理制度之中，为完善和发展我国权力制约监督体系奠定坚实的理论基础[④]。

完善国家层面权力制约监督机制。在我国，政党组织、国家机关、社会团体之间在领导、管理、监督意义上的相互限制与约束，是权力制约监督的一种重要形式。执政党对国家机关和社会团体实行政治领导，同时接

---

① 习近平：《在庆祝全国人民代表大会成立 60 周年大会上的讲话》，《人民日报》2014 年 9 月 6 日。

② 郑曙村：《论建立决策、执行、监督制约与协调机制的维度及构想》，《四川行政学院学报》2010 年第 5 期。

③ 庞洪铸：《三权制约协调机制：中国特色的权力制约模式》，《社会主义研究》2011 年第 1 期。

④ 田恒国：《关于中国特色社会主义权力制约监督体系研究的思考》，《中共福建省委党校学报》2010 年第 1 期。

受国家机关的法律规范和社会团体的民主监督[①]。国家机关对执政党实施法律规范和对社会团体实施行政管理，同时接受执政党的政治领导和社会团体的民主监督。社会团体监督执政党和国家机关，同时接受执政党的政治领导和国家机关的行政管理。其中执政党对国家机关和社会团体实行政治领导是根本，国家机关对执政党的法律规范是关键。

党的十九届四中全会指出："中国共产党领导是中国特色社会主义最本质的特征，是中国特色社会主义制度的最大优势，党是最高政治领导力量。必须坚持党政军民学、东西南北中，党是领导一切的，坚决维护党中央权威，健全总揽全局、协调各方的党的领导制度体系，把党的领导落实到国家治理各领域各方面各环节。"[②]这一重要论断科学揭示了中国共产党领导时间维度的唯一性和空间维度的全面性，高度概括了中国共产党在整个国家至上的领导地位和卓越的领导作用，充分表达了只有中国共产党才能肩负起带领中国人民实现中华民族伟大复兴的历史使命。中国共产党作为国家政权体系的最高政治领导力量，通过多党合作和政治协商制度，与民主党派和各界人士共商国是，实现其领导权；通过人民代表大会制度，组织和支持人民当家作主，实现其执政权。在政治运行中，共产党通过政协使其主张成为社会各界的共识，通过人大使其主张成为国家的法律法令，又通过执行机关组织实施，通过党派团体带头贯彻，从而形成党委领导、政府负责、民主协商、社会协同、公众参与、法治保障、科技支撑的各个要素相互协调、密切配合的社会治理体系。因此，中国共产党是多元一体中的核心和纽带，是完善权力制约监督机制须臾不可离身的法宝。

加强党对国家机关和社会团体的政治领导，要求理顺党的组织同其他组织的关系，确保党的领导全覆盖。一是坚持党中央的集中统一领导。党中央对党和国家工作的全方位领导，涵盖了改革发展稳定、内政外交国防、治党治国治军等各领域各方面各环节，体现在统筹推进经济建设、政治建设、文化建设、社会建设、生态文明建设全过程。二是健全党对重大工作的领导体制机制。优化党中央决策议事协调机构，负责重大工作的顶

① 根据我国宪法规定，国家机关以全社会公认代表者的身份来处理国家事务，其制定的法律法规，做出的决议决定对自己所管辖范围内的政党组织、社会团体、企事业单位和全体公民皆有效力，党组织应模范遵守这些法规和决定，并成为全社会的表率。

② 《中共中央关于坚持和完善中国特色社会主义制度 推进国家治理体系和治理能力现代化若干重大问题的决定》，《人民日报》2019 年 11 月 6 日。

层设计、总体布局、统筹协调、整体推进。其他方面的议事协调机构，要同党中央决策议事协调机构的设立调整相衔接，保证党中央令行禁止和工作高效。各地区各部门党委或党组要坚持依规治党，完善相应体制机制，提升协调能力，把党中央各项决策部署落到实处。三是强化党的组织在同级组织中的领导地位。理顺党的组织同其他组织的关系，更好发挥党总揽全局、协调各方的作用。在国家机关、群众团体、社会组织、企事业单位中设立的党委或党组，接受批准其成立的党委统一领导，定期汇报工作，确保党的方针政策和决策部署在同级组织中得到贯彻落实。加快在新型经济组织和社会组织中建立健全党的组织机构，做到党的工作进展到哪里，党的组织就覆盖到哪里。对全局工作通盘考虑、整体谋划，明确哪些是党委分内的工作，哪些是党委推动的工作，哪些是党委支持的工作，哪些是党委放手的工作，形成完善的工作机制①。四是更好发挥党的职能部门作用。优化党的组织、宣传、统战、政法等部门职责配置，加强归口协调职能，统筹本系统本领域工作。规范设置党的派出机关，加强对相关领域、行业、系统工作的领导。完善党领导人大、政府、政协、监察机关、审判机关、检察机关、武装力量、人民团体、企事业单位、基层群众自治组织等制度，确保党在各种组织中发挥领导作用。完善党领导各项事业的具体制度，把党的领导落实到经济建设、政治建设、文化建设、社会建设、生态文明建设以及国防和外交各领域各方面。完善党和国家机构职责体系，把党的领导贯彻到党和国家所有机构履行职责全过程，推动各方面协调行动、增强合力。五是引导全党增强政治意识、大局意识、核心意识、看齐意识，自觉在思想上政治上行动上同党中央保持高度一致。党中央做出的决策部署，所有党组织都要不折不扣贯彻落实，始终在政治立场、政治方向、政治原则、政治道路上同党中央保持高度一致。在任何时候任何情况下，都要对党忠诚老实、与党同心同德，听党指挥、为党尽责。

在我国，共产党既掌握着国家的领导权，又掌握着国家的执政权；既是组织国家政权的领导者，又是掌握国家政权的执政者，因而党制定的路线方针政策正确与否，不仅关系到党的生死存亡，而且关系到国家的安危治乱。从党百年的战斗历程看，我们党既有许多成功的经验，也有许多失误的教训。诚然，党所出现的失误最终都是依靠自己的力量纠正的，这是

---

① 何毅亭：《中国共产党是最高政治领导力量》，《学习时报》2019 年 5 月 17 日。

我们党英明之所在。但我们也不能因此不去思考问题的另一面，即党能否通过有效途径防止重大失误的发生，并尽量减少失误，减轻失误所带来的危害。而加强国家机关尤其是国家权力机关对党组织的制约监督应是其题中应有之义。从政治原理上讲，我们国家的一切权力属于人民，人民又是通过人民代表机关来行使国家权力的，人民权力的至上性和全权性，决定了人民代表机关权力的至上性和全权性，党应当接受人民的制约监督，决定了党也应当接受作为人民制约监督最高形式的人民代表机关的制约监督。由于党与人民代表机关的关系实质上是党与人民的关系，因而党接受人民代表机关的制约监督，就是接受人民的制约监督。从国家权力上讲，国家权力至上性和全权性的特点，决定了在国家权力覆盖的范围内，全社会都必须服从其制约监督。党的政治主张上升为国家意志的过程，也是国家权力机关对党进行制约监督的过程，党的政治主张总是以建议的形式向国家权力机关提出，这本身就是以承认和接受国家权力机关的制约监督为前提的；而国家权力机关对党的政治主张或表示赞成、或表示反对，或提出补充、或提出修改，这本身就是对党进行制约监督的具体体现。从法律上看，我国宪法规定："一切国家机关和武装力量、各政党和各社会团体、各企事业组织都必须遵守宪法和法律。一切违反宪法和法律的行为，必须予以追究。"在这里，各政党当然包括共产党。我国宪法还规定，全国人大及其常委会监督宪法的实施，地方各级人大在本行政区内，保证宪法和法律的遵守执行。如果人大及其常委会对党组织不能制约监督，那么上述各项规定就会在很大程度上被打了折扣。从党章上看，"党必须在宪法和法律范围内活动"作为一项重要原则明确载入党的章程。其基本含义是，党的一切组织和党员都没有凌驾于宪法和法律之上的特殊地位，没有超越于宪法和法律之外的特殊权力，任何人，只要严重违反了宪法和法律，不管其职位多高，权力多大，都要绳之以法。党章的这项规定，实际上是对党组织必须接受国家权力机关制约监督的明确肯定。从实践上看，制约监督的主要对象是掌握权力的机关和组织，而执政党在国家政权体系中掌握着巨大的权力，能否制约监督党组织，是国家权力系统能否合理运行的关键。由于各级国家机关的决定往往与各级党组织的决定紧密相连，如果国家权力机关不能制约监督党组织，那么它对其他国家机关的制约监督也就无从落实[①]。

社会团体对党政机关各种管理活动所进行的监督，是中国特色权力制约监督模式的重要组成部分。社会团体监督贯彻了人民群众通过自治组织参与管理国家事务，监督国家活动的原则，对发展社会主义民主政治、建设社会主义法治国家起着重要的推动作用。在实际生活中，社会团体是把人民群众凝聚起来、与专门监督联系起来的桥梁和纽带。充分发挥社会团体对党政机关的制约监督作用，一是通过参与党的决策的形成过程，积极反映人民群众的意愿和要求，以保证党的决策建立在维护人民群众根本利益的基础之上；二是通过社会团体在人大中的代表，对将要上升为国家意志的党的主张提出支持、补充乃至修改意见，以避免党和国家的重大决策发生失误；三是通过社会团体在政协中的代表，积极参政议政，对党和政府的工作实施监督；四是通过社会舆论，对党政机关工作人员的施政活动进行监督。与此同时，党政机关在制定公共政策的过程中，凡涉及群众切身利益的事项，诸如土地征用、房屋拆迁、劳动就业、社会保障、文化教育、医疗卫生、环境保护等，都应通过社会听证、协商对话、媒体讨论、决策咨询等形式，让社会团体的代表参与其中，充分反映各方面群众的意见和呼声，以增强公共决策的民意基础，增强公共决策在满足群众需求方面的科学性和有效性。诚如托克维尔所言，一个由各种独立自主的社团组成的多元的社会，可以对权力构成一种“社会的制约”[②]。从民主政治发展的客观逻辑看，我国的社会团体既要在党的统一领导下按照各自的特点独立自主地开展工作，又要在维护全体人民共同利益的基础上，充分表达和自觉维护各自所代表的那一部分群众的具体利益。目前社会团体的作用往往偏重于维护国家和社会的整体利益，维护自身所代表的那一部分群众的具体利益则做得不够。由于社会团体按照行政区划被纳入党政机关的管辖范围，社会团体直接向党政机关负责而不是直接向各自所代表的那一部分群众负责，这就很容易切断社会团体为维护自身利益和发挥自身功能所必需的各种横向联系和纵向联系，使其独立地位和特殊利益受到削弱，以致

① 正如党与人大的领导与被领导的关系，不同于党内的上下级隶属关系，不能凌驾于人大之上，直接向人大发号施令，也不能包办人大的工作一样，党组织不是人大法定的监督对象，人大不能对党组织进行工作监督，但却可以进行法律监督。当党组织的主张与宪法和法律相抵触时，人大在坚持党的领导的前提下，有权向党组织提出质疑并依法要求修改或撤销。

② [法]托克维尔：《论美国的民主》上卷，董果良译，商务印书馆，1999，第67页。

在一定程度上丧失了作为相对独立的实体开展工作的能力。这是社会主义民主政治发展过程中有待解决的问题。

完善国家内部权力制约监督机制。我国宪法规定中华人民共和国的一切权力属于人民，人民通过人民代表大会行使自己的权力，由此便产生了人民代表大会权力机关的公法人格。权力机关意味着人民通过选举将公民权利转换为国家权力，并将其集中授予人民代表大会。人民代表大会由于其权力机关的性质，在国家政权体系中居于最高地位。这就使人民代表大会与其他国家机关的关系形成了单向的权力关系。同时，根据宪法对人大职权的规定和对国家权力的分工，人大还享有立法权，具有立法机关的公法人格①。因此，人民代表大会的权力结构在法理上可以分为两个层次：基于权力机关而享有的统合的国家权力；基于职能分工而形成的具体的国家权力。后者又可以分为两个部分：一部分是人大直接行使的立法权、决定权、任免权、监督权；另一部分是人大授权组成的其他国家机关行使的行政权、监察权、司法权等权力。这两部分权力同属于具体的国家权力。按照我国宪法规定，全国人民代表大会是我国最高国家权力机关，有权修改宪法和监督宪法实施；有权制定国家基本法律；有权选举或罢免国家领导人；有权审查和批准经济和社会发展规划以及规划执行情况的报告；有权审查和批准国家的预算以及预算执行情况的报告；有权撤销或改变国务院不适当的决定和命令；有权监督和保障司法机关依法独立行使职权。地方各级人民代表大会是地方各级国家权力机关，在该地区内依法行使地方国家权力。在我国，国家的行政机关、监察机关、审判机关、检察机关由权力机关产生，对权力机关负责，受权力机关监督。因此，加强国家权力制约监督机制建设，重点在于加强国家权力机关对行政机关、监察机关、审判机关、检察机关的制约监督。

在国家内部权力制约监督机制中，如果说权力机关的监督主要是一种宏观监督，其主要对象是执行机关，那么监察机关的监督则主要是一种微观监督，其主要对象是履行公共管理职责的公务人员。国家监察委员会和地方各级监察委员会作为实现党和国家自我监督的政治机关，同党的纪律检查机关合署办公，履行纪检、监察两项职责，是行使国家监察职能的专责机关，依法对所有行使公共权力的公职人员进行监察，调查职务违法和

① 程竹汝：《授权与监督：完善人民代表大会制度的几个问题》，《学术月刊》2005年第6期。

职务犯罪，开展廉政建设和反腐败工作，维护宪法和法律的尊严。国家监察工作严格遵照宪法和法律，以事实为根据，以法律为准绳；在适用法律上一律平等，保障当事人的合法权益；权责对等，严格监督；惩戒与教育相结合，宽严相济。国家监察工作坚持标本兼治、综合治理，强化监督问责，严厉惩治腐败；深化改革、健全法治，有效制约和监督权力；加强法治教育和道德教育，构建不敢腐、不能腐、不想腐的长效机制。各级监察委员会可向本级党的机关、国家机关、法律法规授权或者委托管理公共事务的组织和单位以及所管辖的行政区域、国有企业等派驻或者派出监察机构、监察专员。派驻或者派出的监察机构、监察专员根据授权，按照管理权限依法对公职人员进行监督，提出监察建议，依法对公职人员进行调查、处置。监察委员会对党的机关、权力机关、行政机关、监察机关、司法机关、人民政协机关、民主党派机关的公务员，以及参照公务员法管理的人员；法律、法规授权或者受国家机关依法委托管理公共事务的组织中从事公务的人员；国有企业管理人员；公办的教育、科研、文化、医疗卫生、体育等单位中从事管理的人员；基层群众自治组织中从事管理的人员；其他依法履行公职的人员进行监察。

与此同时，司法机关可以通过司法控制制约监督行政机关。司法控制的主体是司法机关，对象是行政机关，客体是行政机关或行政人员的具体行政行为，方式是行政诉讼。公民和法人认为行政机关和行政人员的具体行政行为侵犯其合法权益，有权向审判机关提起诉讼，审判机关有权依法进行司法审查。我国行政诉讼法不仅明确了司法权与行政权的关系，并赋予了审判机关对行政机关具体行政行为的司法审查权，而且明确了司法审查的对象、范围、内容、程序及标准，便于审判机关开展对具体行政行为的审查。司法审查的功能是：对具体行政行为合法性的审查；对具体行政行为所适用的行政规章和地方性规章的审查；对行政机关正确履行法定职权的审查；对行政机关履行审判机关判决、裁定情况的监督；对行政人员遵守政纪、法纪情况的监督[①]。行政机关做出的具体行政行为证据不足，适用法律法规有误，违反法定程序，超越和滥用职权，行政处罚显失公正，审判机关可以判决撤销或变更。在审理行政案件中，审判机关认为行政人员违反政纪，应将有关材料移送其行政主管部门处理；认为有犯罪嫌疑，

① 尤光付：《中外监督制度比较》，商务印书馆，2003，第236页。

应将有关材料移送公安、检察机关侦查或起诉。由此可见，司法审查对于保障公民和法人的合法权益，促进行政机关依法行政具有十分重要的意义。

完善政党内部权力制约监督机制。党的十九届四中全会指出："深化纪检监察体制改革，加强上级纪委监委对下级纪委监委的领导，推进纪检监察工作规范化、法治化。"①从党的领导体制看，它是由党代会、党委会、常委会这三个层次所组成，其正常关系是党代会领导党委会，党委会领导常委会。由于党委会集决策权与执行权于一体，作为决策权要领导监督权，而作为执行权又要接受监督权的监督，这种制度安排，使监督权的行使常常处于尴尬的境地。

党的领导体制和监督体制存在的弊端，对其实施改革提出了明确要求，即在实行党代会常任制的基础上，理顺党代会与党委会的关系，理顺党委会与纪委会的关系，将党的决策、执行和监督职能适当分开，并对决策、执行和监督机构在党内政治生活中的相互关系进行科学定位。其中确立决策权的统领地位是根本，确立执行权与监督权的平等地位是核心，确立监督权的相对独立地位是关键。按照这个思路改革党内领导体制和监督体制，党的权力机关为党的代表大会。其常设机关为党的代表大会常务委员会，由党的代表大会选举产生，对党的代表大会负责，受党的代表大会监督，实行集体领导制，以保证决策的科学。党的代表大会是同级党组织中的最高决策机关和最高监督机关，党的执行机关和监督机关由它产生，向它负责，受它监督。党的代表大会实行常任制，每届任期五年，每年至少召开一次会议。在党代会闭会期间，其常委会代行党代会的职权。党代会的主要职责是讨论并决定党的重大问题，制定党规党法，选举、监督、罢免党的主要领导成员，听取和审议党委会、纪委会的工作报告，裁决党的执行机关和监督机关发生争议的重大事宜，向国家政权机关提出立法建议、推荐重要干部等。

党的执行机关为党的委员会。其常设机关为党的委员会常务委员会，由党的委员会选举产生，对党的委员会负责，受党的委员会监督，实行首长负责制，以保证执行的效率。在党委会闭会期间，其常委会代行党委会

① 《中共中央关于坚持和完善中国特色社会主义制度 推进国家治理体系和治理能力现代化若干重大问题的决定》，《人民日报》2019 年 11 月 6 日。

的职权。党委会的主要职责是具体贯彻执行党的路线方针政策，组织实施上级党组织和同级党代会及其常设机构的决议、决定，领导所属工作部门完成预定任务，任免所属工作部门的主要干部等。纪委会作为由党的代表大会选举产生、向党的代表大会和上级纪委会负责的党内专门监督机构，受党的代表大会的委托，实施对党的执行机关的监督。纪委会的常设机关为党的纪律检查委员会常务委员会，由党的纪律检查委员会选举产生，对党的纪律检查委员会负责，受党的纪律检查委员会监督，实行首长负责制。在纪委会闭会期间，其常委会代行纪委会的职权。纪委会与党委会地位平等，组织独立，承担着对党委会实施专门监督的职责，以防止执行权的滥用。与此同时，赋予纪委会对党委会重大决策的参与权，对党委会干部任免的审议权，对党委会重要文件的评阅权，对党委会各项工作的监督权，对党委会相关问题的核查权。纪委会内部自成一体，实行垂直领导，其干部配备、经费来源和福利待遇等由纪委会系统统一管理；其领导成员未经同级党的代表大会或上级纪委会的同意，不得在任期内随意调动。实行党代会常任制，既可以理顺党代会与党委会的关系，又可以理顺党委会与纪委会的关系，有利于解决党内权力过分集中的问题，有利于强化党内制约监督，也有利于发挥党代会作为党的各级组织最高决策机关和最高监督机关的作用。

完善政府内部权力制约监督机制。党的十九届四中全会指出："以推进国家机构职能优化协同高效为着力点，优化行政决策、行政执行、行政监督体制。"① 按照决策权、执行权、监督权既相互制约又相互协调的要求，通过适当分解决策权、执行权、监督权，使决策职能、执行职能、监督职能由不同部门相对独立行使，以便形成各项权力之间既相互制约又相互协调的权力结构和运行机制，做到决策更加科学，执行更加高效，监督更加有力，从而有效防止权力滥用及腐败现象的发生。

行政机关的决策权在行政首长及常务会议。行政首长负责制作为由各级政府及其所属部门的首长对本政府或本部门的工作负全面责任的制度，是指重大事务在集体讨论的基础上由行政首长定夺，日常行政事务由行政首长决定，行政首长独立承担行政责任的一种行政领导制度。同时，行政

① 《中共中央关于坚持和完善中国特色社会主义制度 推进国家治理体系和治理能力现代化若干重大问题的决定》，《人民日报》2019 年 11 月 6 日。

首长负责制也是民主集中制的一种形式。行政首长负责制并不意味着行政首长可以独断专行或者滥用职权。行政机关或行政部门的重大问题，要由相应的行政会议来决定。按照民主科学决策的要求，在建立专家咨询制度、社会听证制度的基础上，将包括规则制定权、规划制定权、标准制定权、政策制定权在内的决策权集中由行政首长及常务会议直接行使。决策权统一，是规则统一的充分条件，是决策科学的必要条件，是避免政出多门的前提条件①。行政机关的执行权在各个行政部门。按照经济调控部门、市场监管部门、社会管理部门和公共服务部门的职责定位，合理确定行政部门各自的权责范围和职能重点，坚持一件事情原则上由一个部门负责，确需多个部门管理的事项，明确牵头部门，分清主次责任，健全行政部门之间的协调配合机制，形成工作合力，提高行政效率。由此使行政职能部门由过去集决策、执行、监督于一体的机构，变为单一的执行机构。行政机关的监督权在监察机关派驻或者派出机构。行政机关监督部门的设立，不需要与决策和执行部门相互对应，只需要利用现有的监督资源，在行政部门之外建立一套独立的监督体系即可。这样一套监督体系，就是各级监察机关。各级监察机关可按照职能相近、业务相关、工作量相当的原则，向所管辖区域内的行政部门派驻或者派出监察机构。其主要职能是调查职务违法和职务犯罪，开展廉政建设和反腐败工作，维护宪法和法律的尊严。其主要职责是监督、调查、处置：一是对公职人员开展廉政教育，对其依法履职、秉公用权、廉洁从政以及道德操守情况进行监督检查；二是对涉嫌贪污贿赂、滥用职权、玩忽职守、权力寻租、利益输送、徇私舞弊以及浪费国家资财等职务违法和职务犯罪进行调查；三是对违法的公职人员依法做出政务处分决定；对履行职责不力、失职渎职的领导人员进行问责；对涉嫌职务犯罪的，将调查结果移送人民检察院依法审查、提起公诉；向监察对象所在单位提出监察建议。各级监察机关及其派驻或者派出监察机构有权列席行政部门的会议，审查行政部门的文件，向行政部门提出质询，要求行政部门纠正违法，提请罢免行政部门中的工作人员，将严重违法案件移交司法机关处理，在媒体上公布行政部门的违法事实和处理结果等，促使行政机关依法履行职责。与此同时，在行政机关内部，通过行政控制加强层级监督。行政控制的主体是上级行政机关，对象是下级行

① 石佑启、陈咏梅：《法治视野下行政权力合理配置研究》，人民出版社，2016，第 250-251 页。

政机关，客体是行政机关或行政人员的行政行为，方式是行政复议，即行政机关根据公民和法人的申请，对于被认为侵犯其合法权益的具体行政行为是否合法进行审查，并做出相应的决定。行政复议的特点是：复议机关是做出引起争议的具体行政行为的上级行政机关；复议对象是行政争议；复议的前提是行政机关的具体行政行为被行政相对人认为侵犯其合法权益。行政复议制度是维护公民和法人合法权益，监督行政机关依法行政的一项重要制度。

完善社会内部权力制约监督机制。现代公司是现代国家的一个缩影。一般来说，公司权力可以分为所有权、决策权、管理权和监督权。我国公司法对这四项权力做了明确界定，它们分别由股东会、董事会、经理层和监事会行使。股东是构成现代企业制度的原始要素。董事会是公司法人治理结构的中心。经理人员受聘于董事会，作为董事会意志的代理人负责公司的日常经营。监事会作为公司专职监督机构，代表股东对董事会和经理人员进行监督，有权制止经营者违反公司利益的行为。公司法人治理结构是一套完整的制度安排，包含着公司内部组织机构所形成的制约监督机制和公司外部生存环境所形成的影响调控机制两个组成部分，其功能就是在所有者与经营者之间合理配置权力、公平分配利益以及明确各自职责，建立有效的激励和制衡机制，从而提高公司运营效率，实现公司经营目标，进而满足股东的利益诉求。所谓公司法人治理结构，是指公司作为一个独立的法人实体，为保证其正常运行，以股权为基础建立起来的内部组织系统及其相互关系的运作体系。

作为现代企业制度的组织架构，规范的公司法人治理结构通常分为四个层次：第一层是股东大会。谁对公司投了资，谁就成为公司股东。股东拥有所有权所附加的权利，如投资受益权、重大决策权和经营者选择权。公司的发端和最终控制权在股东大会，股东通过股东大会来表达自己的意志。第二层是董事会。董事会作为公司的常设机构，是股东大会议决事项的执行机构，它代表股东对公司的日常事务进行决策和管理。董事会的主要职责是决定企业发展战略、技术创新战略和市场营销战略，掌握各类信息，把握营销动态，做好投资决策，规避金融风险，而把企业日常经营活动交给经理人员去管理。第三层是总经理。作为董事会选定的代理人，其权力受董事会委托范围的限制，但在董事会授权范围内，总经理有权对公司的日常事务做出决策和行使管理权，董事会不能随便干预。第四层是监事会。监事会作为公司的常设机构，代表股东对董事会和总经理的行为进行监督，以保证股东意志的贯彻实施。四层结构都具有各自的内部组织系统，加上彼此之间的相互制约关系，便构成了统一的公司法人治理结构。与传统企业领导体制相比，分权制衡是公司法人治理结构最显著的特征。完善公司法人治理结构，就是按照现代企业制度的模式，规范公司股东会、董事会、经营层和监事会的权责，形成权力机构、决策机构、管理机构和监督机构之间的制衡机制，以实现股东会对董事、监事的监督，监事会对董事、经理的监督，董事会对经理的监督。

在现实生活中，权力制约监督机制只是权力运行机制的重要组成部分而不是全部，权力制约监督机制的直接目的是防止和矫正权力异变与决策失误，而权力运行机制的直接目的则是保证党和国家大政方针的有效贯彻，保证中国特色社会主义事业的顺利发展。很明显，要达到这个目的没有权力制约监督机制不行，仅有权力制约监督机制也不行。因为权力制约监督机制能够、也仅能够在防止和矫正权力异变与决策失误意义上间接地保证权力运行机制目标的实现。因此，权力运行机制具有主动性，权力制约监督机制具有从动性，权力制约监督机制的目标要服从服务于权力运行机制的目标，为权力运行机制目标的实现保驾护航。从实际情况看，为了从源头上治理以权谋私等腐败现象的滋生，适当分解过分集中的权力是必要的、合理的，但如果权力过于分散，即一个人的事情三个人办理，一个机构的权力三个机构分摊，一个层次的批示三个层次把关，这样虽然滋生腐败的机会可能大大减少，但人员增多了，机构膨胀了，效率降低了，结果很可能得不偿失。这表明，既要有适当的集权，又要有适当的分权；权力太集中就容易导致滥用，权力太分散就难以提高效率。由此可以得出结论：对权力要有制约，但制约要有限度，以不动摇党的领导和人民当家作主为限，以不影响决策和执行的效率为限。

第八章　完善权力制约监督机制的难点问题

权力是现代政治生活的核心，体现在政治生活的各个方面，表现在政治过程的每个环节。权力制约监督机制所蕴涵的内容是由权力在现代政治生活中所涉足的领域决定的，通过深化与权力制约监督机制相关的难点问题研究，可以使人们对人类驾驭权力的手段、途径、结构及其内在联系有一个更加全面的了解和把握。

第一节　强化权力集中岗位的制约监督机制

在我国查处的腐败分子中，有相当一部分是主要领导干部即“一把手”。主要领导干部作为权力集中岗位的突出代表，掌握着党和人民赋予的很大一部分权力，同时又是本地区、本部门或本单位廉政建设的第一责任人，其作用和影响直接关涉到一个地区、部门或单位的清廉状况。党的十九届四中全会决定提出：加强对主要领导干部的监督，破解对“一把手”监督难题[①]。为此，对“一把手”腐败问题多发的表现、原因与对策进行深入探讨是很有必要的。

一、“一把手”腐败问题多发的表现

党政主要领导干部即“一把手”是一个地区、部门或单位的最高领导人，是集决策、执行、监督大权于一体的重要角色，地位最高，权力最大，在其管辖范围内几乎无所不能。与此同时，主要领导干部受到的制约最少、监督最弱，因而产生的问题也最多。

从实际情况看，对主要领导干部缺乏制约监督集中表现在三个方面：一是对主要领导干部个人缺乏制约监督；二是对主要领导干部行使的权力缺乏制约监督；三是对与主要领导干部关系密切的人员缺乏制约监督。由

① 《中共中央关于坚持和完善中国特色社会主义制度 推进国家治理体系和治理能力现代化若干重大问题的决定》，《人民日报》2019 年 11 月 6 日。

于大权独揽、目无法纪，又缺乏公开透明、制约监督，以致少数主要领导干部想干什么就干什么，想怎么干就怎么干。正因为如此，在一个时期内主要领导干部腐败案件多发问题十分突出，并呈现出作案周期长、蔓延领域广、窝案串案多、涉案金额大的态势。其中，经济上插手土地批租、房产开发、工程项目发包等；政治上利用干部调动、职务晋升卖官买官等；生活上包养情妇、腐化堕落、道德败坏等，是“一把手”腐败比较集中的三大领域。

以选人用人为例，从中央到地方推行的民主推荐、公开选拔、竞争上岗、社会公示、集体表决等干部人事制度改革措施，对于“一把手”的干部选拔任用权形成了有力的制约，但在推荐人选的取舍上、提拔干部的使用上、现任干部的调整上，“一把手”仍然具有较大的影响力。为什么多数卖官者都是“一把手”？因为“一把手”个人说了算，买官者只要抓住一两个主要领导，下大一点的赌注，就可以官运亨通。在长官意志面前，群众意见的征求、组织部门的考察、领导集体的决定，都成了表面化的程式，以致形成“程序是合法的，意志是个人的”局面。在一些地方、部门和单位，个人大权独揽、封官许愿、拉帮结伙、任人唯亲的现象相当严重，跑官要官、买官卖官的现象在一个时期内已达到令人触目惊心的地步。

曾在山西省翼城县担任过县长和县委书记的武保安，就曾感慨“当书记与当县长就是不一样”。武于 2003 年 9 月底任县委书记，2004 年 6 月被捕，上任短短 8 个月，通过调整干部，大肆卖官索贿，经检察机关查实，受贿金额 118 万元，另有 570 万元财产来源不明。武的妻子多次讲：武当县长时，来看望的人很少，送的钱数额也不大，多数都是烟酒。自从当了书记后，来的人就多了，送钱数额也明显增多，有时候这一拨还没走下一拨又来了。为了避免双方碰面，先来的人就躲到里屋，等下一拨人走后再离开。据报道，安徽省曾有 18 个县委书记因卖官受贿被查处，而这些县的县长却很少“出事”。其原因就是按照现行体制，权力主要集中在县委书记手中，任用干部往往是县委书记一锤定音。由于县委书记手中掌握重权，自然成为贿赂的重点。权力高度集中的结果，是权力滥用的高度集中，腐败案件的高度集中。从这种意义上说，对主要领导干部缺乏有效的制约监督，是我国权力制约监督体系中最大的漏洞，也是强化制约监督最迫切需要解决的问题。

二、“一把手”腐败问题多发的原因

主要领导干部之所以频频落马，成为腐败问题的重灾区，固然与个人因素有关，但更深层的原因，则在于“一把手”权力配置不科学、权力运行不规范、权力监控不到位，使少数主要领导干部能够凌驾于组织之上，甚至把手中的权力变为谋取私利的工具。

权力配置不科学，“一把手”权力过分集中。我国政治体制的一个显著特征，就是权力高度集中于主要领导干部即“一把手”。这在一定历史条件下有利于党统揽全局、协调各方，但如果制约监督不力，也会形成主要领导干部以党的名义独断专行，任意支配各种资源的局面。从实际情况看，目前我国权力配置不科学、权力运行不规范、权力边界不清晰、权力程序不严密、权力责任不明确、权力信息不透明、权力监督不周延、权力制约不到位的问题还没有根本解决，决策权、执行权、监督权之间还没有形成相互制约的机制。权力过分集中于主要领导干部的结果，使少数主要领导干部能够凌驾于领导集体之上，使组织权力个人化。在这种情况下，主要领导干部面临各种诱惑，很容易利用手中的权力，操纵干部选拔、案件审理等政治活动，插手工程建设、矿产开发等经济活动，以致形成权力高度集中——权力监督弱化——权力腐败滋生的逻辑链条。

权力运行不规范，“一把手”权力暗箱操作。在实际生活中，由于权力运行无一定规则、无一定章法，什么事项只要“一把手”做出决定，其他人很难阻止，使“一把手”权力滥用具有较大的便利性。在对重大事项进行决策时，“一把手”可以通过选择会议时间、改变会议程序、隐瞒关键数据，甚至冒充上级意图等手段，达到操控决策的目的。经过这种操控的决策，尽管会损害公共利益，却因贴上了集体决定的标签而具有较大的隐蔽性，使权力滥用难以被及时发现和纠正。组织权力个人化的一个严重后果，就是腐败分子一旦上台，便不是错用一两个人的问题，往往会形成一个腐败群体[①]。他们利用手中的权力党同伐异，能够顺水推舟的就收买拉

① 所谓政治利益集团，就是党内党外为谋取特殊利益而结成的圈子。政治利益集团形态各异，其本质都是权力做媒、利益媾和。在实际生活中，政治利益集团在不同层面上构成了点、线、面、体的几何分布：点，就是利益集团中的核心人物；线，就是蜕变官员相互串通形成的腐败链条；面，就是腐败链条纵横交错编织的利益网络和腐败网络；体，就是利益集团结成的赤裸裸的利益共同体。

拢，不肯同流合污的就打压排挤。这种上下勾结的利益共同体，一旦出事就成了风险共同体，以至于查处一案往往牵出一串、带出一片。为什么反腐败阻力那么大？因为这里应对的已不是单个腐败分子，而是结成一定组织关系的犯罪团伙。加上这些人具有一般犯罪团伙所不具有的权力优势，就更增加了反腐败斗争的艰巨性和复杂性①。

权力监控不到位，"一把手"权力制约弱化。主要领导干部处于绝对权力的地位，上级监督太远，下级监督太软，同级监督太难，法纪监督太晚，使对"一把手"权力制约监督的整体效能弱化。以党的纪律检查体制为例，以往纪委受同级党委和上级纪委的双重领导，实际上是以同级党委领导为主，纪委成员的提名、任命、调动和待遇都掌握在同级党委手中。这种体制上的局限性，很大程度上削弱了纪委的独立性和权威性，限制了纪委监督职能的发挥，特别是很难履行对同级党委及其主要领导成员的监督。在这种情况下，如果一个地区、部门或单位的"一把手"蜕变为腐败分子，那么这个地区、部门或单位就会出现由腐败分子领导反腐败的现象，以致使反腐败大打折扣。在实际生活中，我们党和政府对"一把手"并不是没有制约监督的要求，并不是没有制约监督的规定，并不是没有制约监督的形式——作为党员领导干部，要受到党员的制约监督，受到党的代表大会、党的委员会和党的纪律检查委员会的制约监督；作为公民，要受到法律和道德的制约监督；而无论作为何种身份，都要受到社会公众和新闻媒体的制约监督。但事实上所有这一切都没有构成对"一把手"有效的制约监督。为什么组织的、法律的、舆论的力量都不能对"一把手"权力起到应有的约束作用呢？答案很简单，就是没有与之相对等、相匹配的制约监督权，没有权力制衡。这正是为什么"一把手"的违纪违法问题严重、造成危害巨大的根本原因。

三、"一把手"腐败问题多发的对策

有效治理"一把手"腐败，关键在于优化权力结构与权力配置，使权力关系明晰化、制度化、规范化，通过科学设计、严格规范、有效监控，创新"一把手"权力科学配置体系、规范运行体系、立体监控体系，从制

---

① 黄苇町：《苏共亡党十年祭》，江西高校出版社，2002，第 155-156 页。

度机制上防止权力滥用，为打造制度的笼子奠定坚实基础。

优化“一把手”权力科学配置体系。一是优化不同职能之间的权力配置。从调整权力结构入手，对权力进行适度分解，使决策、执行、监督职能适当分开，把强化制约监督的措施融入权力运行的全过程，使各项权力之间形成相互制约的链条，从制度上铲除“一把手”滋生腐败的土壤。二是优化不同层级之间的权力配置。从权力结构看，领导干部所处的权力层级不同，其权重也不同。由于权力总是作为一种体现主体意志的强制力量而存在，要使制约监督取得实效，就必须让权力低位运行，使权力能够受到各方面的监控。因此，要合理配置领导班子及其成员的权力，构建副职分管、正职监管、集体领导、民主决策的权力运行机制。在“一把手”权力向领导班子副职分解的同时，将具体事项的管理权逐级下放，实行分级决策、分级审批、分级管理，实现权力低位运行。三是优化不同环节之间的权力配置。按照分段操作、流水作业的规程配置权力，使审查与批准、决定与执行、承办与监管等权力相对分离，使各个环节权力之间既相互制约和监督又相互协调和配合，切实杜绝财务一支笔、用人一言堂、权力一把抓等现象。

健全“一把手”权力规范运行体系。实行重大事项集体决策制度。凡属方针政策的大事，凡属关系全局的问题，包括重大问题的决策、重要干部的任免、重大项目的安排和大额资金的使用，都必须由领导班子集体讨论决定。议题决策前，要书面通知领导班子成员酝酿，不得临时动议；在讨论决定重大问题时，所有成员地位一律平等，都有权充分发表自己的意见，在此基础上按照少数服从多数的原则，实行一人一票的表决制；如遇紧急突发事件未经集体研究先行处置的，事后主要领导干部应及时向领导班子成员通报；对于应由集体讨论决定的事项而未经集体讨论，直接由个人决定，应根据情况追究相关人员的责任。实行主要领导干部末位表态制度，在领导班子研究决定重大事项时，主要领导干部不得事先定调，必须在听取领导成员的意见后再归纳总结并表态。同时，严格落实党务、政务公开制度，让“一把手”权力在阳光下运行。党政机关在对权力进行全面梳理的基础上，依法界定每个部门、每个岗位的职责权限，然后将职权目录、实施主体、法律依据、办理程序等以清单方式进行列举，并公之于众。通过推行权力清单制度，全面厘清党政“一把手”权力的底数，在权力入单的同时，编制权力目录和优化权力流程，确保权力只能在依法赋予的职责和权限之内运行，最大限度地压缩党政“一把手”行使权力的自由裁量空间，从而降低和减少权力滥用的概率。

完善“一把手”权力立体监控体系。强化对“一把手”权力运行全方位全过程监督，切实将“一把手”权力置于各级组织和人民群众的监督之下。在权力体系内部，“一把手”的权力要受到上级、下级和同级的制约监督，要受到代表机关、专责机关的制约监督；在权力体系外部，“一把手”的权力要受到人民群众、民主党派、社会团体和新闻媒体的制约监督；在权力的配置上，“一把手”的权力要适当分解，各项权力之间要形成制衡机制；在权力的运行中，“一把手”的权力要受到制度规范和责任约束。按照干部管理权限，强化层级监督，严格落实上级对下级的廉政谈话、考核讲评制度，及时发现和纠正各种倾向性问题；下级“一把手”出现严重违纪违法问题，要严肃追究上级组织和“一把手”的责任。领导班子成员之间要开展坦诚的思想交流，对存在的问题该提醒的要及时提醒，该批评的要严肃批评，该制止的要坚决制止。严格落实“一把手”任职期满轮换交流等制度，防止裙带关系网和既得利益链的形成。整合党内监督、行政监督、法律监督、审计监督、民主党派的监督、人民群众的监督、新闻舆论的监督，使各种监督步调协同，手段互补，信息共享，形成对“一把手”的监督合力。坚持法纪面前人人平等、执行法纪没有例外，综合运用法律、组织、经济等处罚措施，加大对腐败的惩治力度，确保“一把手”位高不擅权、权重不谋私，使人民的权力真正用来为人民谋利益。

第二节　完善资源密集领域的制约监督机制

完善权力制约监督机制的目的在于规范权力的合理运行，有效遏制腐败的滋生蔓延。这就决定了哪里有权力运行，哪里就有权力制约监督机制；哪里腐败案件多发高发，哪里就是权力制约监督机制建设的重点。实践表明，资源密集领域、改革滞后行业、监管薄弱环节、权力集中岗位往往是腐败案件多发高发的重灾区，也是权力制约监督机制建设的着力点。因此，理顺不同职能、不同层级、不同环节权力之间的关系，使权力的内部制约和外部监督相互配合，形成科学配置体系、规范运行体系、立体监控体系，是防止在油水多的地方滑倒的必由之路。

一、优化权力科学配置体系

完善资源密集领域制约监督机制，重在科学配置权力，使各项权力之间形成既相互制约又相互配合的权力结构，使权力关系与权力流程明晰化规范化，以便对机构、人员、行为实施全要素制约，对决策、执行、监督实施全过程监控。在职能分解、机构分设和人员分工的基础上，建立健全有效的内部制约机制，如政府投资项目实行投资、建设、监管、使用分离；公共资源交易实行主管、办理、评审、监督分离；行政处罚事项实行调查、决定、执行分离；财政专项资金实行评审、决定、绩效评估分离；金融单位实行审核、贷款分离；税务部门实行征收、监管、稽查分离；工商管理部门实行审核、发证、收费分离；交通管理部门实行判罚、收取罚金分离。由此实现各司其职、各负其责，边界清晰、权责统一，使每一个部门都成为其他部门滥用权力的制约手段，使每一个成员都成为其他成员滥用权力的制约力量。

通过总结历代贿赂现象，中国清代历史学家赵翼得出一个结论，即“贿随权集”，意思是说行贿总是围绕权力来进行的。换言之，就是油水多的地方最容易使人滑倒。部分党政机关的主要领导干部、分管人财物的领导班子成员以及具体办事人员在一段时间内纷纷落马，无不与此有关。河南省四任交通厅厅长曾锦城、张昆桐、石发亮、董永安先后落马的案例发人深思。曾锦城当了 9 年交通厅厅长，曾咬破手指给省委写血书：“我以一个共产党员的名义向组织保证，绝不收人家一分钱，绝不做那些对不起组织的事，坚决维护党的形象。”张昆桐继任后，向省委领导立下军令状：一定吸取前任的教训，把党风廉政建设当成重中之重的任务来抓，从大处着眼，小处着手，细枝末节也不放过。他提出：“让廉政在全省高速公路上延伸。”石发亮在这方面的表现更为突出，上任不久就为全省交通工作制定了两条原则：不义之财分文不取，人情工程一项不上。无论是公路开工典礼，还是通车剪彩，他总是情绪激昂地发表一通加强党风廉政建设的演说。董永安在任期间，利用职务之便，收受贿赂折合人民币 1 700 多万元；伙同他人收受贿赂折合人民币 940 多万元，被判处无期徒刑。这些交通厅厅长的腐败，固然有其自身素质方面的原因，但不能说他们天生都是腐败分子。导致他们腐败的直接原因是我国交通投资体制的“政企合一”和交通建设项目投资、建设、管理、使用的“四位一体”，这些交通厅厅长一手握着行政权，一手握着项目建设经营权。这样，政府权力部门化、部门权力个人化，必然导致掌权者的腐败。

二、健全权力规范运行体系

强化对资源密集领域的制约监督，主要包括深化行政审批制度、财政管理制度、干部人事制度改革，完善并严格执行建设工程招标投标、经营性土地使用权出让、产权交易和政府采购制度，从源头上治理和消除腐败。运用法规制度对权力的等级、界限、效力，行使的程序、规则、责任等做出明确规定，使领导干部办事具有严明的规则、规范的程序、清晰的界限、公开的信息和明确的责任，确保各项权力都在法治的轨道上合理运行。通过引入市场竞争机制，创建统一的招标投标中心，对工程建设、产权交易、政府采购实行公开招标投标，并规范招标投标、交易、采购中心的监管制度与运行机制，切实与政府主管部门脱钩，从而割断利用职权插手敏感事项，从中进行期权交易的可能。在招标投标的过程中，实行招标的公开化，竞标的程序化，评标的科学化，定标的公正化，切实防止招标投标流于形式。

实行财务统一核算制度，将一个部门预算内外资金统一纳入预算管理，全面反映部门各项财政性资金的收支情况，增强预算的完整性、公开性和透明度。推行国库集中收付制度，将所有财政性资金都纳入国库单一账户体系，按照部门预算和用款计划确定的资金用途和用款进度，由财政部门将资金直接支付到商品和劳务供应者或用款单位，减少资金流转环节，节约资金流转时间。深化干部人事制度改革，以民主推荐、公开选拔、竞争上岗、任前公示制度为主干，通过多方举荐、组织考核、集体决断、社会公示等环节，切实提高选人用人的公信度。建立健全领导干部个人重大事项报告制度、公职人员财产申报制度、金融账户实名制度、政务公开制度、信访举报制度、离任审计制度、责任追究制度、引咎辞职制度，有效防治以权谋私等腐败行为。建立健全任期目标制度、实绩考核制度、升降奖惩制度，为领导干部健康成长提供正确的导向和适度的动力。建立健全人事管理、资金拨付、项目审批部门领导干部轮换交流制度，防止因在一个岗位上工作时间过长而滋生各种腐败。建立健全资金监控、行为规范、权力制约方面的制度，形成决策、执行、监督职能相对分离的体制。建立健全公职人员行为限制和领导干部亲属经商、担任公职、出国定居等相关制度规定，防止领导干部利用公共权力或自身影响为亲属和其他特定关系人谋取私利。

三、完善权力立体监控体系

加强对权力集中部门和资源密集领域的监督，推动执法司法、审批监管、工程建设、资源开发、金融信贷、公共资源交易、公共财政支出等重点领域监管机制改革和建设，铲除腐败滋生蔓延的土壤。对于容易滋生腐败的管人、管钱、管物部门，实行“四只眼睛”的办事制度。强化审计监督，突出对重点领域、部门、资金和领导干部经济责任审计。完善巡视制度，明确巡视内容，扩大巡视范围，提升巡视效果，加强对资金管理、资产处置、资本运作、工程项目等方面的专项巡视监督。巡视要紧盯重点人、重点事和重点问题，做到精准发现，定点突破。加强纪检、监察、审计、司法部门之间的协调配合，完善联系沟通机制，使各种监督分工明确，步调协同，信息共享，优势互补，不断加大对腐败的惩治力度。建立跨部门、跨地区、跨行业、跨国界的大案要案协查机制，切断腐败分子对抗调查、转移赃款、策划出逃的渠道。建立执法合作、司法协助、人员遣返、涉案资金返还等方面的反腐败国际合作机制，决不让国外成为腐败分子的“避罪天堂”。与此同时，健全以廉洁自律、制约监督、源头防范、查办惩处、权益保障为主要内容的党风廉政建设的法规制度，充分发挥法规制度的整体效能。加强对法规制度执行情况的监督检查，对违纪违法行为发现一起查处一起，做到有权必有责、用权受监督、失职要问责、违法必追究，切实维护法规制度的严肃性和权威性。对违纪违法者，以谈话警示、书面检讨、通报批评、调离岗位、责令辞职、纪律处分、依法查办等方式予以追究，使党员干部无论职位多高、权力多大，都能严格依据法规制度规范工作生活秩序，规范办文办事程序，规范决策管理方法，规范对外交往操守。

党的十九届四中全会指出："深化行政审批制度改革，改善营商环境，激发各类市场主体活力。"[①] 行政审批是行政机关根据自然人、法人或其他组织提出的申请，经依法审查，准予其从事特定活动，认可其资格资质的行为。行政审批制度作为政府依法管理各项事务的主要方式之一，包括行政审批的设定权限、设定范围、实施机关、实施程序、审批责任和监督责任等内容。行政审批制度改革既要缩减行政审批的范围，又要调整行政审批的权限，减少环节、规范程序、提高效率、强化服务、加强监管、明确责任，建立结构合理、运行科学、程序严密、制约有效的行政审批制度。一是削减行政审批事项。按照合法、合理、效能、责任的原则，对行政审批项目进行清理，减少对经济和社会事务的审批事项，对影响市场在资源配置中的决定作用，妨碍市场开放和公平竞争的行政审批事项坚决予以取消；对可以运用市场机制运作来替代行政审批的事项如土地批租等，则通过招标、拍卖和产权交易等市场手段来处理；对不能通过市场机制运作来替代的行政审批事项，要加强审批监督，形成有效的审批约束机制。二是精简行政审批环节。理顺政府部门的职能，逐步解决政出多门的问题，避免重复审批和多头审批；创办行政服务中心，把各职能部门的审批办证业务集中起来，实行一站式审批、窗口式办文；利用政府信息网络平台，逐步推行网上查询、登记、许可、注册、备案等服务。三是优化行政审批程序。审批程序要简明快捷，尽量减少中间环节；要阳光操作，尽量降低运行成本；要科学严谨，尽量纳入法治轨道。四是规范行政审批行为。公开审批范围、公开审批条件、公开审批过程、公开审批结果，提高透明度，增强规范性，加强社会监督，防止暗箱操作，实现行政审批的公平公正。五是提高行政审批时效。缩短审批时间，明确审批时限，对办结时间实行严格监督，防止审批人员寻找各种理由办事拖拉，推诿扯皮。六是强化行政审批责任。审批部门和人员分别对各自分工事项的真实性、科学性和合法性负责，对违法审批、延误审批、错误审批的人员，应追究相应的行政和法律责任。

---

① 《中共中央关于坚持和完善中国特色社会主义制度 推进国家治理体系和治理能力现代化若干重大问题的决定》，《人民日报》2019 年 11 月 6 日。

第三节 打造运用信息技术驾驭权力的制约监督机制

现代信息技术是对信息的采集、传输、存储、处理、控制和利用等技术的统称，是当今高新技术群体的核心和先导。其中电子政务通过运用现代信息技术在线运行、同步传输、全程留痕、实时监控等功能，能够提高政府办事效率、公共服务质量以及权力运行的透明度，使公众对政府运行全程参与和跟踪监督成为可能。

一、运用信息技术严明权力规则

运用法治思维和法治方式管理政府事务，使政府权力运行制度化、规范化、程序化，以制度的公信力来保障政府的公信力，以制度的执行力来提升政府的执行力，离不开完善配套的法规制度和技术先进的信息平台来支撑。把信息技术引入制度设计环节，把制度的要求体现到信息程序之中，以缩小制度设计与执行之间的差距，使制度建设更加科学严密，保证制度贯彻执行到位。建立具有信息公开、资金追踪、监管联动、状态监测、信访处理、决策支持功能的信息化、网络化、数字化平台，把现代信息手段融入权力运行之中，在客观反映权力运行情况的同时，有效实施对权力运行的全程监督。通过动态公开、卡点排查、资金追踪、信访举报等功能，对专项资金的分配、拨付、使用、验收、审计等环节进行动态的全过程、全方位监控。通过实时监察、预警纠错、投诉处理、绩效评估、重大事项监督等功能，对行政审批事项办理进行事前廉政警示、事中动态公开、事后考核问责，实现网上办理和网上监督，解决行政审批中腐败多发、效率低下等问题。通过信息共享、风险评估、实时预警、监管联动等功能，对公务人员廉政行为进行全面、综合、系统的科学化、信息化、网络化监督与管理[①]。同时，按照决策权、执行权、监督权既相互制约又相互协调的要求，实行受理和办理分离的工作模式，受理统一在外网进行，办理统一在内网进行，当事人和经办人相互隔离，截断暗箱操作渠道。通过电子监控系统实时获取权力运行数据，实施数据分析、在线督查、动态调

① 郝占敏：《运用网络监控行政权力运行》，《中国监察》2010 年第 21 期。

整、预警纠错，并对各部门网上办事情况进行量化测评，实现结果监督向过程监控、人为监督向自动监控转变，提升从源头防治腐败的科学化水平①。

二、运用信息技术规范权力程序

法治就是程序之治，依法办事就是依照程序办事。因此，把权力关进制度的笼子，首先是把权力关进程序的笼子。一方面使权力具有职能上的法定性、正当性、有效性，避免过度膨胀和滥用；另一方面使权力按照既定的程序启动，并以民众看得见的方式行使，以提高权力运行的公信力②。推进电子政务建设，把行政审批、政府采购、公共资源交易、服务群众窗口等重点领域和关键环节纳入电子监察范围，使各项程序、各个环节、各种制度规定有令必行、有禁必止。为提升行政审批的信息化水平，规范行政审批行为，压缩权力寻租空间，强化对权力的制约和监督，加快推进服务型政府建设，行政审批事项实行服务窗口受理分发、处室审核、主管领导审批、服务窗口发放审批结果的网上办事流程。推行政府权力清单制度，对经过清理核定的行政权力逐项确认行使依据、程序、时限、责任追究等，尽量简化办事程序，缩短办理时间，降低办事成本。根据权力运行流程图，将所有行政权力逐项固化上网，接入网上政务大厅，建立统一的电子政务平台③。利用现代信息技术，把电子监察、风险预警等科技手段融入廉政风险防控、规范权力运行的制度设计之中，实现电子监察系统和预警监控系统并网运行，将廉政风险和防范措施等嵌入业务运行流程，使权力行使与电子预警、技术监控、行政监察、社会监督融为一体。运用技术手段强化内部制约，将业务流程锁进信息系统，利用信息系统铁面无私、操作留痕的特点，对流程进行全程控制，对权力进行刚性约束。

三、运用信息技术清晰权力界限

绝对的权力导致绝对的腐败，已经被古今中外无数事实所证实。电子

---

① 陈凯龙：《应用信息技术建立权力阳光运行机制》，《学习时报》2012 年 7 月 30 日。

② 张文显：《法治的文化内涵——法治中国的文化建构》，《吉林大学社会科学学报》2015 年第 4 期。

③ 陈凯龙：《应用信息技术建立权力阳光运行机制》，《学习时报》2012 年 7 月 30 日。

政务有利于清晰权力界限，从而消除绝对的权力。通过电子政务，可以实时掌握违法违规、投诉举报等信息，提前识别目标，及时发现隐患，增强政务监管的智能化、精准化水平，实现监管事项的全覆盖、监管过程的全记录、监管工作的可追溯、监管责任的可追究，真正实现实时监管、协同监管、精准监管和跨部门联合监管①。运用信息技术在线运行、同步传输、全程留痕、实时监控等功能，把权力运行的具体内容、法律依据、条件标准、程序时限以及受理、承办、批准、办结等事项固化为网络程序，做到一项权力一套运行软件，实现网上办公、网上审批、网上招标、网上采购、网上交易、网上监察，建立权力运行可查询、可追溯的反馈机制，使业务在阳光下操作、资金在网络上监管、风险在流程内控制、资源在市场中配置，尽量减少人为因素的干扰和影响，增强权力运行的刚性约束。对工程建设项目、国有土地出让、政府采购、产权交易等各类交易活动进行整合，按照统一信息发布、平台运行、网络监管、投诉受理、行政监察的运行机制，建立集公共服务、业务协同、内部办理、电子监察于一体的行政审批电子监察平台，实现各项审批、审核、核准、备案等行政审批事项网上办理和网上监督。将工程建设、土地出让、政府采购、产权交易等所有由市场配置的公共资源交易纳入平台运行，做到管理、办公、监督分离和信息发布、进场交易、招标程序、管理规则、中标公示、收费标准统一，充分发挥市场配置资源的决定性作用，用市场手段解决在重点领域和关键环节逃避制度约束、牟取非法利益问题②。

四、运用信息技术明确权力责任

按照权责一致的准则，权力与责任必须对应对等，不能授予权力而不履行责任，也不能承担责任而不授予权力。配置和追究行使权力的责任，目的在于使公职人员认真履行法定职责，根据法律授予的权限管理国家和社会事务，既不失职，也不越权。运用信息技术公开各级政府及其工作部门的决策权、执法权、审批权等职责权限、法律依据、运行流程、工作时限、服务承诺、监督环节和责任追究，有利于推动责任的落实，在客观反映权力运行状况的同时，放大责任约束的功能和效力。对于国家机关来

① 王钦敏：《发展电子政务是提升国家治理能力的重要抓手》，《学习时报》2019年12月18日。

② 郝占敏：《运用网络监控行政权力运行》，《中国监察》2010年第21期。

说，公布了权力也就公布了责任，明晰了权力也就明确了责任，这样人们就可以通过权力清单了解国家机关的权力范围和责任界限，促使其不断强化行使权力的责任意识，从而最大限度地降低和减少权力滥用的概率。保证权力的合理运行，不仅要有配置责任和追究责任的法规，而且要有落实责任和追究责任的机制，即构建一套严密、分散、多样化的公共治理责任机制[①]。所谓严密，就是责任规定详尽具体，不留责任空隙，不留规避空间，避免有权无责与有责无权，实现权责对应对等。所谓分散，就是公共治理责任主体多元化。只有变无限责任为有限责任，才能保证法定责任的真正兑现。所谓多样化，一是责任渊源多样化，包括法定的或约定的；二是责任形式多样化，包括适用于公职人员的行政处分，适用于公共机构的国家赔偿，适用于个人的财产罚、人身罚等；三是责任实现方式多样化，包括自动履行或强制执行。

五、运用信息技术公开权力信息

遵循职权法定、边界清晰、主体明确、运行公开原则，固化权力运行程序，优化业务操作流程，使权力运行明晰化、规范化、便捷化。按照公开是常规、保密是例外的准则，除涉及国家机密和法律规定必须保密的事项之外，将权力目录与权力流程公之于众，把权力运行的每一个环节都置于阳光下，使隐性权力公开化、显性权力规范化，接受社会全方位全过程的监督，从而杜绝不作为或乱作为现象，确保各项权力规范有序运行。推行政府权力清单制度，依法公开权力运行流程，让权力边界更加清晰、运行更加透明，是完善党务、政务、法务和各领域办事公开制度的重要内容。通过列出权力清单，晒出权力家底，让权力运行流程面向社会、面向大众，依法将行政职权、事项名称、行使依据、受理条件、申报资料、办理时限、承办人员等相关信息，放到政府门户网站，放到网上政务大厅，真正把权力置于阳光下，不仅人民群众能够监督，政府官员也能够监督。因此，推行政府权力清单制度，有利于消除权力运行的暗箱操作，有利于确保权力行使的公正性和合理性，也有利于降低行政成本、提高办事效率。按照网外无审批、入网即可查的要求，使所有审批事项的运行状态实

① 罗豪才、宋功德：《公域之治的转型》，《中国法学》2005 年第 5 期。

现内网实时查询，外网定期查询功能，切实解决权力运行中暗箱操作的顽疾，全面实现阳光行政。构建公共资源交易监管平台。依托公共资源交易中心，在交易事项网上运行过程中同步嵌入电子监控系统，进行实时监察和预警处置，实现交易全程阳光化、监管网络化。

六、运用信息技术周延权力监督

网络监控权力运行是指运用现代信息技术、网络技术使权力在网上运行，并对其进行全过程、全方位的监督。这对于提高反腐倡廉科技含量，提升预防腐败整体效能，实现对权力运行多角度、全覆盖、经常化监督具有重要作用。网络监控具有即时性、公开性和技术先进性等特点，可有效解决权力运行监督难等问题。网络监控具有即时性特点，通过电子程序将监督程序嵌入权力运行之中，实现监督程序和权力运行程序的有机融合，使权力运行整个过程都伴随着监督，做到如影随形，从而实现关口前移、防范在先，保证监督权对决策权和执行权的动态制约。网络监控具有公开性特点，通过科技手段完善权力运行流程，将办事程序、时限、标准予以严格规范并提出岗位化、对象化和动态化的要求，能够有效解决权力运行不规范、信息不透明等问题。网络监控的技术先进性可有效解决监督效率低下和监督成本过高的问题①。鉴此，要全面推行网上监察监控，实现电子监察监控对权力运行的全覆盖；围绕审批流程、运行绩效等内容开展实时远程监察，针对发现的问题，同步督办指导，及时纠正权力运行中的违规行为；将所有事项全部纳入阳光运行系统之中，汇集到网上政务大厅公开办理。在此基础上，通过电子监察监控系统，全面监督权力网上运行情况，不留监督死角②。通过程序监控、线索分析、案件处置、信息交流等功能，在发现线索、查处案件方面最大限度地发挥网络信息共享作用，努力提高办案效率和科技化水平。

---

① 郝占敏：《运用网络监控行政权力运行》，《中国监察》2010 年第 21 期。

② 陈凯龙：《应用信息技术建立权力阳光运行机制》，《学习时报》2012 年 7 月 30 日。

第九章　完善权力制约监督机制的探索问题

完善权力制约监督机制是一项艰巨复杂的社会系统工程，不可能一蹴而就、一步到位。一些问题实践和理论已经提出，目前正在展开研究和探索，还有待继续拓展和深化。这些问题包括建立政党法律制度、完善协商民主制度、健全违宪审查制度、改革案件审理制度、发展中国特色社会主义军事制度等。

第一节　建立政党法律制度

习近平总书记强调："要把坚定制度自信和不断改革创新统一起来，在坚持根本政治制度、基本政治制度的基础上，不断推进制度体系完善和发展。"① 党的十九届四中全会指出："加强中国特色社会主义政党制度建设"。② 推进中国特色社会主义政党制度体系完善和发展，包含着两大维度：一是"健全党的全面领导制度"③；二是"完善全面从严治党制度"④。前者的目的是加强党的全面领导，后者的目的是加强党的全面建设，使党更好地担负起全面领导的责任。

党作为一种政治组织具有双重身份：作为国家的组成部分，党必须遵守国家的宪法和法律；作为独立的政治集团，党必须遵守自身的法规和制度。依法治党，建设与法治国家相适应的法治政党，这里的法是广义的法，泛指一切强制性的行为规范，包括国家的宪法和法律以及党内的法规和制度。通常所说的制度治党，实际上就是依法依规治党。在法治社会条

---

① 习近平：《在庆祝全国人民代表大会成立60周年大会上的讲话》，《人民日报》2014年9月6日。

② 《中共中央关于坚持和完善中国特色社会主义制度 推进国家治理体系和治理能力现代化若干重大问题的决定》，《人民日报》2019年11月6日。

③ 《中共中央关于坚持和完善中国特色社会主义制度 推进国家治理体系和治理能力现代化若干重大问题的决定》，《人民日报》2019年11月6日。

④ 《中共中央关于坚持和完善中国特色社会主义制度 推进国家治理体系和治理能力现代化若干重大问题的决定》，《人民日报》2019年11月6日。

件下，宪法和法律是治国理政的基本依据和规矩，任何政党都没有超越于宪法和法律之上的特权，党领导人民制定和执行宪法和法律，党自身也必须在宪法和法律范围内活动，因而依法治国必然要求依法治党。所谓依法治党，就是严格按照国家的法律和党的法规来规范党组织和党员的行为，通过党的各项具体制度来保证国家的宪法和党的章程成为党组织和党员的最高行为准则。

实现依法治党的一个重要前提，就是完善政党立法，即通过国家法律体系规范政党的职责权限、活动原则以及政党在国家政治生活中的地位作用等问题。政党法作为规范政党活动的专门法律，通常指以政党的界定、政党的组建、政党的组织原则、政党的活动准则、政党的权利义务以及取缔政党的条件等为调整对象，以政党法命名的法律文件。对于我国来说，为了把党的领导方式和执政方式纳入法治的轨道，实现依法执政，使党必须在宪法和法律范围内活动不仅是一项原则，更是一项具有实际可操作性的制度规定，应改变我国政党主要依靠政党惯例运行的做法，尽快着手制定政党法。卢梭曾经说过："任何人都不能摆脱法律的光荣的支配；这是一种有益而温柔的枷锁，最高傲的头颅也必须顺从地戴着这种枷锁。"① 历史的经验表明，法治是富强、民主、文明、和谐、美丽中国的守护神，是人民安居乐业、社会安定有序、国家安稳发展的压舱石。没有法治，就没有国家的长治久安，就没有社会的风清气正，就没有人民的幸福美满。实行法治还是实行人治，事关国家的兴衰成败、社会的安危治乱、人民的利害得失、家庭的悲欢离合、个人的生死祸福。因此，即使是最尊贵的政治头颅，也要戴上法治的紧箍。制定政党法，使政党的活动由政党法来规范，依政党法来判断，以便使政党处于依法而立、守法而行的法治状态，意义可谓重大而深远。

首先，这是依法规范政党活动的需要。在法治社会条件下，任何政党都没有超越于宪法和法律之上的特权，因而依法治国必然要求依法治党。苏联解体、东欧剧变的原因之一，就是对执政党权力的制约监督只能依靠自身的机制发挥作用，而难以纳入国家法治框架，从而使执政党长期游离于法律之外，实行"垄断真理的意识形态制度，垄断权力的政治法律制度，垄断利益的封建特权制度"，严重地损害了社会主义民主和法治，最

① 卢梭：《论人类不平等的起源和基础》，李常山译，生活·读书·新知三联书店 1957 年版，第 2 页。

终导致亡党亡国的结局。这一深刻教训值得我们认真反思。中国共产党和各民主党派虽然已在各自的章程中规定依法活动的原则，但在领导或参与社会主义建设和改革的实际政治过程中，共产党如何依法执政，各民主党派如何依法参政，显然缺乏明确的法律规定。由于我国目前还没有制定政党法，党必须在宪法和法律范围内活动的原则还没有具体的法律加以贯彻和保证实施，因而从全国范围看，如果政党组织违反宪法和法律，应由什么国家机关、按什么法律程序和法律条文来具体追究法律责任，还处于无法可依的状态。法治的核心是依法办事，依法办事的前提是有法可依，政党法理应是其中规范政党活动的基本法律之一。

其次，这是改革和完善党的领导方式和执政方式的需要。在革命战争年代，党的领导方式主要是政策领导。在特殊的历史环境中，实行政策领导有利于协调党政军民关系，以便整合力量，形成拳头，尽快夺取全国政权。党执政后，传统的政策领导方式渐露弊端，特别是党政不分、以党代政的现象，使党的领导无法切实加强，其他方面的工作也难以顺利展开。可以说，解决党政关系问题仍然是现今改进党的领导方式和执政方式的关键，并且事关社会主义民主政治发展的全局。制定政党法，以法律的形式建立科学化、制度化、规范化的机制，理顺党与国家机关、民主党派、社会团体等的关系，有利于党发挥总揽全局、协调各方的领导核心作用，不断提高领导水平和执政能力，牢牢把握我国经济政治文化发展的主导权；有利于国家机关、民主党派、社会团体等依法运行，各司其职，各负其责，以便使党在领导人民管理国家和社会事务的过程中确立法治的权威，使自身的执政权力和执政行为真正置于法律的约束之下，切实做到领导立法、保证执法、支持司法、带头守法。

再次，这是发挥民主党派作用，体现多党合作价值的需要。在我国，共产党代表最广大人民的根本利益，各民主党派代表特定社会阶层和群体的具体利益，这种党际利益格局，是社会各阶级、阶层和群体利益关系在多党合作中的反映。制定政党法，通过法律规范来保障、分配、协调执政党和参政党所控制的各种社会资源，有利于社会各阶层的利益要求得到全面反映和统筹兼顾，密切民主党派与相关社会阶层的关系，改变民主党派的政策咨询团体形象，突出民主党派的利益表达和利益整合功能。在我国，共产党居于执政地位，为了保证把人民赋予的权力真正用来为人民谋利益，还必须自觉接受民主党派的监督。我国宪法虽然对共产党的领导地位已经做出明确规定，但对民主党派的地位和作用、权利和义务、活动方式和内外关系均未做出具体规定，使民主党派开展监督无法可依。制定政党法，将民主党派对共产党的监督从目前以协商讨论和批评建议为主要形式，提升为制度化法律化的党际监督，使这种监督不流于形式，具有现实的可操作性，形成民主党派和共产党“唱对台戏”的生动活泼的政治局面，不仅有利于充分发挥民主党派的作用，而且有利于提高共产党的拒腐防变和抵御风险能力，切实做到审慎地治国理政，以便跳出“历史周期率”的魔咒。

最后，这是抵御西方多党制的影响，发挥我国政党制度的特点和优势的需要。改革开放以来，我们党高度重视加强同民主党派的合作共事，多党合作事业取得了重大进展。但由于我国没有完善的政党法律制度，仅有宪法序言和总纲对政党和政党制度所作的原则性规定，因而我国的多党合作在实践中就不能不主要依靠执政党的政策运行机制，并在事实上受执政党领导人的政治开明程度的制约和影响，这不仅容易使人们对多党合作产生因人而异、随人而变的疑虑，而且容易为西方敌对势力的攻击提供口实，从而损害中国在国际上的形象。制定政党法，将执政党和参政党的权利与义务以法律的形式公之于众，纳入法治化轨道，使共产党能够得到各民主党派的有效监督而更加正确地实施对国家和社会的领导，使各民主党派能够接受共产党的正确领导而更加卓有成效地发挥政治协商、民主监督和参政议政作用，形成具有中国特色的社会主义政治文明和政党文明，那么，西方多党制对我国的影响就会越来越没有市场。

从世界各国的成文法看，都具有一定的结构。这种结构的构成是基于对法律规范进行合理、充分和有序的表述而产生的，在一定程度上反映了一个国家创制法律的技术特征。法律的结构一般分为内容结构和形式结构两种。内容结构是将具有相同性质的法律规范安排在法律的同一部分，一般包括序言、总纲、正文和附则等，目的是体现法律规范的内容、性质及其调整范围。形式结构是将法律规范予以合理排列的顺序和方式，一般分为章、节、条、款、目等，目的是方便人们识别法律规范的所在位置，建立不同法律规范之间的逻辑联系。在一般内容结构和形式结构的框架下，国外政党法对政党的权利义务，政党的组织原则，政党的活动规范，政党的经费来源、分配、使用和管理，政党的违法、制裁和取缔都做了详细规定。可见，政党法既是组织法，规定政党的名称、设立、章程、组织机构和内部关系等，又是行为法，规范政党的各种活动；既是实体法，规定政党及其党员的权利义务等，又是程序法，规定实现权利义务的途径、形式等程序[①]。由于政党法涉及国家政治生活最基本、最重大的问题，因而它和组织法、选举法一样，同属于宪法性法律文件，在法律体系中的地位仅次于宪法，而高于一般的法律。

我国政党法的主要内容应包括：序言——中国政党制度的创立和发展；中国各政党的名称及其在国家政治生活中的地位；中国政党制度作为国家的一项基本政治制度在国家政治、经济和社会生活中发挥的职能等。政党的权利义务——政党必须在宪法和法律范围内活动，其合法权益受法律保护；政党负有反映和代表一定阶级、阶层或群体利益与要求的责任，并可根据各党派的不同特点和国家在一定历史时期的总任务，制定自己的纲领和章程；政党的组织发展和党员管理等。政党的组织原则——政党按照民主集中制原则组织起来；政党的中央、地方和基层组织的关系；政党内部组织结构的一般性规定；政党的各级领导机关和领导干部除特殊情况外，均由选举产生。政党的活动准则——对执政党和参政党在国家权力机关、行政机关、监察机关、司法机关、武装力量、社会团体、基层单位的活动范围、活动方式、活动程序，对执政党和参政党在中国人民政治协商会议中的活动方式等，做出明确的法律规定，体现政党必须依法活动的原则，实现多党合作的制度化、规范化、程序化。政党活动经费的来源、分配、使用和管理——对政党活动经费实行自筹与国家财政资助相结合的办法做出具体规定。政党违宪行为的审查与制裁——根据我国现有的政治格局，可在国家最高权力机关中设立宪法委员会，专司对国家机关、政党组织、社会团体行为的合宪性审查之职，使执政党与参政党既有权利赋予又有义务约束，同时还有可诉的责任追究机制[②]。

中国共产党既是领导党，又是执政党，建设法治国家关键在党。党的十六大报告提出：要善于把坚持党的领导、人民当家作主和依法治国统一起来，不断提高依法执政能力。党的十六届四中全会决定提出：依法执政

① 林怀艺：《我国政党制度法制化问题研究综述》，《法学》2004 年第 9 期。

② 林怀艺：《我国的政党立法问题探析》，《华侨大学学报》2004 年第 2 期。

是新的历史条件下党执政的基本方式。党的十九大报告提出：坚持依法治国和以德治国相结合，依法治国和依规治党有机统一。习近平总书记多次强调：坚持以法治的理念、法治的体制、法治的程序开展工作，改进党的领导方式和执政方式，推进依法执政制度化、规范化、程序化。由此可见，建设法治政党在我们党的重要文献中已是呼之欲出。党是建设法治国家、法治政府、法治社会、法治军队的领导者，法治建设的领导者不可能排除在法治之外，其自身必然是法治的体现者。因此，建设法治国家、法治政府、法治社会、法治军队，必然要求建设法治政党。法治政党建设的基础——健全党内法规制度体系，用法规制度将党内政治生活的方式、规则和程序确定下来。法治政党建设的根本——完善政党立法，通过国家法律体系规范政党的职责权限、活动原则以及政党在国家政治生活中的地位作用等问题。法治政党建设的保障——强化党的监督体系，保障党内法规制度和国家宪法法律得到有效贯彻。法治政党建设的目标——把党建设成为依法执政的政党；领导立法、保证执法、支持司法、带头守法，在宪法和法律范围内活动的政党；坚守宪法和法律至上、维护宪法和法律尊严和权威、自觉用宪法和法律规范党群关系、党政关系、党际关系的政党；尊重和保障人权、促进社会公平正义的政党，实现党的领导和执政活动的法治化。党的性质、党在国家政治生活中的地位、党肩负的历史使命，决定了建设法治政党对于建设法治国家、法治政府、法治社会、法治军队，将是一个有力的推动和牵引。

我国目前虽然没有专门的政党法，但在宪法的序言和总纲部分已经涉及政党法治问题。在序言部分，一是确立中国共产党在国家政治生活中的领导地位；二是强调全国各方面力量，包括各政党在内都必须以宪法为根本的活动准则，并且负有维护宪法尊严，保证宪法实施的职责。在总纲部分，一是规定各政党都必须遵守宪法和法律，一切违反宪法和法律的行为都必须予以追究；二是强调任何组织或者个人都不得有超越宪法和法律的特权。我国宪法序言和总纲部分对政党法治的原则性规定，为我们建设法治政党提供了基本依据。不仅如此，中国共产党通过对历史经验的总结，在党的章程中明确规定：党必须在宪法和法律范围内活动，必须保证国家的立法、行政、监察、司法机关积极主动地、独立负责地、协调一致地开展工作。同时，随着我国依法治国方略的确立和实施，科学执政、民主执政、依法执政已经成为党治国理政的生动实践，从而昭示我国制定政党法的时机日臻成熟。诚然，要建成法治政党，还必须以政党法的形式将政党政治生活的方式、规则和程序确定下来，使其既反映社会发展规律、反映法治实践需要、反映党员意志愿望，又符合内容的合规律性、价值的合目的性、形式的合科学性，不因人而异，不随人而变。唯其如此，才能抓住党的建设的根本，最终建成与法治国家相适应的法治政党。

实现中国特色社会主义制度更加成熟、更加定型，制定政党法是一道绕不过去的坎。政党法的制定是中国特色社会主义政治制度更加成熟、更加定型的一个标志，又是对中国特色社会主义政治制度更加成熟、更加定型的一个促进。制定政党法具有重要性、必要性和科学性、可行性，其目的是把中国共产党领导、执政、合作和协商制度化法律化规范化，其中涉及政党与民众的关系，政党与政府的关系，领导与执政的关系，执政与参政的关系，需要顶层设计、总体规划，从长计议、分步实施，不可能一蹴而就、一步到位。我国制定政党法涉及的内容繁多、难度很大，实施中可灵活掌握，先在政党法中规定一些具有长远性、稳定性、原则性和比较成熟的内容，一些棘手的问题可以暂时搁置起来，在理论和实践上做一些前瞻性、探索性研究，逐步积累经验，待将来条件成熟时再修改完善。

第二节　完善协商民主制度

协商民主是实现党的领导的重要方式，是我国社会主义民主政治的特有形式和独特优势。“在人民内部各方面广泛商量的过程，就是发扬民主、集思广益的过程，就是统一思想、凝聚共识的过程，就是科学决策、民主决策的过程，就是实现人民当家作主的过程。”① 党的十九届四中全会指出：“坚持和完善中国共产党领导的多党合作和政治协商制度。”② “发挥人民政协作为政治组织和民主形式的效能，提高政治协商、民主监督、参政议政水平，更好凝聚共识。完善人民政协专门协商机构制度，丰富协商形

① 习近平：《在庆祝中国人民政治协商会议成立65周年大会上的讲话》，《人民日报》2014年9月22日。

② 《中共中央关于坚持和完善中国特色社会主义制度 推进国家治理体系和治理能力现代化若干重大问题的决定》，《人民日报》2019年11月6日。

式，健全协商规则，优化界别设置，健全发扬民主和增进团结相互贯通、建言资政和凝聚共识双向发力的程序机制。”①

民主通常可分为两种模式，一种是选举民主模式，一种是协商民主模式。选举民主模式通常适用于国家内部民族、宗教、语言和文化传统基本相同的均质社会。协商民主模式通常适用于国家内部民族、宗教、语言和文化传统差异较大的异质社会。从实际情况看，我国存在着多阶级、多阶层、多民族、多党派，各地区经济文化的发展很不平衡，异质社会的特征十分明显，如果仅仅实行选举民主，无论是民主党派，还是少数民族，或是信教群众，他们的意愿和要求很难在政治体系中得到全面而准确的反映，只有通过协商民主，他们的关切和利益才能得到如实表达和合理照顾。因而协商作为我国政治制度的重要组成部分，在民主政治生活中扮演着十分重要的角色。

习近平总书记指出：“协商民主是党领导人民有效治理国家、保证人民当家作主的重要制度设计，同选举民主相互补充、相得益彰。”② 选举民主与协商民主作为民主政治的两种模式，都是人类政治文明发展的优秀成果。二者既有共同的特征，也有不同的表现形式。选举民主是政治主体通过投票表决的方式表达意愿和要求的一种民主模式，协商民主是政治主体通过沟通磋商的方式表达意愿和要求的一种民主模式。以自由平等协商讨论的形式产生公共政策，而不仅仅通过选举把公共政策制定权交给精英人物，是协商民主与选举民主的最大区别。与选举民主相比，协商民主的最大优势，就是可以有效维护社会弱势群体的利益，使之与强势群体一道共享经济社会发展成果。在实际政治生活中，选举民主与协商民主共同构成中国特色社会主义民主政治的制度特点和独特优势。

协商民主的基本原则：一是以宪法为最高权威。协商民主强调协商主体之间的政治平等，为此必须确立共同的权威。在民主政治条件下，所有政治力量都必须在宪法的框架内活动，尊重和遵守宪法。二是以制度为基本平台。协商民主是一种制度化的过程，必须把不同组织之间对不同问题

---

① 《中共中央关于坚持和完善中国特色社会主义制度 推进国家治理体系和治理能力现代化若干重大问题的决定》，《人民日报》2019 年 11 月 6 日。

② 习近平：《在中央政协工作会议暨庆祝中国人民政治协商会议成立 70 周年大会上的讲话》，《人民日报》2019 年 9 月 21 日。

的协商建立在完善的制度平台上。从这种意义上讲，发展协商民主关键是制度建设。三是以共存为基本前提。协商民主的产生源于社会的多元化，因而协商民主的实施，不是以削弱社会多元力量为前提，而是以增强社会多元力量共存的基础为前提。四是以合作为基本取向。在市场经济与民主政治的框架下，协商民主的主体都有着独立存在的现实基础与制度空间，这就决定了协商民主的主体从根本上说，都是一个独立的利益单元。从不同利益出发的协商民主主体之间要建立正常的关系，就必须以合作为基本价值取向。五是以参与为基本动力。参与互动就是社会力量参与政治体系，政治力量参与社会生活。六是以对话为基本手段。对话作为协调多元利益关系的手段，要求主体相互尊重、信息相互对称、权利相互对等，以推动相互交流、彼此沟通，达到协调、平衡和合作之效[①]。协商民主的价值在于，它突破了以往把民主限定在选举环节的理念，将民主拓展到决策环节，从而拓宽了人们对民主过程的理解；它促进了参与者之间的政治互动与合作，降低了民主政治的成本，提高了民主治理的水平，有助于增进公共政策的合理性和合法性。

我国社会主义民主政治是协商民主与选举民主相结合的民主政治。协商在我国不仅有制度保障，而且有组织载体，这个组织载体就是人民政协。人民政协是以中国共产党和各民主党派、各人民团体为基础组建的，是中国共产党领导的多党合作和政治协商制度的组织形式，也是各党派、各人民团体、各界代表人士政治协商、民主监督、参政议政的重要场所。政治协商有两种基本方式：中国共产党同各民主党派的政治协商；中国共产党在人民政协同各民主党派和各界代表人士的协商。凡是党制定大政方针、人大立法、政府采取重大措施，事先都以不同方式进行协商，充分倾听各方面意见，然后做出决定。在决策实施过程中，人民政协通过考察，集中各方面的意见，向有关部门提出建议，使决策更加完备，贯彻更加有力。协商的基本程序是：各级政协主席会议根据党委、人大、政府、各民主党派、各人民团体的提议，安排协商活动，并决定协商的形式和参加协商的范围。政协主席会议认为需要协商的问题，也可以建议有关部门将问题提交政协协商，并根据情况邀请有关方面负责人参加会议，听取有关部门就提交协商的问题做出说明，经协商形成的各种意见和建议，由政协办

① 何增科等：《中国政治体制改革研究》，中央编译出版社，2004，第 137-138 页。

事机构归纳整理，按规定的程序审定后，以正式文件的形式送达有关方面，在有关方面认真研究处理后，将其结果以书面形式做出答复。

我们党多次强调，要把人民政协政治协商作为重要环节纳入决策程序①。作为我国基本政治制度，政治协商既然将纳入决策程序，就应当以法律的形式明确规定之；作为政治协商的组织载体，人民政协既然具有参政议政的宪法地位，就应当赋予其应有的程序权力。所谓程序权力，是相对于国家机关的实体权力而言的政治权力，它处于国家权力运行系统中的咨询、监督、反馈的间接层面，是对拥有实体权力的权力主体予以程序上的参与、建议和评价的规范力量。在决策过程中，如果说实体权力主要解决是与否的问题，那么，程序权力则主要解决是与非的问题。由于程序权力的存在，客观上要求对重大问题实行先协商后决策，不协商不决策，未经协商的议题不得进入审议程序的原则。其实质是使政治协商具有作为国家重大决策必经程序的法定地位，它虽然对重大决策没有最终的决定权，但未经政协政治协商这一必经程序，任何议决都将无效。将政协的政治权利提升为程序权力，并赋予其法定地位，既可以使其相对超脱于实体权力，又可以在掌握实体权力的主体实施决策中进行程序性参与；既是发展和完善共产党领导的多党合作和政治协商制度的客观要求，也是人民政协的政治协商、民主监督、参政议政走上制度化、规范化、程序化轨道的具体步骤。如果说我国的政党制度活力不够是其美中不足，那么，将政协的政治权利提升为程序权力无疑将有助于改变这种状况。

第三节　健全违宪审查制度

宪法是党和人民意志的集中体现，是通过科学民主程序制定的根本法。依法治国首先要坚持依宪治国，依法执政首先要坚持依宪执政。党的十九届四中全会决定指出："加强宪法实施和监督，落实宪法解释程序机制，推进合宪性审查工作，加强备案审查制度和能力建设，依法撤销和纠

---

① 习近平：《在庆祝中国人民政治协商会议成立65周年大会上的讲话》，《人民日报》2014年9月22日。

正违宪违法的规范性文件。”[①] 所谓违宪审查制度，是指国家的权威机构为保障宪法的实施，对国家机关、政党组织和社会团体的立法或行为的合宪性进行具有法律效力的审查和裁决，并对违宪立法或行为予以纠正和制裁的制度[②]。其目的是通过审查和处理违宪行为，保证宪法的有效实施，使国家权力受到制约，使公民权利得到保障。

违宪审查制度是宪法实施的保障。从法律的地位和效力看，一个国家的法律可以分为三个层次。首先是宪法，这是一个国家的根本法，具有最高的法律地位和法律效力，其他法律、法规都不得与宪法相抵触；其次是法律，其地位和效力低于宪法；最后是行政法规和地方性法规，其地位和效力又低于法律。根据我国立法的有关规定，下位法必须服从上位法，地方性法规必须服从国家法律，以保证国家法律制度的统一。宪法作为国家的根本法，是万权之本、万法之源，具有最高的效力和至上的权威。保障宪法的效力和权威，主要有两个相互关联的途径：一是宪法审查；二是宪法诉讼。只有存在对立法和行为的合宪性审查，宪法才会真正成为治国理政的依据并因此成为真正的根本法；只有存在宪法诉讼，宪法才会获得实际的法律效力并因此成为活生生的法律。

违宪审查制度是法治国家的基石。宪法至上分为形式至上和实质至上。形式至上是指宪法对自身最高法律效力的宣示；实质至上是指人民具有宪法至上的观念和维护宪法权威的意识，对制定宪法和实施宪法具有高度的自觉，从而为宪法的实施提供有力的保障。既然宪法具有最高的法律效力，那么法律文件和治理行为都不得同宪法相违背，违宪都必须接受审查。宪法的最高效力和至上权威，只有存在权威机构的保障才是真实的。如果仅仅宣布一部法律生效而没有任何机构和程序来处理对该法律的违犯，那么该法律就不能说具备完全的法律效力。因此，由专门的权威机构来裁定法律、法规、规章是否与宪法相抵触，国家机关、政党组织、社会

---

① 《中共中央关于坚持和完善中国特色社会主义制度 推进国家治理体系和治理能力现代化若干重大问题的决定》，《人民日报》2019 年 11 月 6 日。

② 违宪审查与宪法监督二者之间有着明显的区别。违宪审查是指对是否符合宪法的问题进行审查，做出裁决。而宪法监督是指为保证宪法的贯彻实施所采取的各种监督措施。就监督主体而言，违宪审查的主体指国家的专责机关，通常是单一的；宪法监督的主体包括所有国家机关、政党组织、社会团体、企事业单位和公民个人，通常是复合的。就监督对象而言，违宪审查的对象主要指国家机关、政党组织和社会团体的立法或行为；宪法监督的对象则是指一切违反宪法的行为，既包括国家机关的违宪立法和违宪行为，也包括政党组织、社会团体、企事业单位和公民个人的违宪行为。

团体的行为是否违宪，并宣布违宪的法律、法规、规章和行为无效，是法治国家的基本标志。

违宪审查制度构成一个完整的系统，包含着诸多的要素：违宪审查的主体是具有宪法监督权的特定的国家机关；违宪审查的客体是执行或适用宪法的国家机关、政党组织、社会团体及其工作人员；违宪审查的内容是对国家机关、政党组织、社会团体及其工作人员的立法或行为是否符合宪法进行审查，包括审查各类法律法规以及公务人员所实施的行为的合宪性；违宪审查的程序是由宪法明文规定的程序；违宪审查的目的是保障宪法的实施，使一切违反宪法的行为都必须予以追究和纠正。同时，为了有效实施违宪审查，还要依法明确违宪事项、违宪行为、违宪主体，建立识别违宪行为、裁决宪法纠纷的标准和程序，从而使宪法的最高效力和至上权威既通过科学立法，又通过严格执法、公正司法和全民守法得到体现。

目前，我国违宪审查制度主要存在以下问题：第一，违宪审查主体不到位。虽然我国宪法明确规定全国人大及其常委会是我国的宪法监督机关，但违宪审查是一项技术性很强的专门工作，客观上需要专门的机关来负责实施。就我国的实际情况看，违宪审查只是全国人大及其常委会众多职权中的一项，且全国人大一年一次会议，常委会两月一次会议的工作制度，都使得违宪审查工作难以开展。第二，违宪审查客体不周延。我国宪法规定：全国人大有权改变或撤销全国人大常委会不适当的决定；全国人大常委会有权撤销国务院制定的同宪法和法律相抵触的行政法规、决定和命令。但对全国人大制定的基本法律违宪，又由哪个机关来审查的问题，宪法并未明确规定①。第三，违宪审查效果不理想。违宪审查制度健全完善，必然要求对违宪审查的主体、违宪审查的标准、违宪审查的程序、违宪审查的内容、违宪审查的效力等做出具体规定。而我国宪法对违宪审查制度只做了原则性规定，对审查主体、审查标准、审查程序、审查内容、审查效力等问题均未做出明确规定。没有程序上的保障，违宪审查就不可能有效实施。我国违宪审查制度存在的缺陷，正是完善这一制度所要解决的问题。这里关键是要明确违宪审查的主体，从体制上解决违宪审查主体缺位的问题。

对于违宪审查的主体，有人主张在全国人大及其常委会之外设立宪法

① 张晓杰：《建立我国违宪审查制度的思考》，《学术交流》2004 年第 7 期。

法院，由宪法法院进行专门的违宪审查。在这种观点看来，如果由立法机关或者隶属于立法机关的机构承担违宪审查职能，就会造成自己审查自己，实际效果必然大打折扣，立法方面的违宪审查就难以落实。因此，违宪审查只能由具有司法性质的国家机关来承担。换言之，违宪审查只能是司法审查。在民主政治条件下，建立独立的宪法法院作为履行违宪审查职权的专门机构是一种理想的选择，能够确立违宪审查制度的权威性，保证违宪审查机构的独立性，体现违宪审查的专业性，提高违宪审查的有效性。然而在全国人大及其常委会之外设立宪法法院，则意味着司法权可以对立法权进行制约监督，这显然有悖于现行国家体制。有人主张设立宪法委员会来专门行使违宪审查权。这又会遇到一系列问题：如果在全国人大常委会内设立宪法委员会，则可以解决对法规和规章的违宪审查问题，但却不能解决对全国人大及其常委会的立法违宪审查问题，因为这个委员会同其他专门委员会一样，不能以自己的名义做出决定，只能把自己的意见或建议以报告的形式提交全国人大及其常委会，是否违宪必须由全国人大及其常委会做出决定。如果在全国人大内设立宪法委员会，则可以解决对全国人大常委会的立法违宪审查问题，但仍然解决不了全国人大的立法违宪审查问题。如果在全国人大之外设立宪法委员会，则可以解决对全国人大的立法违宪审查问题，但又有悖于现行国家体制。有人主张由最高人民法院来行使违宪审查权。这同样行不通。因为我国的最高人民法院由全国人大产生，并对其负责，受其监督。如果由最高人民法院行使违宪审查权，审查全国人大及其常委会制定的法律，既达不到促进宪法实施的目的，又有悖于现行国家体制①。

根据我国宪法的规定，全国人民代表大会监督宪法的实施，可以撤销全国人大常委会不适当的决定。全国人大常委会监督宪法的实施，可以撤销国家行政机关制定的同宪法和法律相抵触的行政法规、决定和命令，可以撤销省级国家权力机关制定的同宪法、法律和行政法规相抵触的地方性法规和决议。从我国实际情况看，全国人民代表大会是民意代表机关，又是制宪和修宪机关，其对民意的反映，对宪法精神、原则和规定的把握，是任何其他国家机关所无法比拟的。因此，全国人民代表大会作为国家最高权力机关，最有资格和能力审查其他国家机关制定的规范性文件是否符

① 张晓燕：《我国权力制约与监督的五大难题》，《中国党政干部论坛》2004 年第 1 期。

合宪法精神、原则和规定。同时，全国人民代表大会拥有宪法监督权也是保证其最高国家权力机关地位的需要。按照民主集中制原则，全国人民代表大会是最高国家权力机关，其他国家机关均由它产生，对它负责，受它监督。而对这种地位的一种重要保证就是行使宪法监督权。如果其他国家机关所制定的规范性文件与全国人民代表大会所制定的宪法和法律相抵触，而其无权予以纠正，最高国家权力机关的地位和权威也就无从保证[①]。同样，全国人民代表大会的宪法监督权决定了全国人大常委会的宪法监督权。如果说享有宪法解释权是成为违宪审查主体的前提的话，那么在我国，只有全国人大及其常委会享有宪法解释权。

最高国家权力机关的审查模式同其他模式一样，尽管各有长短，但它最适合我国国情，最有利于确保宪法的实施和国家体制的稳定。然而在我国实际政治生活中，全国人大及其常委会几乎不曾动用这一职权，这不能不与缺少宪法监督的专门机构有关。为了使全国人大及其常委会的宪法监督权得到有效行使，实现宪法监督的专门化和经常化，有必要设立专门的宪法监督机构，以便具体审理违宪法律和违宪案件，裁决国家机关之间的权限争执；接受和审议有关违宪问题的调查报告，并提出具体的处理意见；监督由全国人大选举产生的国家机关及其公职人员的执法活动，并对严重违宪者向全国人大及其常委会提出罢免案。这种专门的宪法监督机构，就是设在全国人大内的宪法委员会。全国人大宪法委员会的性质是全国人大的专门机构，由全国人大代表、全国人大常委会组成人员、资深法律专家组成，受全国人大及其常委会的领导，有研究、审议和拟订有关宪法修改、监督宪法实施议案的职权[②]。我国全国人民代表大会组织法规定，全国人大设立的专门委员会经全国人大常委会的委托，可以调查违宪案件，并提出专门报告。可见，在全国人大内设立宪法委员会具有一定的法律依据。宪法委员会的职权主要有：对各级国家机关制定的法律、法规、规章和决议进行合宪性审查；对各级国家机关及其组成人员的公务活动进行合宪性审查；对各级国家机关之间的权限争议做出裁决。宪法委员会对全国人大及其常委会制定的法律进行合宪性审查，一旦发现存在违宪问

① 胡锦光：《宪法监督与宪法保障研究》，载《宪政论丛》第 2 卷，法律出版社，1999，第 125-126 页。

② 周伟：《启动宪法监督：健全宪法监督机构的路径选择》，《理论与改革》2014 年第 6 期。

题，应交由全国人大及其常委会按照立法程序予以修改。

第四节　改革案件审理制度

党的十八届三中全会指出：改革审判委员会制度，完善主审法官、合议庭办案责任制，让审理者裁判、由裁判者负责。党的十九届四中全会指出：完善审判制度，全面落实司法责任制[①]。其要旨都在于完善司法责任制，确保依法独立公正行使审判权和检察权。

司法权是一项独立的权力。从我国宪法看，司法权独立存在是不争的事实。通常认为，司法权与其他国家权力相比有以下特点：司法权是判断性权力。司法即裁判，是适用法律处理具体案件的专门活动。它是基于社会纷争和违法犯罪的客观存在而存在的，它的使命就是依据既定标准判断是非曲直。司法权是被动性权力。司法恪守“不告不理”的信条，只对起诉到法院的争议和案件依法处理。司法权是中立性权力。司法就是依法居中裁判，中立性是司法的本质特征。司法权是程序性权力。司法公正首先是程序公正，程序公正是实体公正的法律保证。司法权是自主性权力。法官在审理案件时，立足于自己对事实问题和法律问题的独立判断，只服从法律。司法权是终极性权力。社会纷争在通过其他途径不能得到妥善解决时，可由司法机关最终解决。

长期以来，人民法院对案件的审判通常由独任庭或合议庭审理并提出处理意见，然后报庭长审核和院长审批，重大、复杂或疑难案件由院长提交审判委员会讨论决定；下级人民法院审判案件，如遇重大、复杂或疑难案件，往往向上级人民法院请示，由上级人民法院做出指示，然后下级人民法院按照指示做出判决。这些做法明显带有行政色彩，混淆了司法与行政的区别，与世界各国通行的法官独立原则以及我国宪法确立的上下级法院之间为审级监督关系的原则相悖，不符合司法工作的特点，难以实现司法公正。同时，司法组织的行政化趋势，还为司法系统内部上级不当干预下级司法审判提供了机会。审判委员会制度更是为直接影响审判结果提供了制度性工具，形成了“判而不审，审而不判”的现象。上下级法院之间

---

① 《中共中央关于坚持和完善中国特色社会主义制度 推进国家治理体系和治理能力现代化若干重大问题的决定》，《人民日报》2019 年 11 月 6 日。

的业务指导和重大事项请示制度为上级法院工作人员干预下级法院独立办案提供了便利条件[①]。

依照我国人民法院组织法和三大诉讼法的规定，法院内部的审判组织包括独任庭、合议庭和审判委员会三种类型，其中合议庭是基本的审判组织，独任庭是适用简易程序审理案件的审判组织，而审判委员会则是讨论决定重大、疑难、复杂案件的审判组织。在我国的司法体制中，审判委员会作为法院内部的最高审判组织，是为了保障裁判的公正性而设立的。其成员一般由法院院长、各庭庭长和一些资深法官担任，在保证法院依法审判、提高审判质量、合理裁判重大或疑难案件等方面，都起了积极的作用。然而，审判委员会的存废问题却成了近年来我国司法改革的焦点之一。对审判委员会的否定性意见主要来自两个方面：第一，在法院内部，法官应当具有独立的审判地位，而由审判委员会讨论决定重大、疑难、复杂案件，然后交合议庭执行的制度不仅影响了法官对这些案件的独立审判权，而且使得审判委员会与法官之间形成了类似于行政体制中的上下级关系，从而使审判委员会可以通过各种方式干预法官独立审判[②]。第二，对于重大案件，在合议庭依法公开审理后，还要提交审判委员会做出决定。而审判委员会是在不依上诉程序进行听证的情况下，通过非公开的会议讨论来裁决案件，既不直接面对当事人，又脱离公众的监督[③]。其最大的弊端在于：审判委员会作为一个审判组织却不以司法方式也不依司法程序来行使审判权力[④]。这样一来，为保障公民的基本权利而设计的审判程序就因为审判委员会的介入而被打破。因此，审判委员会决定重大案件裁决的方式违背了公开审判的原则，与司法裁判权所应当具有的"亲历性"特征不符，因而不利于实现裁判的公正性。

在实际生活中，独立司法不仅意味着法院对于外部干预的独立，而且意味着上下级法院之间的独立，意味着法官个人的独立。法官独立审判是独立司法原则的具体体现，指法官享有全权审理和裁判案件的权利，同时对自己的错误裁判承担全部责任的审判工作制度。其最重要的标志在于法

---

① 何增科等：《中国政治体制改革研究》，中央编译出版社，2004，第 378 页。

② 姚莉：《法制现代化进程中的审判组织重构》，《法学研究》2004 年第 5 期。

③ 张恒山等：《法治与党的执政方式研究》，法律出版社，2004，第 276 页。

④ 黎军：《审判委员会改革的几个基本问题》，《法治论丛》2006 年第 3 期。

官根据自己基于对案件事实的认识和对法律的理解所形成的独立意志决定裁判结果，换言之，裁判结果的形成只取决于法官的独立意志。用马克思的话说，就是法官“除了法律就没有别的上司”①。只有法官独立，才能使现代诉讼中规范法官做出正确裁决的一整套制度真正发挥作用，也才能有效贯彻司法责任制度②。近年来审判委员会裁决案件的范围并未随着司法改革的推进而缩小，有的法院甚至有扩大的趋势。由于审判委员会人员并未具体审理案件，实践中容易被主持人的意见所左右，或受汇报人的意见所引导，审判委员会常常成为案件承办人推托和转移责任的一种机制③。为了确保法官独立，增强法官责任意识，应改革这一司法审判制度。鉴于审判委员会决定案件违反了司法公开的原则，削弱了回避制度的效果，造成了司法效率的低下，故应限制审判委员会讨论案件的数量，改革审判委员会讨论案件的方式，扩大合议庭独立行使审判权的范围，并适时撤销各级法院的审判委员会，将其行使的判决权归还给法庭，以便从根本上解决审、判分离的问题。在此基础上，设立专家咨询委员会，由专家、学者和富有审判经验的法官组成，其主要职能在于总结审判经验，形成理论成果，提供咨询意见，但其意见对判决不起决定作用，仅供法官参考。

---

① 《马克思恩格斯全集》第1卷，人民出版社，1995，第180-181页。

② 1996年4月9日，内蒙古呼和浩特市卷烟厂发生一起强奸杀人案，警方认定18岁的呼格吉勒图是凶手，61天后，法院判决呼格吉勒图死刑，并于5天后执行。2005年，内蒙古系列强奸杀人案凶手赵志红落网，其交代的第一起案件便是当年这起杀人案。这一情况立刻在全国引起震动。2014年12月15日，内蒙古自治区高级人民法院正式向呼格吉勒图家属送达再审判决书，宣告呼格吉勒图无罪。与此同时，公检法27名办案人员被追责。然而，这份追责名单上的人员，没有一个被追究法律责任。这是因为司法权力运行机制行政化，办案的法官、检察官对案件没有最终决定权，而是要报上级领导层层审批、集体决定。

③ 陈光中、龙宗智：《关于深化司法改革若干问题的思考》，《中国法学》2013年第4期。

第十章　完善权力制约监督机制的实践要求

完善权力制约监督机制，包含着体制改革、法治建设、机制创新等丰富内容，因而坚定政治立场、把握政治方向、明确政治目标至关重要。其实践要求就是坚持党的领导、人民民主、依法治国的统一，坚持不忘本来、吸收外来、面向未来的统一，坚持干部清正、政府清廉、政治清明的统一。其中，坚持党的领导、人民民主、依法治国的统一是政治保证，坚持不忘本来、吸收外来、面向未来的统一是发展路径，坚持干部清正、政府清廉、政治清明的统一是价值取向。

第一节　坚持党的领导、人民民主、依法治国的统一

党是我国最高政治领导力量，人民是国家和社会的主人，宪法和法律具有至上的权威和效力。坚持党的领导、人民民主、依法治国有机统一，是中国特色社会主义制度的根本特征和核心内容。其中，党的领导是人民民主和依法治国的根本保证，人民民主是党的领导和依法治国的本质特征，依法治国是党的领导和人民民主的基本方式，三者统一于我国社会主义民主政治伟大实践。

一、党的领导

党的领导是完善权力制约监督机制的根本保证。作为社会政治变革的深刻反映，完善权力制约监督机制必然伴随着利益调整、体制转换和观念更新，客观上要求我们高瞻远瞩，审时度势，积极稳妥，奋力前行，坚持在党的领导下，在制度的框架内，在法治的轨道上，在稳定的环境中有计划、有步骤、有秩序地向前推进。从政治生活实际看，党是完善权力制约监督机制的政治设计者、组织协调者、思想引导者、行动带动者，是完善权力制约监督机制最大的政治资源。因此，必须增强政治意识、大局意识、核心意识、看齐意识，坚定中国特色社会主义道路自信、理论自信、

制度自信、文化自信，坚决维护以习近平同志为核心的党中央权威和集中统一领导，切实把加强党的领导贯穿于完善权力制约监督机制各方面和全过程。

中国共产党是当代中国最高政治领导力量，是中国特色社会主义事业的领导核心，是全国各族人民的领导核心。“党政军民学，东西南北中，党是领导一切的。”① 坚持党对一切工作的领导，就是党总揽全局、协调各方，就是把方向、谋大局、定政策、促改革，对经济、政治、文化、社会、生态文明建设，对内政、外交、国防各项工作，对国家立法、司法、行政、监察机关，对经济、文化、社会、群团组织实行全面领导，不断增强党的政治领导力、思想引领力、群众组织力、社会号召力。党的领导的本质，就是适时确立适应时代发展的客观要求、符合广大人民的根本利益的基本理论、基本路线、基本方略，通过提出立法建议、决定重大问题、推荐重要干部、发挥模范作用，引导、组织和支持人民当家作主，依照宪法和法律行使管理国家和社会事务的权力，以实现自己的根本利益。党对国家的领导首先是对人民代表大会的领导。通过人民代表大会组织和支持人民当家作主，是实现党对国家领导的根本途径。

在新的时代条件下，中国共产党科学回答了当代中国举什么旗、走什么路、担负什么样的历史使命、实现什么样的奋斗目标等根本问题，从宏观上指明了完善权力制约监督机制的前进方向。其一，我们要高举的旗帜，就是中国特色社会主义伟大旗帜。旗帜决定方向，方向决定道路，道路决定命运。一个国家要兴旺发达、长治久安，就必须树起一面能够引领这个国家的人民团结奋斗，从胜利走向胜利的旗帜。中国特色社会主义伟大旗帜，是当代中国发展进步的旗帜，是全党全国各族人民团结奋斗的旗帜。只有高举中国特色社会主义伟大旗帜，才能确保党和国家事业始终沿着正确方向胜利前进。其二，我们要坚持的道路，就是中国特色社会主义道路。道路关乎党的命脉，关乎国家前途、民族命运、人民幸福。中国特色社会主义道路精辟概括了党领导人民在波澜壮阔的革命、建设和改革的历史进程中艰辛探索的重要成果和基本经验，集中体现了中国特色社会主义发展的本质要求和客观规律，是创造人民幸福生活和美好未来的必由之

① 习近平：《决胜全面建成小康社会　夺取新时代中国特色社会主义伟大胜利》，《人民日报》2017年10月28日。

路、成功之路、胜利之路。其三，我们要担负的历史使命和实现的奋斗目标，就是全面建成小康社会、加快推进社会主义现代化、实现中华民族伟大复兴。这既是对中国社会发展规律的正确反映，也是对中国人民根本利益的生动再现，必将推动社会主义市场经济、民主政治、先进文化、和谐社会和美丽中国的历史性跃升，使中国特色社会主义基础更加雄厚、力量更加强大、前景更加灿烂辉煌。

完善权力制约监督机制关键在党。党既是完善权力制约监督机制的"剧作者"，又是"剧中人"。党作为人民的一部分，是法治的主体；党作为国家政权体系的一部分，又是法治的对象。作为法治的主体，党领导人民制定和实施宪法和法律；作为法治的对象，党又必须在宪法和法律范围内活动。这就意味着党领导人民制定宪法和法律，党又要领导人民遵守和执行宪法和法律，党自身也必须在宪法和法律范围内活动，党还要接受人民对自身的活动进行法律监督。只有党接受制约监督，党的干部才不至以党的名义滥用权力；只有党接受制约监督，对国家机关权力的制约监督才能取得实效；只有党接受制约监督，发展民主政治和建设法治国家才有可靠的保证。一个先进的政党，要顺应时代潮流，站在时代前列，推进国家治理体系和治理能力现代化，就必须把自己置身于民主和法治之中，接受人民的监督和法律的约束。实践表明：任何组织都是由人构成的，任何组织的目标都是通过人的活动实现的，一个组织不受制约监督的结果，必然导致构成这个组织的人不受制约监督，以致为某些人以组织的名义滥用职权提供了可能。

二、人民民主

两千多年前，被称为"历史之父"的古希腊人希罗多德第一次把"人民"和"权力"这两个字组合在一起，创造了"民主"一词。"人民"作为一个社会历史范畴，通常是指以其存在和活动推动历史发展、促进社会进步的阶级、阶层和社会集团。可见，人民既有量的规定性，即社会成员中的多数人；又有质的规定性，即一切对社会历史发展起推动作用的人。"权力"作为一个社会政治范畴，就是凭借某种物质力量对人的一种强制性的支配。可见，权力内在地包含着统治的属性。而民主其义如其文，就是人民和权力的结合，即人民的权力、多数人的统治。换言之，民主就是按照人民的意志和法定的程序管理国家和社会事务的制度。其中人民的意志是民主的内容，人民意志的表达方式则是民主的形式①。

民主既然作为一种国家制度，就必然存在着对人的支配与管理；国家制度既然采取一种民主形式，其支配与管理就只能依据于人民的意志。衡量一个国家是否民主，可以从三个方面来把握：一是国家权力归谁所有，二是国家运行由谁管理，三是国家取向为谁服务。其中国家权力归谁所有起决定作用，它决定国家运行由谁管理、取向为谁服务。在通常情况下，如果国家权力归人民所有，运行由人民管理，所有者和管理者是统一的，那么国家运行的取向只能是人民。如果国家权力归人民所有，但运行是由人民的公仆代表人民实施管理，那么国家运行的取向既可能是人民，也可能是人民的公仆。如果是后者，那就意味着人民的公仆发生了蜕变，变成了人民的主人。因此，在所有者和管理者处于分离的状态下，作为国家主人的广大人民能否对自己的公仆实施有效的制约监督，是衡量一种民主制度成熟程度的重要标志。

社会主义国家政权的本质是人民当家作主。人民依照宪法和法律，通过各种途径和形式管理国家和社会事务，管理经济和文化事业，是人民当家作主的生动体现。按照政治学原理，国家管理是社会上占统治地位的阶级为了实现本阶级利益，运用国家政权的力量对全社会进行调控和整合的过程。一切国家管理都具有这样几个共同的特征：管理的主体，都是在社会上占统治地位的阶级；管理的客体，都是属于国家有权管辖范围内的一切人和物；管理的目的，都是为了实现统治阶级的利益；管理的手段，都是统治阶级所建立的政权机关和暴力机器等强制力量。一切国家管理都具有这样几个共同的职能：政治统治职能、社会管理职能、社会服务职能、社会平衡职能。作为社会主义国家，我国的一切权力属于人民，人民行使国家权力的机关是各级人民代表大会。作为我国根本政治制度，人民代表大会制度植根于人民群众之中，代表广大人民的共同意志和根本利益，既能反映不同阶层、不同群体的意志和愿望，保障人民享有充分的民主权

① 在日常生活中，人们往往在不同层面上使用民主概念。在制度层面上，指民主权力、民主权利；在管理层面上，指民主体制、民主机制；在观念层面上，指民主意识、民主精神；在行为层面上，指民主方法、民主作风。

利，又能将各种意见和要求集中起来，把全体人民的意志统一起来，以主人翁的姿态投身国家改革和建设事业。完善权力制约监督机制既是人民当家作主的内在要求，也是人民当家作主的可靠保障；人民当家作主既是完善权力制约监督机制的重要条件，也是完善权力制约监督机制的价值取向。

在社会主义现阶段，广大人民管理国家和社会事务的职能不是由自己直接担负的，而是由人民中间一部分人作为其代表来担负的。通过普遍、平等、自由、定期的选举，广大人民将自己的部分权力委托给自己所信任的代表，由其组成国家机关代表人民直接管理国家和社会事务。因此，公众选举是人民民主运行的第一个环节。由于直接管理国家和社会事务的职能不是由人民担负的，而是由人民选举产生的少数代表担负的，在这种情况下，要保证人民的意志能够得到切实贯彻，就必须制定体现人民意志的法律来规范代表的行为。因此，法律规范是人民民主运行的第二个环节。由于“徒法不足以自行”，要做到有法必依、执法必严、违法必究，人民还必须以国家主人的身份对代表执行法律的情况实施监督，以便控制其在政治舞台上的活动，确保权力运行的取向朝着人民复归。因此，民主监督是人民民主运行的第三个环节。由于人民监督总是在一定时间和空间中进行的，而权力的行使往往不受时空条件的限制，在权力体系内部与外部之间信息不对称的情况下，很容易使监督对象摆脱监督主体的监督，因而通过职能分解、机构分设和人员分工，在权力体系内部实现对权力的赋予与对权力制约的赋予对应对等，以便当一种权力偏离了正常轨道时，与它相对应的权力能够自行予以制止便有了必要。因此，权力制衡是人民民主运行的第四个环节。由于权力关系本质上是一种责任关系，无论何种权力主体，只要启动了权力，就应当承担相应的责任。因此，责任约束是人民民主运行的第五个环节。推进人民民主必须在完善公众选举、法律规范、民主监督、权力制衡和责任约束方面下功夫。

党的十九届四中全会指出：“我国是工人阶级领导的、以工农联盟为基础的人民民主专政的社会主义国家，国家的一切权力属于人民。必须坚持人民主体地位，坚定不移走中国特色社会主义政治发展道路，健全民主制度，丰富民主形式，拓宽民主渠道，依法实行民主选举、民主协商、民主决策、民主管理、民主监督，使各方面制度和国家治理更好体现人民意志、保障人民权益、激发人民创造，确保人民依法通过各种途径和形式管理国家事务，管理经济文化事业，管理社会事务。”① 民主是中国人民百年追求与梦想，也是中国人民经过艰苦卓绝的斗争赢得的胜利成果。中国人民今天之所以能够“共同享有人生出彩的机会，共同享有梦想成真的机会，共同享有同祖国和时代一起成长与进步的机会”②，从根本上说就是自己成为国家和社会的主人了。民主是党的生命之本，是社会主义的力量之源，是我们须臾不可离身的法宝。我国的国体是人民民主专政，我国的政体是人民代表大会制度，我们党和国家的组织原则是民主集中制，中国特色社会主义的共同理想是建设富强民主文明和谐美丽的社会主义现代化强国，这其中都包含着民主。我们党多次强调：党内民主是党的生命，人民民主是社会主义的生命。“没有民主就没有社会主义，就没有社会主义的现代化，就没有中华民族伟大复兴。”③ 由此可见，民主对于我们党和国家来说，可谓生死与共，血肉相连，不是一件想穿上就穿上、想脱下就脱下的外套。在民主已经成为时代的必然、人民的选择的历史条件下，丑化和诋毁民主，丢掉和放弃民主，实际上就是丢弃我们党和社会主义的生命。

学界有一种观点认为：民主政治建设的根本问题是实现民主与社会主义的结合。这种观点自觉不自觉地把社会主义与民主割裂开来，把民主看作是外在于社会主义的东西，倘若照此办理，必将损害社会主义形象，误导民主政治建设。因为实现这种结合的前提是以往的社会主义不存在民主，或者脱离民主而存在，这就为西方对社会主义的攻击提供了口实。而社会主义不存在民主，那么要实现与社会主义结合的民主就只能来自西方，这又为西方对社会主义的图谋提供了可乘之机。实际上没有民主就没有社会主义，民主是社会主义的本质规定和内在要求。社会主义之所以为社会主义，就是因为社会财富以及作为社会财富转化形式的国家政权归人民所有，人民是国家和社会的主人，只不过由于社会基础薄弱，使现阶段社会主义民主发展总体水平还比较低，其主体还不够成熟，其制度还不够完善，因而民主政治建设的着力点只能是社会主义制度的自我发展自我完

① 《中共中央关于坚持和完善中国特色社会主义制度 推进国家治理体系和治理能力现代化若干重大问题的决定》，《人民日报》2019 年 11 月 6 日。

② 《习近平谈治国理政》第 1 卷，外文出版社，2014，第 40 页。

③ 习近平：《在庆祝全国人民代表大会成立六十周年大会上的讲话》，《人民日报》2014 年 9 月 6 日。

善，而不是实现民主与社会主义的结合。

三、依法治国

法治作为一种治国方略，就是以民主政治为基础，以权力制约为根本，以权利保障为取向，以良法善治为标志的国家治理机制、活动方式和秩序状态。其实质是良好的法律获得普遍的遵守，即良法与善治的有机统一。所谓良法，就是反映人民意志、保障公民权利、维护公平正义、促进和谐稳定的法律，就是反映客观规律、体现国情民情、符合规范要求、便于遵守执行的法律。所谓善治，既是指一种治理模式，即运用良法治国理政，实现民主治理、依法治理、科学治理，也是指一种秩序、一种状态、一种结果，即通过运用良法治国理政，实现人民安居乐业、社会安定有序、国家长治久安①。因此，法治是民主、自由、平等、人权、文明、秩序的完美结合，是人类政治文明发展的内在要求和必然结果。

法治包含法治形式和政治实质两个方面。在法治形式上，法治的基本要求是完善国家法律规范体系、法治实施体系、法治监督体系、法治保障体系，在立法、执法、司法和守法各个方面形成良好的法律规范和法律秩序。立法机关的立法活动必须反映社会发展的客观规律，反映法治实践的客观要求，反映人民的普遍意志和根本利益，并形成健全完备的法律体系；行政机关必须严格依法行政，依法办事，依法管理国家和社会事务；监察机关必须铁面无私、秉公用权，通过查处职务违法和职务犯罪，确保党和人民赋予的权力不被滥用；司法机关必须公正司法，坚决维护法律的尊严和权威，确保法律在全国范围内一体遵行；全体公民具有较高的法律意识和法律素养，使尊法守法成为整个社会的良好风尚和习惯。在政治实质上，法治的基本要求是建立法律与政治、司法与行政、权力与责任、权力与权利、权利与义务之间的合理关系。在法律与政治的关系上，把政治行为纳入法律调控的范围，使国家权力的行使受法律规范；在司法与行政的关系上，司法独立于行政，并对行政权力实施有效的制约；在权力与责任的关系上，使权力一经授予便明确其责任，并承担由行使权力所带来的各种后果；在权力与权利的关系上，使国家权力以公民权利的认同为基

① 冯玉军：《全面依法治国新征程》，中国人民大学出版社，2017，第 38 页。

础，并受公民权利的有效监督；在权利与义务的关系上，以权利保障为取向，实现权利与义务相统一。

依法治国是党领导人民当家作主的基本方略。我国的宪法和法律是在中国共产党领导下，由国家权力机关集中全体人民的意志制定的，反映了社会发展的客观规律和广大人民的根本利益，是党的意志、人民的意志、国家的意志的高度统一，是举国上下必须严格遵守的普遍行为规范和共同行为准则，具有至上的权威和效力，任何组织和个人都没有超越于宪法和法律之上的特权。宪法和法律是具体化、条文化、规范化、定型化的人民意志。宪法和法律的意志高于个人的意志，正是人民的意志高于个人的意志的体现；宪法和法律的权威高于个人的权威，正是人民的权威高于个人的权威的体现。因此，任何组织和个人都要以宪法和法律为行为准则；任何组织或个人都必须在宪法和法律范围内活动，依照宪法和法律行使权利或权力、履行义务或责任；任何组织或个人违背宪法和法律，都要受到应有的追究和制裁。在法治社会条件下，由于以宪法和法律为最高权威来治理国家，各种权力都在宪法和法律的轨道上运行，而宪法和法律自身具有较强的稳定性和连续性，不因人而异，不随人而变，因而法治社会一般都具有稳定的秩序。

我国宪法不仅确立了国家的国体和政体，确定了国家的领导核心、指导思想、发展道路、根本任务、奋斗目标，规定了根本政治制度和基本政治制度，而且明确了党的领导原则、人民主权原则、依法治国原则。对于党的领导原则，我国宪法序言部分已经确立了中国共产党在国家政治生活中的领导地位，十三届全国人大审议通过的宪法修正案，把“中国特色社会主义最本质的特征是中国共产党领导”载入宪法总纲，为坚持和加强党的领导提供了根本制度保障。对于人民主权原则，我国宪法规定：中华人民共和国的一切权力属于人民。人民依照法律规定，通过各种途径和形式，管理国家事务，管理经济和文化事业，管理社会事务。对于依法治国原则，我国宪法规定：中华人民共和国实行依法治国，建设社会主义法治国家。一切国家机关和武装力量、各政党和各社会团体、各企事业组织都必须遵守宪法和法律。一切违反宪法和法律的行为，都必须予以追究。任何组织或者个人都不得有超越宪法和法律的特权。我国宪法对党的领导原则、人民主权原则、依法治国原则的明确规定，为坚持党的领导、人民民主、依法治国有机统一提供了法理依据。

习近平总书记指出："宪法是国家的根本法，坚持依法治国首先要坚持依宪治国，坚持依法执政首先要坚持依宪执政。"[①] 在法治国家中，宪法是具有最高法律效力的根本规范，是制定法律法规的最高依据，其构成了一个国家法律体系和法律制度统一的基础。依宪治国的基本要求是：坚持宪法确立的中国特色社会主义制度，保证人民依照宪法和法律规定，通过各种途径和形式，管理国家和社会事务，管理经济和文化事业，实现社会主义民主制度化、法律化。全国各族人民、一切国家机关和武装力量、各政党和各社会团体、各企事业组织，都必须以宪法为根本活动准则，并负有维护宪法尊严、保证宪法实施的职责，一切违反宪法的行为都必须予以追究和纠正。党领导人民制定宪法和法律，党领导人民执行宪法和法律，党自身必须在宪法和法律范围内活动。坚持发挥党总揽全局、协调各方的领导核心作用，善于使党的主张通过法定程序成为国家意志，善于使党组织推荐的人选成为国家政权机关的领导人员，善于通过国家政权机关实施党对国家和社会的领导，支持国家权力机关、行政机关、监察机关、审判机关、检察机关依照宪法和法律独立负责、协调一致地开展工作。其中运用宪法限制和约束公共权力，是依宪治国的实质所在。对此，从宪法的三个基本要素中可以看得更清楚。如民主决定着公共权力的归属，法治决定着公共权力的运行，人权保障决定着公共权力的取向。在依宪治国的条件下，公共权力是有限的，只限于宪法和法律明确授权的范围之内，超越宪法和法律明确授权的范围，就是违宪违法，就要受到追究。因此，坚持依宪治国，既是建设社会主义民主政治和法治国家的内在要求，也是提升社会主义政治文明的重要体现。实践证明，坚持依宪治国，社会主义法治的统一、尊严、权威才有可靠依托，国家统一、民族团结、经济发展、社会进步才有可靠保障，党和国家事业兴旺发达才能获得蓬勃生机和旺盛活力。

① 习近平：《在庆祝全国人民代表大会成立60周年大会上的讲话》，《人民日报》2014年9月6日。

第二节　坚持不忘本来、吸收外来、面向未来的统一

坚持不忘本来、吸收外来、面向未来，是习近平总书记提出的我国文化建设的一个重要方针。这个方针对于我们坚定文化自信、坚持走中国特色社会主义文化发展道路、建设社会主义文化强国具有重要指导意义，对于我们在完善权力制约监督机制中正确处理过去、现在与未来的关系，正确处理中国与世界的关系，正确处理守正与创新的关系同样具有重要指导意义。

一、不忘本来

中国早在西周就有了关于腐败的记载。《尚书·吕刑》中所谓“五过之疵”中的“惟货”，即是指官员接受贿赂。在中国封建社会，各级官吏利用手中的权力谋取私利，表现形式尽管各有不同，但综合起来可以归结为两条：一是贪污，二是受贿。由于地方官吏任职一方，接近税源利地，天高皇帝远，贪污受贿起来更是为所欲为。加之地方行政权与司法权交织在一起，行政长官兼任司法长官，没有独立的司法权，使地方官员贪污受贿起来更是有恃无恐，“三年清知府，十万雪花银”就是最好的写照。由于官吏的腐败会严重损害国家利益，使政权的合法性受到质疑，因而历代封建王朝都不敢贸然放任腐败，都在利用一切手段遏制腐败，诚如古人所言：皇帝“惧宰官之不修，立监牧以董之；畏监督之容曲，设司察以纠之”。由此建立了一套由皇帝直接控制的监察系统，以及与此相适应的监察制度。

中国古代监察制度的雏形是在秦汉时期统一的中央集权国家建立以后才确立起来的。这一制度经历了魏晋的发展、隋唐的成熟、宋元明清的强化，得到了不断发展和完善。秦始皇统一中国后，实行封建专制主义中央集权制，罢诸侯设郡县，各郡县设守、监、尉三官，在中央则设御史大夫一职，统领御史，负责监察，并出监诸郡，监察百官的御史制度开始形成。这时的御史大夫既是最高监察长官，同时又是副丞相，受丞相制约，尚未衍化出独立于行政之外的监察实体。西汉末年，御史大夫改称司空，

作为宰相之一，分管土木营造等事务，不再承担监察之职，原来作为御史大夫助手的御史中丞上升为监察长官，“外督部刺史，内领侍御史，纠察百司”。此时相对独立的专门监察机构——御史台才正式形成。随着御史制度的不断完善，御史衙门的不断扩充，御史的权力也在不断膨胀。唐代专门监察机构分台、谏两部分，谏官负责对皇帝提意见，议论政务得失；御史台则专门为皇帝监督官员。御史台下设三院：台院专门纠弹中央百官，殿院巡视宫禁京城，察院的监察御史，分道巡按州县。御史是皇帝的耳目，直接对皇帝负责，甚至可“代天子巡狩”。到了宋代，御史衙门已形成从中央到地方、从住所监察到巡视监察的监察体制。明清统称御史“三院”为都察院，长官都御史官居一品。御史特别是分巡各地的巡按权柄很大，可以直接受理投诉，甚至越衙上告；可以独立办案，直接处置案件，包括抓捕、搜集罪证、审问、定罪、施刑，不受地方官员的干扰；监察范围很广，举凡行政、军事、财政、司法乃至官员生活作风都可以管，其中以接受上告、清查案件、平反冤狱，即监察官员的执法与枉法问题为要。

古代监察官员通常遵循“以法理官”的监察原则，在行使监察权时，以法律为准绳依法监察。因此，与监察制度相适应，历代封建王朝在法律制度上，都针对腐败现象作了种种具体的惩治规定，并且也的确惩办了一批贪官污吏[①]。从《唐律》到《大明律》再到《大清律》，无不详细列明对贪污受贿行为的严厉处罚规定。如唐代法律对侵吞公物、受贿、勒索等，都有具体的量刑标准，其中对贪污受贿罪的惩罚往往比其他罪行的惩罚更为严厉，在许多情况下是不能赦免的。明朝之初，曾用严刑峻法惩治腐败，凡贪污钱财 60 两以上的官员，不仅要斩首示众，还要剥皮实草，并放在公座旁以警示后人。在朱元璋当政期间，每个府、州、县、卫衙门的左边，都建有一个剥人皮的场所，在官府公座两旁各悬挂一个填满稻草的人皮袋子，使为官者能够触目惊心，不敢贸然贪贿而落得剥皮实草的下场。从我国古代监察制度的演变看，各朝代监察体制虽有变化，但监察机

---

① 当年，康熙皇帝梦到西北的一个人间仙境——茫茫戈壁的敦煌附近有一个清水弯弯的绿洲——桥湾。因为桥湾没有出现康熙梦中那金碧辉煌的城池，为了与梦境吻合，康熙拨巨款在桥湾修建一座周长九里九的城池。由于贪腐，负责工程的大臣程金山私吞大量修城银两，只修了一座周长不到二里的小城。结果，程金山被康熙斩首，其头盖骨成了一只碗，脊背上的皮成了一只鼓。如今，“康熙怒斩贪官处”一直还在这座小城遗址供游客参观，人头碗和人皮鼓一直在让世人体会惩贪之厉。

构都实行垂直、独立的管理体制，地方监察机构和监察官员直属中央领导。自魏晋起，中央监察机构与行政机构分离，组成独立的监察体系，直接对皇帝负责，不受其他行政部门的节制，地方监察官员如西汉的刺史、唐朝的巡按、宋朝的监司、元朝的行台等均由朝廷的御史台管理，明清的巡按御史均隶属于都察院，各级行政长官无权对其发号施令，从而使监察官员行使监察权有了组织保证。监察官员的权威是对各级官员进行有效监察的重要条件，因此，中国历代封建统治者均赋予监察机关和监察官员很高的地位、很重的权柄。作为“天子的耳目”，监察系统直接由皇帝统辖，监察官员不仅有接受投诉、查处非法、弹劾官吏、处置案件等权力，而且可以“风闻奏事”；级别低的监察官员具有监察级别高的官员的权力，即所谓“以轻制重”。汉武帝派出的刺史，论职级只有六百石，只相当于一个县令的级别，却能监察职级二千石的郡守，官秩低而权力重。宋代的监察官员为从七品，明代的监察官员是正七品，而他们弹劾的对象却是从一般官吏到宰相。这与监察系统在封建官僚体制中相对独立的地位有关。

中国古代监察制度作为巩固封建皇权统治的重要手段，在加强中央对地方、政府对官员的控制和调整统治阶级内部关系方面，确实起到了一定的作用。然而作为封建政治体制的有机组成部分，监察制度的运行及其作用的发挥总是受到各种因素的制约。其一，在影响监察制度运行的各种因素中，皇权的影响是最重要的。从封建王朝的政治体制看，它是由皇帝、各级官吏、各种机构和制度构成的，皇帝位于权力的顶端，居于礼法政刑之上，以下是各级官吏，底层是普通百姓。由于皇权至高无上，包括监察权在内的一切权力都依赖于皇权而存在，一旦遇到昏庸、专横的皇帝，这一制度的厄运也就来临了。其二，君主为防止大权旁落或权臣坐大，往往赋予一些监察官员以相应的行政权力，以便对行政官员构成制约，即监察职能和行政职能混同。这种做法起初曾产生一定的效果，但后来证明得不偿失，在限制了行政权力的同时又出现了新的更大的弊端，往往陷入为了限权而扩权，而新的权力又成为下一个受限之权的恶性循环。监察权力过分膨胀，不仅干扰行政、司法、军事部门的正常运行，也影响了监察部门自身职能的发挥。其三，中国封建社会的皇权是至高无上的，与此相关的一些特权是无法限制的，也是监察官员无力抵抗的。古代监察官员一旦遇到权贵违禁时，往往投鼠忌器。当一个监察官员面对权贵不能护法时，那么信赏必罚就无可企望了。其四，缺乏配套严密的管理制度，使腐败问题往往查不胜查。封建社会贪污之风盛行的一个重要原因，就是公共开支用于何种项目、需要多少费用，并没有严格的会计、审计制度加以规范，全凭官员的一句话。这就给为官者贪污提供了机会。面对这样一个巨大的漏洞，监察制度只能是杯水车薪。

我国有数千年君主专制的历史。君主专制意为单独一人的统治，即由个人掌握最高国家权力的政体。君主专制的特点：一是实行独裁制，君主大权独揽；二是实行终身制，君主终身任职；三是实行世袭制，君主世代相袭。其核心是实行独裁制，君主的意志凌驾于一切法律和机构之上，不受任何法律和机构的限制。如果说对君主还有什么节制的话，那就是所谓“祖宗法度”。在君主专制统治下，民众对于官吏形不成任何制约。在等级森严的政治体系中，一条基本原则就是下对上的绝对服从，民众在国家政治生活中毫无权利可言，在执行国家意志的官吏面前永远处于被管理和被支配的地位。这就使各级官吏只要对上顺着主子的意愿行事，对下就可以放心大胆地为所欲为。每到王朝中后期，社会承平日久，腐败之风弥漫到官场各个角落，贪官污吏在全国各地结成大大小小、盘根错节的关系网。这时即使最高统治者下再大的决心，采取再严厉的措施，也不可能扭转官场的腐败趋势。

二、吸收外来

权力制约监督机制要吸收外来，就必须具有战略头脑和世界眼光，把它放在广阔的宏观视野中进行考察，合理借鉴和吸收人类政治文明有益成果，以提高政治鉴别力和科学创新力。作为一种具有历史性和全球性的政治现象，腐败属于政治领域的常见病和多发病，遏制腐败滋生蔓延是人类面临的共同任务。如果离开纵横的时空孤立地研究问题，就难以洞悉权力制约监督机制的普遍规律，难以体察当代中国权力制约监督机制的利弊得失。

权力是人类社会政治生活的中心。作为私有观念和政治权力的伴生物，腐败总是与一定的权力相联系。因此，西方政治思想家历来认为，人类政治生活不仅面临着权力的分配问题，而且面临着权力的控制问题。孟德斯鸠指出：一切有权力的人都容易滥用权力，这是万古不易的一条经验。“要防止滥用权力，就必须以权力约束权力。”① 麦迪逊说得更形象：“如果人都是天使，就不需要任何政府了。如果是天使统治人，就不需要对政府有任何外来的或内在的控制了。”② 阿克顿勋爵对权力的特性有着比前人更加深刻的认识：“权力容易使人腐败，绝对的权力导致绝对的腐败。”③ 研究腐败问题的美国学者艾克曼认为，有效遏制腐败的基本方式：一是调整权力结构，实行权力制衡；二是提高政治运作的透明度，实行公众监督④。这些观点如同公理一样被人们所普遍接受。

权力制约作为一条重要的政治规律，其思想萌芽可以追溯到古希腊和古罗马时代。在西方，最早提出分权论的人是古希腊的亚里士多德。他认为，一切政体都有三个构成要素，即议事职能、行政职能和审判职能。继亚里士多德之后，古罗马的波利比阿主张建立一种混合政体，即把君主制、贵族制和民主制三种政体结合起来。在波利比阿看来，罗马共和制就是执政官、元老院、人民大会三者权力相互配合与制衡的政体，这是罗马兴盛的重要原因。在罗马政体中，执政官的权力是君主政治的体现，元老院的权力是贵族政治的体现，人民大会的权力是民主政治的体现。他断言，国家这三种权力相互配合与制衡，可以有效防止某一种权力无限扩张，从而避免政治上的蜕变与衰败。

近代分权制衡理论从提出至今已有300多年的历史了。在这个过程中，经历了从两权分立到三权分立再到双重分权三个主要阶段。17世纪英国资产阶级革命时期，著名思想家洛克提出不受限制的政府权力必然导致专制的观点，并系统论证了立法权与行政权分立的原则，以便实现对政府权力的有效制约。18世纪法国启蒙运动时期，著名思想家孟德斯鸠正式提出三权分立学说，主张将国家权力分为立法权、行政权和司法权，并将这三部分权力分别授予不同的机关，三种权力既相互独立，又相互牵制，从而达到以权力制约权力的目的。到了美国建国时期，杰斐逊等人又发展了

① 孟德斯鸠：《论法的精神》，张雁森译，商务印书馆，1982，第154页。

② 汉密尔顿、杰伊、麦迪逊：《联邦党人文集》，程逢如等译，商务印书馆，1980，第264页。

③ 阿克顿：《自由与权力》，侯健、范亚峰译，商务印书馆，2001，第342页。

④ Susan Rose-Ackerman，*Corruption and government : causes, consequences, and reform,*（Cambridge University Press，1999），pp. 229.

分权制衡理论，并创造了双重分权的结构形式，即在各个层级的政府都实行三权分立的同时，又实行联邦与各州之间的纵向分权，使西方分权制衡理论趋于完备。

现代西方权力制约理论又有新的发展。以布坎南为代表的公共选择理论，强调对政府财政进行制度约束的重要性，主张用政府的财政责任约束政府行为。按照布坎南的观点，在民主政治中，除了选举约束外，还必须有财政约束。对政府进行财政约束，一个重要理由就是政府官员的自利属性。对政府进行财政约束，其实质就是对政府税权进行限制。为此，必须将责任观念引入政府的财政行为之中，政府怎样收钱、怎样花钱以及效益如何，都必须受到有效控制和约束①。阿伦特等思想家强调政治运作过程的透明度对制约政治权力的重要性。政治权力必须在公众监督下运行。暗箱情形下行使的权力既是神秘的权力，也是不可监督的权力。不受监督和约束的权力是容易腐化的权力。为了使政治权力受到约束，对公共领域与私人领域必须做出区分，私人领域应保持其私密性，而公共领域则应维持其公共性②。在西方政治思想史上，思想家们除了强调对权力进行内部控制，也强调对权力进行外部控制，认为仅靠权力的内部控制难以防止权力的腐化。思想家们提出了以社会制约权力的方式，而托克维尔则是这种权力控制方式的重要阐释者。诚如托克维尔所言，一个由各种独立自主的社团组成的多元社会，可以对权力构成一种社会制约③。

从历史上看，分权本身并没有特定的阶级属性，它是任何阶级、任何国家都可以运用的一种工具性举措。事实上，奴隶社会和封建社会都曾采取过某种形式的分权，如中国在秦朝时就实行中央分权，即三公九卿制，丞相主行政，太尉管军事，御史掌监察。因此，分权是一个内涵极为宽泛的概念，远远超出了三权分立的范畴。三权分立只是分权的一种形式，从其内涵和外延看，均属于分权的下位概念，因而不能将分权等同于三权分立。换言之，分权不是资本主义的专利，而是人类政治文明发展的内在要求，是人类政治文明发展必须遵循的普遍规律。同时，西方的分权制衡也

---

① 布坎南：《宪政经济学》，冯克利等译，中国社会科学出版社，2004，第186页。

② 阿洛伊斯·普林茨：《爱这个世界——汉娜·阿伦特传》，焦洱译，社会科学文献出版社，2001，第172页。

③ 托克维尔：《论美国的民主》，董果良译，商务印书馆，1991，第283页。

不局限于三权分立，它通常具有两种情形：狭义的分权制衡是指国家权力的自我约束机制，包括国家立法、行政、司法机关之间的分权制衡，中央与地方之间的分权制衡以及立法系统、行政系统和司法系统内部的分权制衡。广义的分权制衡不仅包括以上内容，而且包括公民、政党、利益集团、新闻媒介等诸种社会力量对国家权力的分权制衡。诚如有的学者所指出：治权相对于主权而言具有执行的性质，它的分开对于主权的统一不仅没有不利影响，相反却是主权充分实现的条件[①]。资产阶级思想家的历史贡献在于，他们揭示了权力制约在人类政治文明发展中的突出地位，并构建了全方位的权力制约机制，使之成为近代以来人类政治文明发展的一大主题。资产阶级革命后的西方各国，大都以根本大法的形式确立了分权制衡的政治体制，并建立了系统完整、常态运行的权力制约机制。

西方国家所奉行的分权制衡理论，内含着国家立法、行政和司法机关之间，国家的整体和部分之间权力分工与制衡的原则。从政权组织形式和运行机制看，西方国家立法、行政、司法三种权力通常由议会、政府、法院分别行使，三种具有不同职能的国家机关由三部分人分别组成，不能相互兼职；各个权力系统之间不仅相互独立，而且相互牵制，以使各项权力之间保持一定的平衡关系；在一项决策和举措出台或生效以前，必须为各权力主体所接受，否则这项决策和举措就有可能失去效力。西方国家实行分权制衡的政治模式，一定程度上限制了个人集权和个人专断。因此，虽然迄今为止没有哪个国家已经建立了完善的权力制约机制，也没有哪个国家真正杜绝了腐败，但西方国家在权力制约机制建设中积累的宝贵经验，还是值得我们认真研究和借鉴的。例如，依法对国家机关进行适当的分工，规定不同国家机关各自的权限和运行轨道，以及各自的责任和内部关系；依法规定不同国家机关的沟通方式和制约关系；依法防止国家机关滥用权力，超越权限，侵犯另一权力的行为；依法授予每个机关都有抵制另一机关侵权行为的权力等等。这些思想具有一定的借鉴价值，在实际生活中，我们也结合自己的国情，吸取了一些有益的观点。

由于西方政治思想家的研究总体上是站在西方国家权力制约监督机制的视角观察和思考问题的，因此，我们在分析这些理论观点过程中，既要肯定西方权力制约思想对人类政治文明进步的贡献，也应对其局限性有着

① 李步云：《宪法比较研究》，法律出版社，1998，第600页。

科学的把握。一方面，对西方权力制约思想中反映人类政治文明发展规律的优秀成果，应认真学习借鉴。例如，西方分权制衡理论尽管其实质是统治阶级内部各种政治派别对统治权力的分享和争夺，但它同时反映了人类驾驭政治权力的客观要求，符合人类政治文明发展方向，具有一定的合理性，对完善我国权力制约监督机制也有积极的借鉴意义。另一方面，西方权力制约监督机制也存在明显的历史局限，其基本框架是三权分立，而三权分立是植根于资本主义经济基础的上层建筑，与我国的基本国情不相适应。倘若我们如法炮制，其产生的问题绝不仅仅是三权互相牵制，影响治理效率，更主要的是它排斥中国共产党的领导，无视党作为最高政治领导力量存在的客观必然性；它没有一个统一行使国家权力的最高机关，不能体现人民权力的至上性和全权性。对此，我们必须有着清醒的认识。党的十九届四中全会指出："完善和发展我国国家制度和治理体系，必须坚持从国情出发、从实际出发，既把握长期形成的历史传承，又把握党和人民在我国国家制度建设和国家治理方面走过的道路、积累的经验、形成的原则，不能照抄照搬他国制度模式，既不走封闭僵化的老路，也不走改旗易帜的邪路，坚定不移走中国特色社会主义道路。"①

马克思主义经典作家通过批判地继承人类政治文明优秀成果，总结无产阶级革命斗争的实践经验，探索社会主义政权建设的客观规律，创立了马克思主义民主监督理论，为实现人类历史上更高类型的民主奠定了理论基础，为无产阶级和广大人民争取解放和实现人民当家作主指明了正确方向。按照马克思主义观点，国家源于社会又相对独立于社会，决定了国家的各种职能也具有相对独立性。国家职能这种相对独立性在客观上就有可能导致担负这种职能的人为了追求自己的特殊利益，从社会的公仆变成社会的主人。而无产阶级夺取政权后，在相当长的历史时期内还不能不把国家继承下来，因此，无产阶级自己的公仆也有变为主人的可能。这样，如何防止无产阶级自己的公仆发生蜕变，"把国家由一个高居社会之上的机关变成完全服从这个社会的机关"②，就成了马克思和恩格斯苦苦思索的一个重大课题。

① 《中共中央关于坚持和完善中国特色社会主义制度 推进国家治理体系和治理能力现代化若干重大问题的决定》，《人民日报》2019年11月6日。

② 《马克思恩格斯全集》第25卷，人民出版社，2001，第27页。

巴黎公社这一伟大创举，为马克思和恩格斯研究解决这一重大课题提供了丰富的实践经验。马克思和恩格斯高度赞扬巴黎公社首创的、由选民直接选举产生的公社委员会对选民负责、并可以由选民随时撤换的这种政权组织形式。从巴黎公社实行的选举制、监督制和罢免制中，马克思和恩格斯得出了一个重要结论，即由人民牢牢掌握选举权、监督权和罢免权，是人民群众防止社会公仆变成社会主人的有效途径。马克思指出：巴黎公社“彻底清除了国家等级制，以随时可以罢免的勤务员来代替骑在人民头上作威作福的老爷们，以真正的责任制来代替虚伪的责任制。因为这些勤务员经常是在公众监督之下进行工作的”①。恩格斯也曾指出：巴黎公社“把行政、司法和国民教育方面的一切职位交给由普选选出的人担任，而且规定选举者可以随时撤换被选举者”，是“防止国家和国家机关由社会公仆变为社会主人”所采取的一项重要措施。根据巴黎公社的经验，他特别强调：工人阶级在获得统治时，为了不致失去自己的政权，一方面要铲除全部旧的国家机器；另一方面应当“保证本身能够防范自己的代表和官吏，即宣布他们毫无例外地可以随时撤换”②，以便使自己有足够的能力防范他们发生蜕变。由此可见，马克思和恩格斯对人民群众掌握选举权、监督权和罢免权十分重视，并把这个原则作为实现人民群众当家作主的一项根本保证。

列宁作为马克思和恩格斯事业的继承人，高度重视马克思和恩格斯对巴黎公社经验的总结，在十月革命前后的一段时间里，一直认为无产阶级夺取政权后应采取巴黎公社那种直接民主形式，立即实行“所有的人都参加国家管理”③。然而实践表明，在小农和文盲分别占人口总数 75% 的国度里，人们普遍缺乏管理国家、管理社会最起码的政治意识和文化水平，直接民主行不通，因而列宁不得不做出相应的调整，即通过无产阶级的先进阶层来代表人民群众管理国家。这种间接民主制使苏维埃政权存在着脱离人民群众，产生官僚主义的现实可能性。“共产党员成了官僚主义者。如果说有什么东西会把我们毁掉的话，那就是这个。”④ 因此，进行反对官僚

① 《马克思恩格斯选集》第 3 卷，人民出版社，1995，第 96-97 页。

② 《马克思恩格斯选集》第 3 卷，人民出版社，1995，第 12 页。

③ 《列宁全集》第 31 卷，人民出版社，1985，第 96 页。

④ 《列宁全集》第 52 卷，人民出版社，1988，第 300 页。

主义的斗争就成为摆在新生苏维埃政权面前的一项艰巨任务。

按照列宁的观点，反对官僚主义的根本措施是吸引全体人民参加国家管理。但在人民的国家尚未达到人人参与国家管理的条件下，杜绝官僚主义一个重要途径，就是加强人民群众对党和国家机关的监督。列宁指出：人民群众的监督是反对国家机关中的官僚主义的有效手段，因而“要有多种多样的自下而上的监督形式和方法，以便消除苏维埃政权的一切可能发生的弊病，反复地不倦地铲除官僚主义的莠草”①。在列宁看来，这种监督的主体是人民群众；监督的对象是党政机关；监督的形式是自下而上；监督的目的是杜绝官僚主义；监督的前提是人民群众了解党政机关及其工作人员活动的每一个细节；监督的手段是人民群众掌握对自己的代表的罢免权。列宁对于罢免权高度重视，认为苏维埃政权的人民性不仅表现在人民拥有选举权、监督权上，而且表现在人民拥有罢免权上，指出“任何由选举产生的机关或代表会议，只有承认和实行选举人对代表的罢免权，才能被认为是真正民主的和确实代表人民意志的机关”②。从民主运行的过程看，选举权、监督权和罢免权是一个不可分割的有机整体，罢免权实际上是选举权和监督权的延伸，是对选举权的一种保护，是对监督权的一种强化。因此，罢免权是“真正的监督权”③。列宁明确肯定：工人和农民，这才是社会主义俄国政治力量的主体。因此，工农群众应当承担起对人民代表的监督任务，以便“使人民的代表真正服从人民”④。

在马克思和恩格斯的有生之年，社会主义还没有变成现实，社会主义国家政权建设的任务尚未提上历史日程，因而他们不可能提出关于社会主义国家权力制约监督的系统理论，但他们关于社会主义民主监督的基本原理，仍然是我们研究和分析社会主义国家权力制约监督问题的理论基础。俄国十月革命胜利后，由于直接领导和参与俄国早期的社会主义革命和建设，列宁关于社会主义民主监督理论比马克思和恩格斯又有新的发展。诚然，由于列宁所处时代严酷的政治环境以及去世过早，他没有机会和条件对社会主义民主监督思想作系统的论述，尽管如此，我们从列宁社会主义

① 《列宁全集》第 34 卷，人民出版社，1985，第 186 页。
② 《列宁全集》第 33 卷，人民出版社，2017，第 106 页。
③ 《列宁全集》第 33 卷，人民出版社，1985，第 106 页。
④ 《列宁全集》第 33 卷，人民出版社，2017，第 106 页。

民主监督思想中，仍然能够得到许多有益的启示。

作为人类政治文明的批判者和继承人，马克思主义经典作家始终认为，国家是由阶级统治的，阶级是由政党领导的，无论哪个阶级的政党执政，为了防止个人利益取代阶级利益，导致政治权力的滥用；防止主观意志违背客观规律，导致大政方针的失误，都需要加强对权力的制约监督。按照马克思主义观点，公共权力本质上是社会公众的权力，应该为社会公众服务，受社会公众的监督；行使公共权力的国家机关工作人员是受社会的委托对整个国家进行管理的公仆，因此也必须受社会公众的监督。在马克思主义看来，只要国家还存在，就有社会公仆变为社会主人的可能，而无产阶级的国家是一种具有过渡性质的国家，国家机关工作人员不可避免地会受到各种腐朽没落思想的腐蚀和影响，从而决定了无产阶级国家政权也存在蜕化变质的可能。在这种情况下，加强人民群众对国家机关及其工作人员的监督尤为重要。因此，马克思主义经典作家认为，一切国家公职人员无论职位高低都是人民的公仆，都必须置于人民的监督之下。对于无产阶级国家政权及其公职人员来说，只有接受人民的监督，才能保持自己的性质，完成自己的使命，最终实现自己的奋斗目标。

三、面向未来

权力制约监督机制要面向未来，就必须站在坚持和完善中国特色社会主义制度、推进国家治理体系和治理能力现代化总体目标的制高点上进行规划和设计，使之同促进国家经济富强、政治民主、文化繁荣、社会和谐、生态美丽结合起来，贯穿于社会主义经济建设、政治建设、文化建设、社会建设、生态文明建设各个领域，体现在党的建设的各个方面，与坚持和完善中国特色社会主义制度、推进国家治理体系和治理能力现代化总体目标相适应，与各项改革和建设相协调。

作为人类历史上一种崭新的社会制度，中国特色社会主义制度并不是一诞生就完美无缺，一出现就一成不变，其自身也有一个从不成熟到比较成熟、从不完善到比较完善的演进过程，这个过程离不开改革和建设。习近平总书记指出：“我们说坚定制度自信，不是要故步自封，而是要不断革除体制机制弊端，让我们的制度成熟而持久。”①从人类政治发展史看，通常有两种意义的革命，一种是解决基本制度问题的革命，一种是解决具体体制问题的革命。我国政治体制改革属于解决具体体制问题的革命。所谓政治体制改革，就是政治主体根据社会发展需要，对政治体系、政治结构、政治机制进行有计划有步骤的变革，以便调整政治关系，优化政治制度，巩固政治统治。政治体制与政治制度是层次不同的两个概念。我国的改革对政治体制来说，是一场革命；对政治制度来说，是自我完善和发展。

习近平总书记指出："积极稳妥推进政治体制改革，推进社会主义民主政治制度化、规范化、法治化、程序化，保证人民依法通过各种途径和形式管理国家事务，管理经济文化事业，管理社会事务，巩固和发展生动活泼、安定团结的政治局面。”②我国政治体制改革的总体目标——按照时代特征、中国国情、民主政治、法治国家的客观要求，坚持和完善中国特色社会主义政治制度、推进国家治理体系和治理能力现代化。根本任务——在发展社会主义市场经济的同时建设社会主义民主政治和法治国家，逐步实现政党组织、政权组织、社会组织之间的关系制度化、规范化，政权组织内部权力机关、行政机关、监察机关、司法机关之间的关系制度化、规范化，中央、地方、基层之间的关系制度化、规范化，基层政治参与、民主管理、群众自治制度化、规范化。运作模式——在深化经济体制改革的同时推进政治体制改革，使经济体制改革与政治体制改革相互配合、相互促进。指导原则——从中国的国情出发，以有利于国家统一稳定、社会发展进步、人民幸福美满为价值取向，坚定不移走中国特色社会主义政治发展道路，决不照搬西方的制度模式。主要特点——按照整体性的要求把体制改革与体系建设结合起来；按照有序性的要求把发展民主与健全法治结合起来；按照互动性的要求把党内民主与人民民主结合起来；按照协调性的要求把保障权利与制约权力结合起来；按照包容性的要求把选举民主与协商民主结合起来；按照开放性的要求把吸收借鉴与保持特色结合起来。基本经验——在党的领导下，在制度的框架内，在法治的轨道

① 《习近平谈治国理政》第1卷，外文出版社，2014，第106页。

② 习近平：《决胜全面建成小康社会 夺取新时代中国特色社会主义伟大胜利》，《人民日报》2017年10月28日。

上，在稳定的环境中有计划、有步骤、有秩序地向前推进。

深化政治体制改革是完善权力制约监督机制的必由之路。完善权力制约监督机制，在微观上要完善分事设岗、分岗赋责、分责授权、分权问效的权力配置机制，在中观上要建立决策权、执行权、监督权既相互制约又相互协调的权力结构和运行机制，在宏观上要正确处理国家与社会、政党与政府、中央与地方的关系。这一切都离不开深化政治体制改革。按照系统论的观点，系统结构决定系统功能，政治结构是实现政治功能的必要条件，政治功能存在的问题一定程度上反映了政治结构不合理。从我国实际看，权力高度集中的政治体制，使监督主体受制于监督客体，被监督者领导监督者，使权力制约监督失去了体制依托。这是为什么我国有着比国外多得多的监督机构和监督形式，但腐败现象依然得不到有效治理的根本原因。如果不注重解决权力制约问题，即使增设一些监督机构来加强监督，也不可能根本解决监督薄弱的问题。政治结构是实现政治功能的必要条件。由于权力不受制约监督的根子在于体制，不触动体制很难解决制约监督问题。这在客观上要求我们继续深化政治体制改革，在不断完善社会主义根本政治制度和基本政治制度，不断加强社会主义民主政治和法治国家建设的基础上，对权力实行科学的分解，对权力关系实行科学的定位，理顺决策权、执行权和监督权以及中央权力、地方权力和基层权力之间的关系，优化权力配置和权力流程，使权力的横向制约、纵向制约、内部制约、外部制约之间既互相配合又互相促进，以便切实解决广大党员和人民群众对党和国家机关的制约、解决国家机关对党组织的制约、解决党的决策机关和监督机关对执行机关的制约、解决党的领导集体对党的领导干部的制约问题。

政治体制改革与治理体系完善存在着密切的联系。党的十六大报告提出党领导人民治理国家的理念。党的十七大报告提出要发挥党总揽全局、协调各方的领导核心作用，提高党科学执政、民主执政、依法执政水平，保证党领导人民有效治理国家。党的十八大报告在国家治理的意义上提出坚持依法治国这个党领导人民治理国家的基本方略、更加注重改进党的领导方式和执政方式、更加注重发挥法治在国家治理和社会管理中的重要作用、保证党领导人民有效治理国家等。党的十八届三中全会把完善和发展中国特色社会主义制度、推进国家治理体系和治理能力现代化确定为全面深化改革的总目标，同时又提出实现有效的政府治理；改进社会治理方式，实现政府治理和社会自我调节、居民自治良性互动；坚持系统治理、综合治理、依法治理、源头治理；推进社会组织依法自治；建立事业单位法人治理结构；完善环境治理等概念。从我们党对治理概念的运用看，其实质是在中国共产党领导下，基于人民当家作主的本质规定，优化领导方式和执政方式，优化领导体制和执政体制，优化领导能力和执政能力，按照人民的意愿和要求，科学、民主、依法、有效地治国理政，实现国家与社会长治久安。

在我国社会主义现阶段，国家治理包含着丰富的内容：一是民主治理。我国是社会主义国家，国家和社会的治理本质上是人民当家作主。只有让人民广泛参与，才能集思广益，提高国家和社会治理水准。在中国共产党的领导下，全体人民通过人民代表大会，将自己的意志转化为国家的法律，并通过法律切实保障人民充分享有治理国家和社会的权力。二是依法治理。在全面推进依法治国的基础上，运用法治的力量解决社会矛盾，平衡利益冲突，依法保障人权、保障民生，确保社会安定有序、人民安居乐业，是国家治理的内在要求和应有之义。三是科学治理。在科学理论指导下，采取科学方法，按照科学程序，运用现代科学技术手段对复杂的社会现象和自然现象进行系统的、全面的考察和分析，并对各种因素之间的相互联系和影响进行综合研究，在此基础上依靠领导班子、专家学者的智慧和经验提出优化方案，并按照优化方案治理国家和社会。四是社会共治。随着经济社会的深入发展，当今国家和社会治理的理念也在发生深刻变化，主要体现为从传统的统治理念转向治理理念，从单纯的政府管理转向政府管理与社会治理相结合，并实现社会治理与社会自治的有序衔接。

国家治理体系和治理能力是一个国家制度和制度执行能力的集中体现。健全的治理体系、卓越的治理能力，是国家有序运行的基本条件，也是人民安居乐业、社会安定有序、国家长治久安的重要保障。国家治理体系，是指党领导人民治理国家的制度体系，包括经济、政治、文化、社会、生态文明和党的建设等各领域的体制机制和法律制度安排，即一整套相互联系、相互协调的国家制度。人民代表大会制度是我国根本政治制度；中国共产党领导的多党合作和政治协商制度，民族区域自治制度和基层群众自治制度是我国基本政治制度；公有制为主体、多种所有制经济共同发展，按劳分配为主体、多种分配方式并存，社会主义市场经济体制是我国基本经济制度；建立在根本政治制度、基本政治制度、基本经济制度基础上的经济体制、政治体制、文化体制、社会体制、生态文明体制是我国各项具体制度；中国特色社会主义法律体系是我国各项制度的法律规范和可靠保障。国家治理能力，是指运用国家制度治理公共事务的能力。从内容上讲，包括改革发展稳定、内政外交国防、治党治国治军等能力；从形式上讲，包括统筹谋划、决策执行、组织协调、服务保障等能力。国家治理体系和治理能力相辅相成，有了完善的国家治理体系才能涵育高水平的国家治理能力，有了卓越的国家治理能力才能充分发挥国家治理体系的效能。

推进国家治理体系和治理能力现代化，就是使国家治理体系和治理能力科学化、民主化、法治化、信息化、高效化，使国家治理主体运用法律制度治国理政，从而把中国特色社会主义的制度优势转化为治国理政的效能优势。国家治理体系和治理能力现代化既是整个国家现代化的重要条件，也是整个国家现代化的有机组成部分。其中，科学化是国家治理体系和治理能力的主导，民主化是国家治理体系和治理能力的基础，法治化是国家治理体系和治理能力的手段，信息化是国家治理体系和治理能力的保障，高效化是国家治理体系和治理能力的取向。国家治理体系和治理能力现代化主要包括六个方面：一是治理体制的现代化，即治理体制走向分权、协同；二是治理组织的现代化，即治理组织走向精干、高效；三是治理权力的现代化，即治理权力走向文明、法治；四是治理决策的现代化，即治理决策走向民主、科学；五是治理过程的现代化，即治理过程走向开放、有序；六是治理权利的现代化，即治理权利走向自由、平等。只有改革治理体制、健全治理组织、约束治理权力、优化治理决策、规范治理过程、保障治理权利，才能推进国家治理体系和治理能力现代化。

党的十九届四中全会对中国特色社会主义制度完善和制度定型提出了明确要求：到我们党成立一百年时，在各方面制度更加成熟更加定型上取得明显成效；到2035年，各方面制度更加完善，基本实现国家治理体系和治理能力现代化；到中华人民共和国成立一百年时，全面实现国家治理体系和治理能力现代化，使中国特色社会主义制度更加巩固、优越性充分展现[①]。中国特色社会主义制度定型表现为：一是体系更加完整。就是制度实现配套化、完善化，形成一个门类齐全，层次分明，运行连贯，关系和谐的完整体系。二是内容更加成熟。就是制度建筑在尊重人的价值、尊严和权利，促进社会公平、秩序和文明的基础之上；公民在制度面前人人平等，任何人都不能有凌驾于制度之上的特权；公民的权利和自由未经正当程序和充足理由不受剥夺，一切非法的侵害都将得到公正、合理、及时的补偿。三是形式更加规范。就是制度内容具体，形式统一，表述严谨，对于各种组织、机构和公民应享有的权力和权利、应履行的责任和义务都有明确的规定，不因人而异，不随人而变。四是功能更加管用。就是制度一经国家制定和实施，受其调整的任何人都必须毫无例外地一体遵行，任何违规行为都将受到应有的追究和制裁，从而使社会关系更加稳定、社会交往更加有序、社会生活更加祥和。

学界有一种观点，认为民主政治只是社会主义现代化的条件而不构成社会主义现代化的要素。在这种观点看来，社会主义是一种高于资本主义的社会形态，虽然经济文化比较落后，但政治制度先进，社会主义现代化主要是指经济文化的现代化，而不存在政治现代化的问题。应当说如果社会主义脱胎于发达的资本主义国家，包括政治现代化在内的所有现代化任务自然会大大减轻。然而现实的社会主义偏偏大都脱胎于具有浓厚的封建专制文化传统的国度，实践表明，这种传统的形成非一日之寒，这种传统的消解也非一日之功，我们政治生活中存在的种种弊端如个人集权、个人专断无不与此有关，这与民主政治格格不入。由于主客观条件的限制，我国社会主义民主政治建设虽然取得了举世瞩目的成就，但其体制的合理程度、法制的健全程度、机制的完善程度、主体的成熟程度、物质的保障程度与政治现代化的要求还相去甚远。因此，我们不仅存在一个政治现代化的问题，而且要真正解决这个问题依然任重道远。不这样提出问题和认识问题，而是对此视而不见、听而不闻，表面上似乎维护社会主义，实际上对社会主义的发展有百害而无一利。

---

① 《中共中央关于坚持和完善中国特色社会主义制度 推进国家治理体系和治理能力现代化若干重大问题的决定》，《人民日报》2019 年 11 月 6 日。

第三节　坚持干部清正、政府清廉、政治清明的统一

坚持干部清正、政府清廉、政治清明，是我们党在新的时代条件下适应建设廉洁政治的新要求提出的战略目标，也是完善权力制约监督机制的价值取向。干部清正，就是干部要做到信念坚定、为民服务、勤政务实、勇于担当、清正廉洁；政府清廉，就是要建设服务政府、责任政府、法治政府、廉洁政府；政治清明，就是要营造一个良好的从政环境，形成一个良好的政治生态。三者之间相辅相成，层级递进，构成一个有机整体。

一、干部清正

干部清正是基础，要求干部既要廉政，又要勤政，既要干事，还要干净。没有干部清正，就谈不上政府清廉。因此，干部要牢固树立正确的世界观、人生观、价值观，不断提高思想道德素质和拒腐防变能力，坚定理想信念不动摇，净化思想品德不变质，牢记使命责任不懈怠，遵守法规制度不逾矩，自觉消除攀比心理、失衡心理、补偿心理、侥幸心理，坚决防范灯红酒绿的染指、金钱美色的诱惑、利益集团的围猎，以谨慎之心对待权力，以淡泊之心对待名利，以警惕之心对待诱惑，以豁达之心对待得失，始终保持崇高信念上的顽强定力、高尚品格上的顽强定力、良好操守上的顽强定力，切实经受住权力、金钱、美色、人情的考验，守住为官一任的道德底线，守住安身立命的行为准则，守住内心世界的一片净土，使廉洁成为一种行为方式、一种文化素养、一种理想信念。

作为一个综合概念，理想信念昭示了人生的目标或志向。在理想信念之间，理想指向未来，信念侧重现实，它们同属于人类精神现象，都是表达人的一种精神追求。在实际生活中，理想信念是指引人生的奋斗目标、成就人生的前进动力、完善人生的精神境界。理想信念一旦形成，就积淀为思想意识的内核，成为人的内心世界的精神支柱。有理想信念，人才能提高自我调控能力，在成长中学会担当，在考验中接受历练，在诱惑中选择坚守。没有理想信念，浑浑噩噩过日子，就无法把握人生，就有如盲人骑瞎马，夜半临深池，随时都有坠落的危险。事实昭示人们，一个党员干

部蜕化变质，往往始于理想信念上的动摇。透视一些人违法犯罪的深刻教训，无非是两条轨迹：一条是从政治思想上打开缺口；另一条是从经济生活上打开缺口。两条轨迹的起点都是理想信念发生动摇。理想信念一旦发生动摇，就像大厦失去了支柱，必然带来政治上的蜕变，经济上的贪占，生活上的腐化。因此，在改革开放和发展社会主义市场经济条件下，深入开展理想信念和法规制度教育，筑牢思想道德和党纪国法两道防线，对于提高党员干部的思想政治素质，抵御腐朽思想文化的侵蚀和影响，切实做到政治上清醒，思想上坚定，工作上勤奋，生活上廉洁，是极为重要的。

作家萧军说得好：好人不见得是好官，但好官首先必须是好人；没有一流的人品作底子，从政肯定是要摔跤子。在改革开放和发展社会主义市场经济条件下，要确保廉洁从政，对党员干部提出更高的要求。党员干部要慎行，不该去的地方不去，不该做的事情不做，不该要的好处不要。要慎独，环境宽松不妄为，于无人处亦检点。要慎微，勿以恶小而为之，勿以善小而不为。要慎初，洁身自好，防微杜渐。明朝御史张瀚在《松窗梦语》中记载：张瀚初任御史参见都台长官王廷相时，王廷相向他描述了一桩见闻：昨天乘轿进城遇雨，轿夫恰巧穿着一双新鞋，开始轿夫还择地而行，怕弄脏新鞋，后来到了长安街时，泥泞渐多，轿夫一不小心踏入泥水中，便不复顾惜地走下去。王廷相进而告诫张瀚："居身之道，亦犹是耳。倘一失足，将无所不至矣！"由轿夫择地而行到不复顾惜的变化，不由得使人想起贪官的蜕变过程：从公仆到贪官，往往是一念之差，一旦涉足腐败，便开始放任自流，等到被押上法庭，才痛不欲生地忏悔。对于贪官自己来说，这种忏悔的眼泪可能为时已晚；对于掌握重权的领导干部来说，至少可以从中得到这样的教益：从政之路，如履薄冰，稍有不慎，就会坠入万劫不复的深渊。与其悔之于终，不如慎之于初。唯其如此，方可永葆清白，终生无虞。

二、政府清廉

政府清廉是关键，要求政府转变职能，建设责任型、服务型、法治型、廉洁型政府。只有政府清廉，才能实现政治清明。政府作为人民权力的代表者，其权力行为必须同人民的意志和利益相一致。政府的清廉程度，直接关系到人民对党的信赖、对中国特色社会主义事业的信心。因此，政府必须牢固树立人民至上的权力观，切实杜绝政府权力部门化、部门权力利益化、部门利益法定化的现象，把最大限度地提高人民的素质与能力，满足人民的需要与愿望，尊重人民的价值与尊严，保障人民的权利与自由，关爱人民的生命与健康，增进人民的幸福与美满作为治国理政的根本价值追求，并把人民是否满意作为衡量经济社会发展程度、衡量公平正义实现程度、衡量各项工作具体成效的最高标准，永远做人民的忠实公仆。

行政机关是实施法律法规的主体，牢固树立人民主权的理念、法律至上的理念、职权法定的理念、程序正义的理念、依法行政的理念、保障人权的理念，严格依照法定权限和程序行使权力、履行职责，通过依法行政维护公共利益、公民权益和社会秩序，是行政机关的天职，也是政府清廉的重要标志。依法行政主要包括六层含义：一是行政机关实施行政管理，应当依照法律规定进行，若无法律规定，行政机关不得做出影响公民、法人和其他组织合法权益的行为；同时，行政机关的职权就是职责，不能随意放弃，放弃职权就是失职，就要追究法律责任。二是行政机关实施行政管理，应当遵循公平、公正的原则，平等对待当事人，做到一视同仁；积极推行说服教育、调解疏导、典型示范等执法方式，给行政管理相对人提供法律帮助、政策指导和技术支持，寓执法于服务之中，融处罚于教育之中；对当事人采取的措施要与违法情节相适应，避免罚过失当。三是行政机关实施行政管理，应当严格遵循法定程序，依法保障行政管理相对人、利害关系人的知情权、参与权和救济权；执法人员要尊重当事人，不能把严格理解为严苛，更不能野蛮执法、以暴制暴[①]。四是行政机关实施行政管理，应当遵守法定时限，履行法定职责，提高办事效率。五是行政机关要加强内部制约与外部监督，不断完善依法行政的制约监督机制，既不能以言代法、以权压法，也不能法外开恩、徇私枉法，确保严格规范公正文明执法，切实给不法分子以应有震慑，给人民权益以有效保护。六是行政机关违法或者不当行使职权，应当依法承担法律责任，做到有权就有责、用权受监督、违法必追究、侵权须赔偿。坚持依法行政，有利于体现国家一切权力属于人民的宪法原则，体现人民当家作主的民主精神；有利于推进

① 杨伟东：《推进法治中国建设》，《时事报告》2014 年第 6 期。

政府廉政建设，有效防止行政权力滥用；有利于提高行政效率和行政公信力，确保行政管理更好地服务国家、服务社会、服务人民。

三、政治清明

政治清明是核心，要求政治更加民主、法治更加公正、体制更加完善、机制更加健全。只有政治清明，才能为干部清正、政府清廉营造良好的政治环境，才会有人民安居乐业、社会安定有序、国家长治久安。政治清明是建设社会主义民主政治和法治国家的内在要求，也是人民对美好生活的向往和期盼。政治清明，就是通过严肃政治生活、严明政治纪律、严惩政治腐败，换来海晏河清、朗朗乾坤；就是权力远离暗箱操作，始终在阳光下运行，受到民主的监督和法治的约束，没有滋生腐败的土壤和条件，能够最大限度地保持公平公正，从而达到权力透明、决策精明、用人贤明、为政廉明的祥和状态。

良好的政治生态是政治清明的显著标志。政治生态，是指一定政治系统内部各要素之间以及政治系统与外部环境之间相互制约、相互作用所形成的政治状态，是一个社会或一个领域政治生活状况以及政治发展环境的集中反映，是党风、政风、社会风气的综合体现。从党内政治生态看，我们党有一个坚强有力、奋发有为的领导核心，有一支富于牺牲精神的党员干部队伍，能够把马克思主义基本原理同中国具体实际相结合，善于制定和执行正确的路线方针政策，具有丰富的斗争经验和崇高的政治威望，并始终不渝地团结和带领全体人民为国家富强、民族复兴、人民幸福而奋斗；我们党具有正确的思想路线、政治路线和组织路线，具有严密的组织系统和严明的组织纪律，具有健全的自我完善和自我净化机制，能够及时清除各种消极腐败现象，不断增强自身的创造力、凝聚力和战斗力。同时应当看到，在改革开放和长期执政新的历史条件下，党内出现了一些同党的性质和宗旨相违背的突出问题。一些党员干部群众观点淡化，宗旨意识弱化，对群众疾苦漠不关心，对群众呼声置若罔闻，对群众利益麻木不仁，甚至把为群众谋利益当作一种恩赐，从中索取回报。一些党员干部党性不纯、作风不正，信念动摇、意志衰退，精神懈怠、工作消极，弄虚作假、虚报浮夸，独断专行、软弱涣散，贪污受贿、腐化堕落。自然生态要山清水秀，政治生态同样要山清水秀。政治生态和自然生态一样，很容易受到污染，一旦出现问题，恢复起来就要付出很大代价。要净化党内政治生态，营造良好从政环境，就必须坚持问题导向，针对政治意识不强、政治立场不稳、政治能力不足、政治行为不端等突出问题，严明党的纪律，严整党的作风，严肃党内生活，严惩党内腐败。营造风清气正的党内政治生态是一个宏大的系统工程，人人是环境，个个是生态，每个党员干部都应当认真履行党员的责任和义务，积极发挥先锋模范作用，聚焦对党忠诚、个人干净、勇于担当，为实现政治生态山清水秀贡献力量。

参考文献

一、论著

[1] 王寿林．社会主义国家权力制约论 [M]. 长春：东北财经大学出版社，1993.

[2] 张文显．政治与法治 [M]. 长春：吉林大学出版社，1994.

[3] 李景鹏．权力政治学 [M]. 哈尔滨：黑龙江教育出版社，1995.

[4] 王浦劬．政治学基础 [M]. 北京：北京大学出版社，1995.

[5] 李步云．走向法治 [M]. 长沙：湖南人民出版社，1998.

[6] 王寿林，等．当代西方社会科学名著导读 [M]. 北京：北京大学出版社，1999.

[7] 浦兴祖．中华人民共和国政治制度 [M]. 上海：上海人民出版社 1999.

[8] 刘海年．依法治国与廉政建设 [M]. 北京：中国法制出版社，1999.

[9] 季正矩．跨越腐败的陷阱 [M]. 北京：中国经济出版社，1999.

[10] 王春瑜．中国反贪史 [M]. 成都：四川人民出版社，2000.

[11] 陈国权．政治监督论 [M]. 上海：学林出版社，2000.

[12] 杨海蛟．新中国政治学的回顾与展望 [M]. 北京：世界知识出版社，2000.

[13] 李雪勤．民主与改革 [M]. 北京：中国方正出版社，2001.

[14] 何增科．反腐新路—转型期中国腐败问题研究 [M]. 北京：中央编译出版社，2002.

[15] 李成言，等．廉政政策分析 [M]. 北京：北京大学出版社，2002.

[16] 王明高，等．中国新世纪惩治腐败对策研究 [M]. 长沙：湖南人民出版社，2002.

[17] 杨宏山．当代中国政治关系 [M]. 北京：经济日报出版社，2002.

[18] 王寿林．当代中国社会主义民主论 [M]. 北京：中共中央党校出版社，2002.

[19] 郭济．政府权力运筹学 [M]. 北京：人民出版社，2003.

[20] 吴丕．中国反腐败—现状与理论研究 [M]. 哈尔滨：黑龙江人民出版社，2003.

[21] 王勇飞，刘金国．反腐法治论 [M]. 北京：高等教育出版社，2003.

[22] 张恒山，等．法治与党的执政方式研究 [M]. 北京：法律出版社，2004.

[23] 郭道晖．法理精义 [M]. 长沙：湖南人民出版社，2005.

[24] 周永坤．规范权力—权力的法理研究 [M]. 北京：法律出版社，2005.

[25] 许耀桐，刘昌雄．政治文明建设与民主政治发展 [M]. 北京：中国经济出版社，2006.

[26] 李秋芳．世界主要国家和地区反腐败体制机制研究 [M]. 北京：中国方正出版社，2007.

[27] 王寿林 . 权力制约与监督研究 [M]. 北京：中共中央党校出版社，2007.
[28] 周光辉 . 论公共权力的合法性 [M]. 长春：吉林出版集团，2007.
[29] 何增科 . 中国政治体制改革研究 [M]. 北京：中央编译出版社，2008.
[30] 汪玉凯，等 . 中国行政体制改革 30 年回顾与展望 [M]. 北京：人民出版社，2008.
[31] 王寿林 . 让权力在阳光下运行 [M]. 北京：人民出版社，2008.
[32] 王明高 . 科学制度反腐论 [M]. 北京：党建读物出版社，2009.
[33] 陈国权 . 责任政府：从权力本位到责任本位 [M]. 杭州：浙江大学出版社，2009.
[34] 张穹，张智辉 . 权力制约与反腐倡廉 [M]. 北京：中国方正出版社，2009.
[35] 李慎明 . 居安思危：苏共亡党二十年的思考 [M]. 北京：社会科学文献出版社，2011.
[36] 阎德民 . 中国特色权力制约和监督机制构建研究 [M]. 北京：人民出版社，2011.
[37] 王世谊，周义程，等 . 权力腐败与权力制约问题研究 [M]. 北京：中国社会科学出版社，2011.
[38] 政治学概论编写组 . 政治学概论 [M]. 北京：高等教育出版社，人民出版社，2011.
[39] 林尚立 . 建构民主：中国的理论、战略与议程 [M]. 上海：复旦大学出版社，2012.
[40] 袁峰 . 网络反腐的政治学：模式与应用 [M]. 北京：中央编译出版社，2012.
[41] 陈国权，等 . 权力制约监督论 [M]. 杭州：浙江大学出版社，2013.
[42] 房宁 . 民主的中国经验 [M]. 北京：中国社会科学出版社，2013.
[43] 曾水英 . 理解政治权力：权力问题的西方政治思想史考察 [M]. 北京：中央编译出版社，2013.
[44] 俞可平 . 论国家治理现代化 [M]. 北京：社会科学文献出版社，2014.
[45] 王寿林，张美萍 . 领导干部为政新理念 [M]. 北京：中共中央党校出版社，2016.
[46] 石佑启，陈咏梅 . 法治视野下行政权力合理配置研究 [M]. 北京：人民出版社，2016.
[47] 陈国权，毛益民，等 . 权力法治与廉政治理 [M]. 北京：中国社会科学出版社，2018.
[48] 王寿林，张美萍 . 文化视阈聊法治 [M]. 重庆：重庆出版社，2019.
[49] 王寿林 . 今日中国：政治主张 [M]. 长沙：湖南教育出版社，2019.
[50] 颜晓峰 . 国家治理现代化十八讲 [M]. 北京：人民日报出版社，2019.

二、译著

[1] [法] 卢梭 . 社会契约论 [M]. 何兆武，译 . 北京：商务印书馆，1980.
[2] [英] 霍布斯 . 利维坦 [M]. 黎思复等，译 . 北京：商务印书馆，1986.
[3] [德] 马克斯・韦伯 . 经济与社会 [M]. 林荣远，译 . 北京：商务印书馆，1997.
[4] [美]J. 古德诺 . 政治与行政 [M]. 王元，杨百朋，译 . 北京：华夏出版社，1987.

[5] [美] 彼德 • 布劳 . 社会生活中的交换与权力 [M]. 孙飞等，译 . 北京：华夏出版社，1988.
[6] [美] 罗尔斯 . 正义论 [M]. 何怀宏，等，译 . 北京：中国社会科学出版社，1988.
[7] [美] 约翰 • 肯尼思 • 加尔布雷斯 . 权力的分析 [M]. 陶远华，等，译 . 石家庄：河北人民出版社，1988.
[8] [美] 亨廷顿 . 变化社会中的政治秩序 [M]. 王冠华，等，译 . 北京：生活 • 读书 • 新知三联书店，1989.
[9] [德] 尤尔根 • 哈贝马斯 . 交往与社会进化 [M]. 张博树，译 . 重庆：重庆出版社，1989.
[10] [法] 托克维尔 . 论美国的民主 [M]. 董果良，译 . 北京：商务印书馆，1991.
[11] [美] 萨托利 . 民主新论 [M]. 冯克利，阎克文，译 . 北京：东方出版社，1993 年。
[12] [美] 汉密尔顿，杰伊，麦迪逊 . 联邦党人文集 [M]. 程逢如，等，译 . 北京：商务印书馆，1995.
[13] [英] 洛克 . 政府论 [M]. 叶启芳，等，译 . 北京：商务印书馆，1997.
[14] [法] 卢梭 . 论人类不平等的起源和基础 [M]. 李常山，译 . 北京：商务印书馆，1997.
[15] [法] 孟德斯鸠 . 论法的精神 [M]. 张雁深，译 . 北京：商务印书馆，1997.
[16] [美] 伯纳德 • 施瓦茨 . 美国法律史 [M]. 王军，等，译 . 北京：中国政法大学出版社，1997.
[17] [美] 丹尼斯 • 朗 . 权力论 [M]. 陆震纶，郑明哲，译 . 北京：中国社会科学出版社，2001.
[18] [美] 布坎南 . 宪政经济学 [M]. 冯克利，等，译 . 北京：中国社会科学出版社，2004.
[19] [英] 哈耶克 . 法律 . 立法与自由 [M]. 邓正来，译 . 北京：中国大百科全书出版社，2005.
[20] [美] 奥尔森 . 权力与繁荣 [M]. 苏长和，等，译 . 上海：上海世纪出版集团，2005.
[21] [美] 肯尼思 • F. 沃伦 . 政治体制中的行政法 [M]. 王从虎，译 . 北京：中国人民大学出版社，2005.
[22] [美] 达尔 . 民主及其批评者 [M]. 曹海军，等，译 . 长春：吉林人民出版社，2006.
[23] [英] 安德鲁 • 海伍德 . 政治学核心概念 [M]. 吴勇，译 . 天津：天津人民出版社，2008.
[24] [美] 卢克斯 . 权力论 [M]. 彭斌，译 . 南京：江苏人民出版社，2009.

三、论文

[1] 张宗厚 . 权力制约论 [J]. 法学，1986，10.

[2] 庞松，韩刚．党和国家领导体制的历史考察和改革展望 [J]. 中国社会科学，1987，6.
[3] 程湘清．人大监督制度和监督工作中的若干问题 [J]. 中国法学，1992，5.
[4] 王寿林，等．关于权力和权力制约的几个问题 [J]. 社会科学，1993，1.
[5] 王寿林，等．社会主义国家权力制约的基本条件和途径 [J]. 社会主义研究，1993，3.
[6] 俞可平．马克思的市民社会理论及其历史地位 [J]. 中国社会科学，1993，4.
[7] 曾昭宁．论经济体制转轨时期权力参与分配的危害性 [J]. 人文杂志，1993，6.
[8] 童之伟．公民权利国家权力对立统一关系论纲 [J]. 中国法学，1995，6.
[9] 李忠杰．论建设有中国特色的社会主义民主政治 [J]. 燧石，1996，1.
[10] 李景鹏．论权力分析在政治学研究中的地位 [J]. 天津社会科学，1996，3.
[11] 王寿林．权力与权力制约论纲 [J]. 天津社会科学 1997，5.
[12] 何增科．中国转型期的腐败与反腐败问题研究：一种制度分析 [J]. 马克思主义与现实，1999，5.
[13] 陈国权．角色冲突与利益矛盾：政治监督的一种新解说 [J]. 社会科学战线，2000，1.
[14] 韩强．论民主政治的程序化问题 [J]. 理论与改革，2002，6.
[15] 倪星．试论中国反腐败方略的系统设计 [J]. 政治学研究，2003，4.
[16] 陈国权．论民主的监督机理及对腐败的遏制作用 [J]. 国家行政学院学报，2004，1.
[17] 王寿林．改革党的领导体制和监督体制 [J]. 重庆社会科学，2005，2.
[18] 沈荣华．建立行政权力制约机制的思路选择 [J]. 中共福建省委党校学报，2006，1.
[19] 王寿林．我国腐败问题的原由及防治对策 [J]. 理论动态，2007，1740.
[20] 陆海发．论西方公共权力制约思想的历史演进 [J]. 前沿，2007，12.
[21] 何增科．改革开放 30 年来我国权力监督的重要变化和进展 [J]. 社会科学研究，2008，4.
[22] 李辉．道德论、功能论与嵌入论：西方腐败研究的范式转换 [J]. 经济社会体制比较，2008，5.
[23] 汪波．存量政治资源与中国特色的权力制衡 [J]. 浙江社会科学，2009，3.
[24] 刘晖．近年来西方腐败研究的理论与方法 [J]. 兰州学刊，2009，4.
[25] 贺善侃．强化权力监督机制探微 [J]. 中国井冈山干部学院学报，2009，6.
[26] 陶文昭．网络监督三题 [J]. 江苏行政学院学报，2009，6.
[27] 田恒国．关于中国特色社会主义权力制约监督体系研究的思考 [J]. 中共福建省委党校学报，2010，1.
[28] 黄苇町．建立健全科学的权力结构和运行机制 [J]. 廉政文化研究，2010，4.
[29] 陈党．网络监督的独特优势与有效利用 [J]. 中共天津市委党校学报，2010，5.
[30] 石国亮．党务公开中的四个重大关系 [J]. 学校党建与思想教育，2010，7.

[31] 郑曙村 . 建立决策、执行、监督权力三分体制的构想 [J]. 齐鲁学刊，2010，6.
[32] 石佑启 . 论法治视野下行政权力的合理配置 [J]. 学术研究，2010，7.
[33] 李成言 . 论反腐败改革进程中的反腐技术创新 [J]. 广州大学学报，2010，9.
[34] 何增科 . 建构现代国家廉政制度体系：中国的反腐败与权力监督 [J]. 广州大学学报，2011，1.
[35] 阎德民 . 新中国的权力制约和监督：历史嬗变与经验启示 [J]. 中共福建省委党校学报，2011，3.
[36] 郑东风 . 中国特色权力制约监督机制：原则、方向与重点 [J]. 廉政文化研究，2011，4.
[37] 庞洪铸 . 三权制约协调机制：中国特色的权力制约模式 [J]. 社会主义研究，2011，4.
[38] 陈国权、周盛 . 我国人大决策权的变迁与决策权的制约监督 [J]. 浙江大学学报，2011，5.
[39] 李辉 . 中国的腐败问题：海外学者的观察与思考 [J]. 广州大学学报，2011，4.
[40] 黄建军 . 马克思主义经典作家权力制约思想及其当代发展 [J]. 陕西行政学院学报，2012，1.
[41] 王世谊 . 网络反腐：权力监督的新形式 [J]. 江苏行政学院学报，2012，1.
[42] 马海军 . 我国反腐败国际合作问题探析 [J]. 廉政文化研究，2012，2.
[43] 王运红 . 中国传统政治文化中的权力制约机制 [J]. 法制与社会，2012，2.
[44] 陈国权，周盛 . 完善人民代表大会监督权的行使机制 [J]. 人大研究，2012，3.
[45] 曾行伟 . 责任政府建设若干理论与实践问题论析 [J]. 福建论坛，2012，10.
[46] 张华民 . 我国行政问责法治化的困境与路径 [J]. 行政与法，2013，1.
[47] 袁曙宏 . 建设法治中国 [N]. 法制日报，2013-03-26.
[48] 俞可平 . 中国特色协商民主的几个问题 [N]. 学习时报，2013-12-23.
[49] 周平 . 国家治理体系现代化是全面深化改革的必然要求 [N]. 人民日报，2014-01-05.
[50] 石佑启，陈咏梅 . 论法治社会下行政权力的配置与运行 [J]. 江海学刊，2014，1.
[51] 汤梅，卜凡 . 论现代国家治理体系中的政府权力配置与运 [J]. 探索，2014，1.
[52] 李广智 . 加强权力运行制约监督体系建设 [J]. 奋斗，2014，1.
[53] 王寿林 . 科学配置权力是制度建设的核心 [N]. 检察日报，2014-03-11.
[54] 周义程 . 权力运行制约和监督体系的概念界说 [J]. 政治学研究，2014，3.
[55] 桑学成，周义程，陈蔚 . 健全权力运行制约和监督体系研究 [J]. 江海学刊，2014，3.
[56] 李景治 . 党政一把手权力运行机制的完善 [J]. 学术界，2014，4.
[57] 王寿林 . 主要领导干部腐败问题多发的原因与对策 [J]. 科学社会主义，2014，5.
[58] 王寿林 . 强化权力制约的理论探讨 [J]. 中国特色社会主义研究，2014，5.

[59] 李林 . 中国特色社会主义法治具有鲜明特征 [N]. 人民日报，2014-11-27.
[60] 靳志强 . 中国特色社会主义权力制约体系研究 [J]. 福建行政学院学报，2015，1.
[61] 王浦劬 . 论转变政府职能的若干理论问题 [J]. 国家行政学院学报，2015，1.
[62] 王寿林 . 关于法治中国建设的几个问题 [J]. 新视野，2015，1.
[63] 李景治 . 让责任管住权力 [J]. 党政研究，2015，3.
[64] 包心鉴 . 论优化党内政治生态 [N]. 光明日报，2015-05-13.
[65] 陈国权，陈永杰 . 基于权力法治的廉政治理体系研究 [J]. 经济社会体制比较，2015，9.
[66] 王世谊 . 关于权力腐败与权力制约研究的几个问题 [J]. 中共浙江省委党校学报，2016，1.
[67] 曾行伟 . 政治学视阈下我国权力制约体系之完善 [J]. 党史研究与教学，2016，1.
[68] 林尚立 . 论以人民为本位的民主及其在中国的实践 [J]. 政治学研究，2016，3.
[69] 韩方 . 权力运行制约和监督体系创新研究 [J]. 廉政文化研究，2017，2.
[70] 景跃进 . 中国特色的权力制约之路：关于权力制约的两种研究策略之辨析 [J]. 经济社会体制比较，2017，4.
[71] 王寿林 . 全面推进党的建设新的伟大工程 [J]. 军队党的生活，2017，10.
[72] 王浦劬 . 习近平新时代中国特色社会主义政治发展思想论析 [J]. 政治学研究，2018，3.
[73] 李景治 . 中国政治体制改革的经验与启示 [J]. 中央社会主义学院学报，2018，3.
[74] 王寿林 . 驾驭权力与远离腐败的四个维度 [N]. 检察日报，2019-06-04.
[75] 任建明，赵广礼 . 实现问责精准化，精细化的理论与实践思考 [J]. 河南社会科学，2019，7.
[76] 陈国权，皇甫鑫 . 功能性分权体系的制约与协调机制：基于“结构—过程”的分析 [J]. 浙江社会科学，2020，1.
[77] 王寿林 . 坚定不移推进反腐败斗争：新时期我国反腐败斗争的发展历程 [J]. 新视野，2020，2.

后　记

本书在科学把握权力制约监督机制一般原理的基础上，把现状透视、文本分析、资料引证、经验借鉴和理论探求有机结合起来，按照从抽象到具体、从简单到复杂、从基础到应用、从认知到对策的思路，对完善我国权力制约监督机制的重点、难点、热点问题进行深入探讨，以期形成一套系统、严密、规范的权力制约监督理论框架，为学术研究和社会实践提供理论支撑和决策参考。

根据丛书总体设计要求，本书由王寿林拟定提纲，王寿林撰写导言、第四章、第五章、第六章、第七章、第八章，王恒撰写第一章，徐菁忆撰写第二章，刘辰羽撰写第三章，张美萍撰写第九章、第十章，王寿林修改定稿。本书在撰写过程中参考吸收了理论界已有成果，在此向作者表示诚挚的谢意。由于我们水平和能力有限，书中难免存在疏漏和不足，恳请读者批评指正。

本书作者

2020年10月30日